KB138044

_____드림

하브루타
수업
이야기

하브루타
수업
이야기

초판 1쇄 발행 2017년 3월 31일
초판 2쇄 발행 2017년 7월 10일

지은이 하브루타수업연구회

발행인 장상진
발행처 (주)경향비피
등록번호 제 2012-000228호
등록일자 2012년 7월 2일

주소 서울시 영등포구 양평동 2가 37-1번지 동아프라임밸리 507-508호
전화 1644-5613 | **팩스** 02) 304-5613

ⓒ 하브루타수업연구회

ISBN 978-89-6952-162-0 04370
         978-89-6952-091-3 (SET)

하브루타 수업 이야기

하브루타수업연구회 지음

경향BP

하브루타로 미래 역량을 준비하다

하브루타? 하브루타!…

'하브루타'라는 말이 '질문이 있는 교실'과 함께 큰 바람을 일으키고 있다. 바람처럼 모습도 색깔도 명확하지 않지만 분명히 느껴지는 것이 하브루타이다. 하브루타란 짝, 질문 그리고 텍스트의 키워드로 압축할 수 있다. 짝과 그냥 이야기하는 것이 아니라 공동의 텍스트를 가지고 질문하면서 의견을 나누는 것이다. 그렇게 하나의 텍스트, 주제를 가지고 생각을 나눌 때 아이들은 집단지성을 발휘하는 학습 공동체가 된다.

하브루타의 과정에서 아이들은 귀 기울이는 것을 배우게 된다. 짝의 말을 귀 기울여 듣고, 책이 하는 말에 귀 기울이고, 자신의 의견에 귀 기울이게 되면서 생각에 격동이 일어난다. 그 귀 기울임이 말로써 나오게 된다. 귀 기울인다는 것은 가장 적극적인 자발성이다. 귀 기울여 잘 들어주기 위해서는 또 잘 봐야 한다. 즉 관찰을 잘 해야 하는 것이다. 하브루타를 적용하여 수업에 적용하는 선생님들이 입을 모아 강조하는 것이 바로 경청과 관찰, 이 두 가지이다.

교과서와 아이들의 삶을 이어 주는 하브루타 수업

하브루타 수업을 하는 까닭은 나와 타인과 세상을 더 잘 이해할 수 있게 하는 수업이기 때문이다. 또 나아가 타인과 공감하고 소통하며 스스로와의 소통으로 메타 인지를 길러 나갈 수 있기 때문이다. 이해한다는 것은 설명할 수 있고, 해석할 수 있고, 지식을 효과적으로 적용하며 비판적인 관점을 가질 수 있다는 것이다.

교과서는 하나의 이야기를 쓰고 있지만 아이들의 이해와 해석을 통해 다양한 색깔로 나타날 수 있다. 그렇게 다양한 색깔의 해석과 이해들이 말하는 하브루타를 통해 섞이기도 하고 또 각자의 색깔로 모자이크되기도 하면서 세상을 이해하게 된다. 이런 과정을 엮어 가는 것이 하브루타 수업이다.

하브루타를 시작하려면

하브루타 수업이 좋긴 한데 선뜻 시작하지 못하는 선생님이 많다. 선생님의 설명을 듣는 것에만 익숙했던 아이들이 말을 자연스럽게 한다는 것은 분명 쉬운 일이 아니다. 교사는 우선 아이들의 말문을 트이게 하는 것부터 시작해야 한다. 즐겁고 쉬운 주제로 짝과 이야기하도록 지속적으로 지도하다 보면 어느새 아이들은 방관자 혹은 주변인에서 적극적인 대화 참여자로 바뀌게 된다.

이때 겉으로 보이는 교실은 요란하고 무질서할 수 있다. 하지만 이것은 답을 찾아가는 과정이므로 기다려 주어야 한다. 일단 시도해 보면 선생님이 아이들의 자발성과 역동성에 매력을 느끼고, 수업시간마다 질문 만들고 대화하는 활동을 계속 실행하게 된다.

그렇다면 하브루타를 보다 효과적으로 할 수 있는 방법은 무엇일까? 하브루타는 1:1 대화를 기본으로 한다. 두 사람 이상이 대화를 하기 위해서는 어느 정도 이야기 주제에 대한 개념을 공유하여야 한다. 서로가 다르게 이해하는 개념의 차이는 질문 만들기 단계부터 논쟁이 펼쳐지는 단계에 걸쳐 지속적으로 나타난다.

이때 교사의 역할이 중요하다. 주요 관점과 아이들이 내놓는 의견이 조화롭지 못하면 아이들은 하브루타 수업에 매력을 잃고 부담만 갖게 된다. 이 부분을 교사가 책임지고 이끌어 주어야 한다. 교사의 관점이 씨줄이 되고 학생들의 관심사와 의견들이 날줄이 되어 엮어 가는 과정이 하브루타 수업에서 나타나야 한다.

수업을 설계하는 단계에서 교사는 이런 점을 예상해야 한다. 교사의 질문과 연구는 바로 이 부분에서 계속되어야 한다. 특히 각 교과, 각 단원, 각 차시마다 하브루타가 적합한가에 대해 많은 질문을 던지며 수업에 임해야 한다.

하브루타가 지루해질 때

그렇게 격동적이고 신 나던 처음과 달리 차츰 시간이 흐르면서 하브루타가 단순하고 재미없어지는 순간이 오기도 한다. 그 원인은 대체 무엇일까?

첫째, 하브루타에 임하는 짝의 태도 때문이다. 하브루타하는 아이들은 상대에 따라 대화의 수준과 만족감이 달라진다. 경청하지 않는 상대편의 자세와 꼬투리 잡는 듯한 질문들, 깊이 있게 진행되지 못하고 겉도는 대화 등이 시큰둥한 시간을 만들어 버린다. 말하기를 싫어하는 아이와 하브루타를 하게 될 때도 심도 깊은 대화가 불가능하고, 질문의 수준 차이로 제대로 하브루타를 할 수 없는 경우도 생긴다. 이 점을 해결하기 위해서는 다시 맨 처음으로 돌아가는 것이 좋다. 즉 시시때때로 경청을 훈련하고 존중하는 태도를 강조한다. 이야기하는 것이 가장 좋은 공부임을 깨닫게 하는 것도 중요하다.

둘째, 모든 교과에 비슷한 패턴으로 질문 만들기 일변의 수업을 진행하기 때문이다. 틀에 박힌 수업 과정은 아이들을 지치게 한다. 질문 만들기가 차츰 싫어진다. 하브루타를 하나의 기법으로 생각하여 질문을 만들고, 좋은 질문을 뽑고, 답을 찾아보는 일련의 과정으로만 생각할 때 이런 일이 벌어진다. 각 교과의 특성에 맞게 다르게 접근하는 방법을 끊임없이 연구해야 한다.

셋째, 아이들이 궁금해 하는 것을 충족하지 못하기 때문이다. 도입 부분에서 학생들에게 질문을 쏟아 놓게 하고 좋은 질문까지 뽑았다. 이 질문들은 아이들이 정말 궁금해 하는 것이기에 수업으로 이어진다면 모두가 만족하는 수업이 될 가능성이 크다. 하지만 교사는 사전에 준비하고 계획한 의도대로 수업을 이끌어 가고자 한다. 아이들의 질문과 교육과정의 내용을 연결시키지 않고 가르치려고 준비한 내용에 대한 집착으로 진행하다 보니 수업을 실패하게 되는 것이다. 교사는 아이들의 질문에 담긴 궁금증과 교육과정이 제시한 내용을 어떻게 연결하여 수업하는가를 고민해야 한다. 그래서 교육과정의 목표가 아이들의 삶에 살아나게 연결해 주는 수업의 장을 마련하는 것이 교사의 역할이다.

다양하게 접근하는 교과별 하브루타

각 교과 교육과정을 만드는 교과 전문가들은 특정한 학문이 가진 핵심 아이디어와 사고방식을 아이들이 배우기를 바란다. 따라서 하브루타 수업에도 각 교과의 특성이 반영되어야 한다. 예를 들어 국어 수업에서 문학적인 글을 다루는 경우에 아이들은 함축, 은유, 직유, 유추 등의 다양한 미학적 구조를 배운다. 이는 과학에서의 유추, 예상, 추리와는 다르다. 과학 수업에서 아이들은 명확한 인과관계에 근거한 생각을 해야 한다. 이렇듯 비교적 답이 일정한 지식에 대한 수업은 하브루타가 과연 효과가 있는지 어떤 면에서 고민하고 수업을 해야 한다.

예를 들어 과학과 하브루타와 진로 교육에서의 하브루타는 다르다. 진로 교육의 목표는 소통과 협력을 통해 자기주도적인 학습역량과 자기이해 및 자기관리, 그리고 창의적인 의사결정 능력을 길러 이를 바탕으로 올바른 시민의식을 가진 민주시민으로 생활하도록 하는 것이다. 아이들은 자신의 꿈과 진로에 대해 하브루타하면서 자신에 대한 이해의 폭이 넓어진다. 서로 질문하고 대화하면서 생각이 확대되고 친구와의 대응 과정에서 자신감도 갖게 된다. 또 짝과 논쟁하면서 서로의 가치관도 다듬게 된다. 막연하던 진로가 하브루타를 통해 구체성을 가지게 된다. 이처럼 하브루타는 아이들의 생각의 지평을 넓히는 진로 교육에 매우 효과적이다.

교실을 넘어 질문의 문화로

우리 사회가 질문하는 문화, 서로 하나의 주제를 가지고 다른 생각을 나누는 대화의 문화로 바뀌어야 하지만 쉽지 않은 현실이다. 다행히 배움의 장에서는 비교적 자유롭다. 각 교과의 특성을 잘 살린 질문과 대화의 하브루타 수업이 우리의 소통 문화를 바꾸는 데 견인차 역할을 하고, 교실 수업이 사회의 전반적인 문화를 변화시킬 수 있을 것이다.

미래를 살아갈 역량을 길러 주는 핵심에 하브루타가 있다. 교사가 가르치는 시간을 줄이고 아이들이 서로 가르치고 묻는 시간을 많이 주었을 때 놀라운 변화가 일어난다. 아이들은 적극적으로 질문하고 자신의 배움에 관심을 가지게 된다. 그렇게 배움의 내용과 과정이 자신의 것이 되었을 때 아이들은 성장한다. 질문하며 성장하는 하브루타는 배움을 통해 삶을 성찰하는 지혜를 준다.

차 례

프롤로그 _004

 제1장

하브루타로 풀어 가는 학급운영

1. 하브루타로 풀어 가는 생활인성지도

01 아이들에게 귀 기울이기 _017

02 자존감을 살리는 관심 기울이기 _023

03 또 묻고 또 들으며 함께하기 _031

04 작은 성취감 선물하기 _044

2. 하브루타로 수업 속 관계 맺기

01 수업을 살리는 관계 맺기 _049

02 질문으로 풀어 가는 수업 속 관계 맺기 _053

03 인성과 배움의 하브루타 수업하기 _058

04 함께 돕는 학부모와의 관계 _075

제2장

생각이 깊어지는
하브루타 도덕 수업

01 철학하는 수업, 도덕 하브루타 _081

02 갈등을 주제로 한 도덕 수업 _084

03 공정을 주제로 한 도덕 수업 _092

04 만화를 활용한 인권 수업 _098

05 동영상을 활용한 인권 수업 _102

제3장

아이들 배움 중심의
하브루타 국어 수업

01 교사는 삶과 수업을 이어 주는 징검다리 _109

02 배움의 문을 여는 아이들의 질문 _111

03 설명하며 이해하는 친구 가르치기 _117

04 자신의 삶과 마주하는 문학 감상 _123

05 책 내음 가득한 도서관 프로젝트 _135

제4장

교과서를 열어 주는 하브루타 사회 수업

01 학생을 위한 하브루타 사회 수업 _143

02 질문으로 준비하는 하브루타 사회 수업 _148

03 교과서를 열어 주는 하브루타 기술 _153

04 하브루타 사회 수업의 과정 _162

05 하브루타 기본 모형을 적용한 사회 수업 _172

06 하브루타로 하는 사회과 평가 _191

 제5장

실력 쑥쑥! 하브루타 수학 수업

01 너무 많은 우리 반 '수포자' _201

02 수학익힘책으로 시작한다 _208

03 친구와 함께하는 수학 하브루타 _211

04 질문으로 공부하는 수학 하브루타 _223

05 놀랍게 성장한 수학 실력 _232

06 놀라운 변화, 하브루타 _237

집단지성 살리는 하브루타 과학 수업

01 소통과 도전이 부족한 과학 수업의 한계 _243

02 탐구를 촉진하는 교사의 질문 전환 _253

03 집단지성으로 탐구하는 하브루타 과학 수업 _272

행복한 삶을 가꾸는 하브루타 진로 수업

01 진로 교육의 필수 조건, 하브루타 _277

02 '인생 여행'을 준비하는 진로 교육 _283

03 행복 찾아 누리는 진로 교육 _293

04 공부의 의미를 찾는 진로 교육 _313

05 삶을 완성해 가는 습관 교육 _318

06 행복한 삶의 여정, 하브루타 _322

부록 질문 카드 _325

에필로그 _362

참고문헌 _364

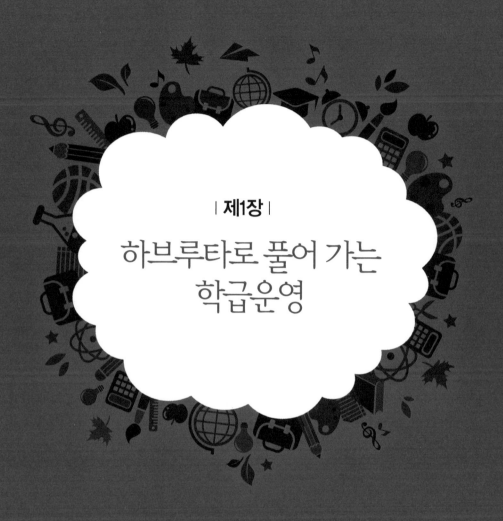

| 제1장 |

하브루타로 풀어 가는
학급운영

1

하브루타로 풀어 가는
생활인성지도

01
아이들에게
귀 기울이기

쉬는 시간 종이 울린다. 그 짧은 10분 동안 아이들은 뭐가 그리 재미있는지 삼삼오오 모여 재잘재잘 이야기보따리를 풀어 나가고, 뭐가 그리 신나는지 마냥 깔깔 웃어댄다. 어떤 친구들은 내 앞으로 모여든다.

"선생님, 저 어제 어디 갔는지 알아요?"

"선생님, ○○가 자꾸 저를 귀찮게 하고 놀려요."

"선생님, 귀걸이 예뻐요."

뭐가 그리 하고 싶은 말이 많은지 쉬는 시간의 교실은 아이들의 끝없는 말들로 가득하다. 아이들이 스스럼없이 선생님에게 다가와 이야기해 주는 것이 고맙지만, 때로는 아이들의 말이 어른인 교사에게는 너무 소소해서 재미없을 때도 있고, 너무 쉴 새 없이 쏟아져서 힘들 때도 있다.

나는 쉬는 시간에 아이들의 말을 들으면서 아이들의 눈을 보고 그에 대해 대답해 주는 동시에 컴퓨터의 업무 메시지 확인도 한다. 그리고 메시지에 답도 보내며, 막간을 이용하여 간단한 업무 처리도 해내는 아주 놀라운(?) 능력을 가지고 있다. 그것이 과연 놀라운 능력인지는 모르겠으나, 진정한 교사로서의 이상적인 모습을 마음속에 그린다면 그리 바람직한 모습은 아닐 것이다.

어른이든 어린아이든 자신이 누군가에게 이야기를 하고, 무언가를 전하고자 할 때는 자연스레 상대방의 적극적인 경청과 반응을 마음속으로 바라게 된다. 그러나 우리 교실에서는 과연 학생들의 말에 대한 적극적 경청이 이루어지고 있는지 생각해 보고 되돌아보아야 할 것이다.

나 또한 마음으로는 매 순간 아이들의 말에 최대한 적극적으로 경청할 것을 다짐하면서도 어느 순간엔 현실에 굴복하고 있는 내 자신의 모습을 발견하게 된다. 그래도 인간의 행동이란 생각에서 비롯하는 것이기에 너무나 바쁜 현실과 타협하는 내 모습을 자각할 때는 또다시 하브루타를 생각하게 된다.

하.브.루.타. 짧은 네 글자의 말이지만 내게는 아이들과 함께하는 순간순간, 학생들 간의 갈등 해결을 도와야 하는 순간순간, 그리고 학급을 꾸려 나가며 난관에 부딪치는 순간마다 생각하게 되는 단어이다. 또한 위기(?)의 순간마다 큰 도움이 되는 단어이기도 하다.

어떤 특별하고도 장황한 규칙들이 아니라 할지라도 '상대방의 생각을 묻기'라는 차원에서 접근해 나갈 때 하브루타는 학생생활 지도의 마스터

키처럼 느껴지기도 한다. 그 '묻기'를 잘할 수 있기 위해서는 사전에 제대로 된 '듣기'가 이루어져야 한다. 그래서 아이들의 담임교사인 나는 절대로 학생들의 말을 대충 듣거나 흘려보내서는 안 된다고 다짐한다.

어느 순간 학생들의 말을 흘려듣고 있는 내 모습을 느낄 때 하브루타는 그런 나의 모습을 다시금 돌아보고 아이들에게 더 귀 기울일 수 있도록 도와준다. 때론 당사자의 말을 제대로 들어보지도 않고, 다수의 이야기에 미루어 짐작해 버리려고 할 때 하브루타는 교사로서 중립의 입장에 서서 처음부터 다시 듣기를 시작할 수 있도록 도와준다.

다음의 상황은 아이들이 서로에 대해 아직 잘 몰랐던 학기 초에 있었던 일이다. 교사로서 양쪽의 입장을 잘 들어 보지도 않고 자칫하면 한 쪽 편의 말만 듣고 훈계를 했을 뻔한 상황이었다.

(아이들이 전담교과 수업을 하고 온 후)

아이들 : 선생님, 오늘 ○○ 때문에 수업이 힘들었어요. 앞을 봐야 하는데 자꾸 몸을 돌리고 공부 못하게 말 시키고 그래요.

교사 : 그래? 선생님이 좀 물어 봐야겠네. 얘들아, ○○가 정말 그렇게 방해되게 행동했니?

(이미 ○○가 그랬다고 믿어 버린 듯한 느낌이 듦)

학생 A : 네, 저한테도 그랬어요.

학생 B : 저도 공부에 방해가 됐어요.

교사 : ○○야, 왜 그랬니?

(이미 ○○가 그랬을 거라고 생각하는 느낌이 듦)

아이들 : 저도요! 저도요!

교사 : (그러나 순간 하브루타를 떠올린다.)

'아! 일단 ○○에게 개인적으로 물었어야 하는 건데….'

교사 : 얘들아, 잠깐만. 선생님이 ○○랑 얘기 좀 나누고 올게.

(○○와 교실 밖으로 잠깐 나간다.)

교사 : ○○야, 어떤 일이 있었던 건지 설명해 줄래?

○○ : 선생님, 그게 아니고요. 수업시간에 제 지우개가 떨어져서요. 제가 주 워야 하는데 너무 멀어서 주워 달라고 부탁했어요. 그런데 친구들이 안 주워 줘서 이 친구, 저 친구에게 다 부탁한 거예요. 애들이 안 주워 줬어요. 왜 애 들이 안 주워 줘요?

이렇게 ○○의 이야기를 듣고 난 후 반 아이들과 함께 어떤 상황이었 는지를 다시 처음부터 묻고, ○○가 일부러 그런 것이 아니라는 것을 아 이들도 인지한 후에 상황은 종료되었다. 아이들이 지우개를 주워 주지 않았던 상황은 ○○라는 친구가 이전 학년에서도 자주 수업을 방해했기 때문에 아이들은 또 수업을 방해하는 상황이려니 하고 지레짐작한 때문 이었다. 나 또한 처음에는 아이들의 말만 듣고 바로 ○○에게 훈계의 말 을 먼저 하려는 마음이 대화 속 언어에 나타났다.

교실 속 크고 작은 다툼이나 갈등은 이런 경우가 꽤 많다. 장난스러운 누군가의 잘못인 듯 보이는 일들도 자세히 듣고 눈여겨보면 결코 한 사 람만의 잘못이 아닌 것을 알 수 있다. 그런 상황은 숱하게 생겨난다. 사 람이란 늘 자기중심적으로 묘사하고, 자신에게 유리하게 표현하려는 본성을 지니고 있기에 듣는 사람이 중립적 입장에서 잘 판단하고 고민하며 듣는 연습이 필요하다.

수많은 학생을 공평하게 대해야 하는 교사들은 더더욱 그렇다. 어느한쪽에 치우쳐서 학생 개개인의 마음을 속속들이 들어주지 못하고 진실을 들여다보지 못하는 상황이 발생하지 않도록 언제나 귀와 눈과 마음을열고 듣기를 연습해야 한다. 특히나 거의 매일 자잘한 다툼에 휘말리는아이일수록 또 싸웠냐는 듯이 바로 훈계를 할 것이 아니라 매번 새로운마음가짐으로 그 아이와 상황을 바라보아야 한다. 친구들을 귀찮게 하는장난꾸러기임을 알고 있더라도 교사는 그 아이와 관련된 여러 상황을 물을 때 다시 백지 상태의 느낌에서 들어야만 한다. 그래야만 아이의 마음에 상처를 주지 않고 조금씩 좋은 방향으로 변화시킬 수 있기 때문이다.

담임교사인 나에게 마음을 잘 열지 않는 친구가 있었다. 늘 혼자 있는것을 좋아했고, 다른 친구들과도 대화하려고 하지 않는 아이였다. 그냥혼잣말하기만을 좋아했다. 그렇게 혼자서만 중얼거리니 다른 친구들도별로 대화를 시도하지 않았다. 모둠활동도 너무나 싫어했다.

앞으로 세상을 살아 나가는 데 있어 그런 모습은 변화해야 할 부분이라고 생각했기에 나는 이런저런 말을 걸며 틈날 때마다 대화를 나누려고시도했다. 하지만 잘 되지 않았다. 그런데 어느 순간 내가 말하려고 하지말고 그냥 들어주어야겠다는 생각을 했다. 혼잣말로 잘 중얼거리는 아이였기에 살짝 옆에 다가가 말을 들어주며 맞장구를 쳐 주었다. 시간이 좀걸리기는 했지만, 어느 순간 스스로 내게 먼저 와서 말을 걸고 이런저런이야기를 늘어놓았다. 그리고 시간이 더 흘러서는 다른 아이들과 모둠활동을 하며 공부하는 것을 무척 즐거워했다. 그 아이를 보면서 '마냥 들어주고 귀 기울여 주기'의 힘이 얼마나 큰지 느낄 수 있었다.

하브루타는 교사들이 학생들의 이야기에 귀를 기울이고, 학생들의 마음에 관심을 가질 수 있도록 돕는다. 마음으로 귀 기울여 듣지 않고서는 진실하게 대답할 수 없고, 진정한 대화를 나눌 수 없기 때문이다.

선생님이 듣기만 잘해 주어도 교실은 즐거운 곳이 된다. 아이들은 자신들의 이야기에 선생님이 귀 기울여 주는 것만으로도 행복해 하고 기뻐한다. 친구들로부터의 오해, 선생님으로부터의 오해로부터 자유롭게 되며, 억울한 아이들이 없게 된다. 눈을 바라보며 웃어 주고, 고개를 끄덕이며 맞장구쳐 주는 것만으로도 아이들은 행복해지는 것이다.

지금 이 순간, 아이들의 말에 진심으로 귀 기울여 주고 있는가? 돌아보고, 돌아보고, 또 돌아보자.

O2
자존감을 살리는
관심 기울이기

"선생님, 저 이것 못해요."

교실에서 늘 자신감이 없어 보이는 한 아이가 입에 달고 다니던 말이다. 조금이라도 시도해 본 뒤에 말하는 것도 아니고 어떤 활동을 시작하기도 전에 항상 그 말부터 했다. 왜 그럴까? 왜 무척 쉬운 일도 무조건 못한다고 할까? 왜 그렇게 '나는 못한다.'는 생각을 쉽게 하게 되는 상황에 이르렀을까? 그 아이의 자신감은 왜 그리 바닥에 떨어지게 되었을까?

교실에서 여러 학생을 가르치다 보면 실력이 그리 뛰어나지 않는데도 늘 당당하고 자신감이 넘치는 아이가 있는 반면, 잘하는데도 매사에 늘 자신이 없는 아이가 있다. 이는 학교 안에서만의 문제라기보다는 어릴

적부터 살아온 가정환경과도 매우 깊은 관계가 있다.

교실 속 학생들은 어려서부터 부모에게 자신이 하는 일에 대해 칭찬과 격려를 받고 자라 온 아이들과, 늘 지시와 지적 속에 부정적인 피드백을 받고 자라 온 아이들로 나뉜다. 물론 그 중간 영역에 속하는 아이들도 있다. 가정에서의 칭찬과 격려를 통해 자존감이 높고 자신감이 있는 학생들은 학교에서 어떤 활동이든지 적극적으로 참여하며, 설사 자신이 어떤 역할을 잘 수행해 내지 못했더라도 훌훌 털고 다음에는 더 잘해 낼 수 있다는 마음가짐으로 자신을 다독인다. 하지만 반대로 자존감이 낮고 자신감이 부족한 학생들의 경우 다양한 활동에 참여하는 데 있어 늘 주저하며, 작은 실수라도 하게 되었을 경우 자신의 모습에 대해 한없이 실망하고 그러한 실수가 더더욱 자존감을 낮게 만든다.

문제는 이것이 초·중·고등 교실에서 끝나는 것이 아니라 평생을 살아가면서 우리 삶의 방식을 지배하고 삶에 대한 만족감에 크게 관여한다는 것이다. 어른이 되어서도 자기 자신의 소중함을 알지 못하고, 자신에 대해 긍정적인 마음을 갖지 못하여 삶을 힘들어 하는 사람이 많다.

다른 누군가가 자신의 삶, 자신이 이루어 가는 것들에 대해 긍정적인 평가를 해 주지 않더라도 스스로 자신을 귀하게 여기고 자신의 삶을 긍정적으로 대한다면 행복한 삶을 살아갈 수 있다. 그러한 삶을 살아가는 데 필요한 자존감과 자신감을 형성하는 기초적인 작업이 이루어지는 곳이 어린 시절의 가정과 교실이다.

그러므로 교실 속에서 학생들에게 무엇을 가르치고, 어떻게 이끌어 가야 할지를 고민하고 연구하는 데 앞서 교사들은 학생 개개인의 삶이 어뗗게 그려져 왔는지에 좀 더 관심을 가지려고 노력해야만 한다. 또한 지금 현재 아이들이 생활하는 가정의 모습은 어떤지, 그 안에서 어떻게 사랑받고 있는지를 알아볼 필요가 있다. 그러한 관심을 토대로 자존감이 높은 학생들은 그 자존감이 꾸준히 이어질 수 있도록 이끌어 주고, 가정에서의 억압과 지시로 인해 자존감이 낮은 학생들은 교사가 아주 작은 일에도 격려와 칭찬을 통해 자신감을 가질 수 있는 기회를 적극적으로 제공해야만 한다.

도무지 잘하는 것이 없어 보이는 아이도 끊임없이 관찰하다 보면 어느 순간 잘 해내는 무언가를 발견할 수 있다. 그것을 발견해 내는 것이 교사의 과제이다. 초등 담임교사는 하루 종일 교실에서 아이들과 함께 있으니 더더욱 그런 기회를 많이 갖게 된다. 사실 초등학생이 되면 아이가 친구들과 함께 생활해 나가는 방식이나 행동의 패턴에 대해 부모보다 담임교사가 더 자세히 알게 된다. 부모는 결코 알지 못하고 발견하지 못하는 그 아이만의 장단점을 파악할 수 있다. 그러므로 하루 종일 아이들과 함께 생활하는 교사의 말 한마디, 행동 하나가 아이들에게 미치는 크고 작은 영향들은 실로 어마어마하다.

사실 초등학교 시기의 학생들이 어떤 역할의 수행이나 활동 결과에서 차이가 있다면 얼마나 있겠는가? 잘하고 못하고의 차이가 어느 정도는 있겠지만 한 과제의 수행 정도를 보고 그 아이의 모든 것을 판단할 수는 없는 법이다. 또한 판단해서도 안 된다. 도화지 위에 그린 사람의 모습이 도무지 사람처럼 보이지 않는다 하더라도 "참으로 생생하고 창의적인 표현이구나." 하고 격려해 줄 수 있도록 교사들은 늘 노력해야 한다. 또한 칭찬을 많이 받지 못하고 자라 온 아이에게는 아주 작은 일에도 칭찬할 수 있도록 기회를 찾아내고 끝없이 격려하여야 한다.

○○는 평소에 자신의 생각을 표현할 때 굉장히 많은 시간을 필요로 하는 아이였다. 맨 처음 ○○를 만났을 때는 함께 이야기하면서 ○○의 말을 듣기 위해 10여 분 가까이 기다리기도 했다. 비록 시간은 걸렸지만 생각을 표현할 때까지 기다려 주고 물어봐 주었고, "지난번에 자기 생각을 잘 표현했지?", "어제는 친구들 앞에서 발표도 큰 소리로 잘했지?" 하며 격려해 주려는 노력도 많이 했다. 때론 답답하고 힘들었지만, 순간순간 하브루타를 기억하며 계속 질문해 주고 들어주곤 했다. 그랬더니 그토록 자신의 생각 열기에 힘들어 했던 ○○가 학년이 끝날 무렵에는 스스럼없이 나에게 다가와 말도 걸고, 친구들 앞에서 발표할 때도 학기 초와는 사뭇 많이 달라진 모습을 보였다.

한편 ○○는 교사가 보기에는 참 창의적이고 잘하는 것이 많은 아이인데, 학기 초에 첫날 만났을 때부터 자신은 늘 말썽만 피우는 못된 아이이고 잘하는 것이 없다고 생각했다. 어느 날 창의적 체험 활동 시간에 자신의 꿈에 대해 생각해 보고 글과 그림으로 표현한 다음 친구들과 서로의 꿈에 대해 질문하며 하브루타하는 시간을 가졌다. 그런데 다른 아이들이 자신의 미래에 대해 그리는 동안 ○○는 멍하니 앉아 있기만 했다. 한참을 관찰하다가 ○○와 하브루타를 시도했다.

교사 : ○○야, 무슨 생각해?
○○ : 저는 될 게 없으니 그냥 안 하면 안 되나요?

교사 : 지난번에 ○○는 커서 멋진 것 발명하는 사람이 되고 싶다고 했던 것 선생님은 기억나는데?

○○ : 그런데요. 생각해 보니까요. 저는 그런 것 못할 것 같아요.

교사 : 왜 그런 생각이 들었는데?

○○ : 저는요. 만날 엄마한테 혼만 나거든요. 저는 쓸모가 없는 아이 같아요.

교사 : 그래도 꿈을 가질 수는 있지 않을까?

○○ : 아, 그럼 저는 왠지 노숙자 같은 그런 사람이 될 것 같아요.

교사 : (마음속으로 헉!) 그런데 선생님은 ○○ 같은 멋진 친구가 노숙자 되는 건 보질 못했는데? ○○랑 전혀 안 어울린다. 오히려 발명가가 어울리지. 어쩌면 과학자도 좀 어울리는데?

○○ : 정말요? 선생님은 진짜로 그렇게 생각해요? 난 아닌 것 같은데.

교사 : 에이, 선생님이 지금까지 몇 백 명도 넘는 아이들이랑 살아 왔는데 그런 걸 모를까?

○○ : 정말 선생님은 그렇게 생각해요? 진짜요? 선생님은 진짜 그렇게 생각하세요? 그럼 저 과학자로 할게요.

교사 : 그래, 선생님은 왠지 ○○가 나중에 사람들에게 도움을 많이 줄 것 같은 느낌이 많이 들어.

교사가 학생들의 자존감을 높여 주는 건 어찌 보면 쉬운 일이지만 어려운 일일 수도 있다. 교사가 하는 말 한마디 한마디가 학생들의 자존감 형성에 큰 영향을 미치기 때문이다. 교사 스스로 건강한 자존감을 가지고 아이들을 바라볼 때면 아이들의 자존감을 높여 줄 수 있는 말과 행동을 할 수 있는 마음의 여유가 생긴다. 하지만 교사 자신이 낮은 자존감으로 인해 지쳐 있고 아이들의 마음을 바라볼 수 있는 여유가 없다면 자신도 모르게 아이들의 마음에 상처가 될 수 있는 말을 하기 쉽고, 아이들의 자존감을 돌아볼 생각을 하기 어렵다. 그렇기 때문에 학생들의 자존감을 들여다보고 그들의 자존감을 높여 주기 위해서는 교사부터 자존감을 높일 수 있도록 노력해야 한다.

학교 또한 교사들이 행복한 삶을 살 수 있는 장소가 되어야만 한다. 행복한 교사의 삶을 위해 형식적이고 쓸데없는 과다업무로부터 좀 더 자유로워져야 하고, 학교 조직이 더욱 유연해져야 하며, 학교 내에 교사를 위한 편의 시설 및 복지 시설도 좀 더 제대로 갖춰져야 한다. 교사가 살아가는 삶의 행복한 수준이 결국 학생들의 자존감, 자신감과도 연결되기 때문이다.

나는 고등학교 시절에 미술 선생님에게 들었던 짧은 핀잔을 잊지 못한다. 지금의 나는 만들고 그리고 꾸미는 것을 좋아하는 편이고, 교실환경을 꾸밀 때도 스스로 자족하고 행복해 하는 편이다. 그런데 고등학교 시절에 운동장에서 풍경화를 그리는데 내가 그린 그림을 보고 미술 선생님께서 "네 그림 구조는 참 이상하다. 어떻게 이런 식으로 그리지?"라는 말씀을 툭 던지고 가셨다. 그 말씀을 들은 이후로는 '나는 굉장히 그림을 못 그리는 사람'이라는 생각을 갖게 되었고, 미술에 전혀 재능이 없는 학생이라는 생각을 스스로 갖게 되었다.

그런데 지금 와서 생각해 보면 나는 전혀 미술에 재능이 없는 사람이 아니다. 오히려 아이들과 함께 미술활동을 하는 것이 무척 즐거워하는 교사이다. 어쩌면 그때 미술 선생님께서 내 그림의 구조가 참 창의적이고 신선하다고 표현해 주셨으면 나의 미적 감각은 더 발전했을지도 모른다. 고등학교 시절에 들었던 그 말이 아직도 뇌리에 남아 있는데, 더 어린 시절에 듣게 되는 교사의 언어들은 얼마나 오랜 시간 아이들의 삶에 영향을 미치게 될까?

선생님들이 늘 하브루타를 기억하고 교실 속에서 아이들의 자존감을 높여 주기 위해 아이들의 마음을 물어봐 주며, 잘해 내지 못한 일도 다음엔 더 잘할 수 있도록 격려해 준다면 이 세상 아이들이 더욱 행복해질 수 있지 않을까 기대해 본다. 또한 아이 스스로 자기가 잘하는 것들, 자신의 강점을 발견할 수 있도록 서로 돕는 교실 속 대화와 활동들을 통해 아이들의 자존감 향상에 도움을 줄 수도 있을 것이다.

아이들의 자존감 향상을 위해 실천했던 활동 중에 아이들이 함께 하브루타하면서 서로가 잘할 수 있는 것들에 대해 묻고 답한 후 각각 서로의 상장을 만들어 준 활동이 있었다. 이 활동에서 아이들은 서로에게 요리상, 발명상, 친절상, 미소상, 유연상, 글씨상, 수학상, 탐구상, 집중상, 생각상, 순수상, 화가상, 웃음상, 봉사상, 발표상, 독서상, 똘똘상 등을 만들어서 선사하였다. 어쩌면 그렇게 서로에게 딱 맞는 상을 만들어 줄 수 있었는지 신기했다. 내가 혼자 아이들의 장점을 생각했으면 그토록 적절한 상을 줄 수 없었을 텐데 서로 묻고 생각을 나누며 결정한 것들이라 각자에게 정말 잘 어울리는 상을 줄 수 있었다.

아이들은 선생님에게도 상장을 준다면서 친절상과 하브루타상을 만들어 주었다. 아이들로부터 상을 받으니 더 친절하고, 더 열심히 아이들과 하브루타하는 선생님이 되고 싶은 마음이 들었다. 아마 각자의 상장을 받은 아이들도 같은 마음이었을 것이다. 그 상에 어울리는 자기 자신의 모습을 돌아보고 앞으로의 자신의 모습을 다짐하는 시간 속에 아이들의 자존감은 더욱 높아졌을 것이라는 생각이 든다.

지금 이 순간 교실 속에서 아이들에게 필요한 것은 그들의 자존감을 높여 줄 수 있는 상황들이다. 진심과 관심이 담긴 질문으로 아이들이 마음을 열게 하고, 교사가 먼저 따뜻한 격려로 학생들이 자존감의 벽돌을 쌓아 갈 수 있도록 도움을 주어야 한다. 그러면 학생들도 서로 자존감을 세워 주는 순간순간을 살아 나가며, 앞으로의 인생을 행복하고 건강하게 살아 나가는 데 든든한 밑거름을 만들어 갈 수 있을 것이다.

03
또 묻고 또 들으며
함께하기

〈또 묻고 또 듣고〉

정옥희

학생의 잘못을 너무 성급히 꾸짖게 되면
그 아이가 가진 그날의 마음을 바라볼 기회를 잃게 된다

조심스레 묻고 묻고 또 묻자
무엇이 그 아이를 그렇게 삐뚤어지게 했는지

눈을 보며 듣고 듣고 또 듣자

마음 가득 담긴 그 사연들을

어느새 꾸짖음 없이도 스스로를 돌아보는 아이를 보게 된다

어느 햇살 좋은 날, 1교시부터 수업 태도가 너무나 불량스럽고 온갖 인상을 쓰며 앉아 있는 한 아이의 모습이 눈에 들어왔다. 날씨도 좋고 다른 아이들은 즐겁게 공부하며 행복한 순간이었는데, 그 아이만 그날 유난히 옆 친구에게 짜증을 내고 교사인 나에게도 말을 툭툭 내던졌다. 그 모습에 갑자기 그 아이가 못마땅한 느낌이 들고 불쑥 화가 났다. 그래서 아이에게 한마디 하고 싶었다. 하지만 그 마음을 억누르며 '그래, 혼내지 말자. 하브루타해 보자.' 하고 마음을 다스리며 아이와 함께 복도로 나갔다.

아이에게 "○○야, 무슨 속상한 일 있니?" 하고 말을 걸었다. 그 말을 듣자마자 아이의 눈에서 닭똥 같은 눈물이 뚝뚝 떨어졌다. 아이에게서 어떤 말을 듣기도 전에 내 마음속엔 '교실에서 혼내지 않기를 정말 잘했다. 정말 다행이다.' 하는 생각이 들었다. 집에서 아침부터 엄마한테 혼나고 왔는데, 그건 자기 잘못이 아니라 억울하게 혼난 것이라면서 너무 기분이 좋지 않다고 했다. 그런데 나까지 다짜고짜 태도가 좋지 않다고 혼냈으면 얼마나 더 억울했을까? 뭐가 그렇게 속상한지, 엄마한테 억울한 마음을 얘기는 해 보았는지 등을 이것저것 물어보고 아이의 이야기를 들어주었다.

아이는 곧바로 친구들이나 선생님에게 예의 없게 행동한 것 같다며 잘

못을 사과했다. 스스로 마음을 다잡고 화장실에 가서 세수를 한 다음에는 마음이 많이 풀렸는지 예쁜 자세로 친구들과 즐겁게 활동하고 수업을 했다. 이처럼 아이들은 그들의 마음을 살짝 물어봐 주는 것만으로도 스스로 자신의 모습을 돌아보고 회복할 수 있는 힘을 갖고 있다.

6학년 담임을 했을 때 한 아이로 인해 마음고생을 많이 했다. 지금 생각해 보면 '그 아이로 인해서'가 아니라 나로 인해 그 아이와의 관계가 나빠진 것이었다. 그때 그 아이에게 내가 좀 더 옳다고 생각되는 무언가를 지시하고 조언하기 전에 무엇이 그렇게 속상하고 힘든지를, 왜 그렇게 화가 나는지를 더 자세히, 더 진심을 담아 물었어야 했다. 결국 나는 그 아이와의 '소통'에 실패했던 것이다.

교사와 학생 사이에 아무리 세대 차이가 난다고 할지라도 자신의 생각과 말을 진심으로 이해해 주는 마음은 통한다. 마음이 불만과 화로 가득 차 있는 아이일지라도 내가 진심으로 이해하려 하고 돕고 싶은 마음을 계속해서 표현한다면 언젠가는 마음을 연다. 단지 시간의 차이가 있을 뿐이다.

때로는 대화에 익숙하지 않을 뿐 아니라 자신의 마음을 열고 생각을 표현하는 것에 매우 서투른 아이들도 있다. 교사는 특히 그런 아이들에게 더 자주 대화를 시도해야 한다. 친구들과의 관계는 대화로 맺어져 나가는데 이에 서투른 학생들은 친구관계에서도 어려움을 겪기 때문이다. 학교는 지식만을 얻기 위해 오는 것이 아니라 사회 구성원으로 행복하게 살아갈 수 있는 방법을 배우고 익혀 나가는 곳이다. 그러므로 교사는 마음 열기에 익숙하지 않은 아이들에게 대화하는 연습의 상대가 되어 줄 필요가 있다.

다음은 미술 시간에 다른 아이들은 이미 작품을 구상하고 그려 나가기 시작했는데 도화지를 앞에 놓고서는 10여 분이 넘도록 아무것도 시작하지 못하고 있던 아이와의 하브루타 상황이다. 다른 친구들은 짝과 함께 자신이 표현하고 싶은 경험에 대해 함께 하브루타를 하고 작품을 그려 나갔지만, ○○는 짝의 말만 듣고 자신의 이야기는 좀처럼 펼쳐 내지 못했다. 친구들이 작품 활동을 시작한 후에도 한참 동안 멍하니 있던 ○○를 좀 더 일찍 시작할 수 있도록 도와줄 수도 있었지만, 일단 고민하고 있는 상황을 좀 지켜보다가 대화를 시도했다.

교사 : ○○야, 아직 생각 중인가 보구나?

○○ : ….

교사 : 아직 어떻게 표현해야 할지 생각이 안 나니?

○○ : ….

교사 : ○○가 요즘에 했던 일 중 기억에 남는 일이면 무엇이든 좋은데?

○○ : 생각이 안 나요. 기억에 남는 일이 없어요.

교사 : 그래? 그럼, 친구들은 어떻게 표현하는지 선생님이랑 한 번 같이 돌아볼까?

○○ : ….(씨익 웃었다.)

(○○와 함께 손을 잡고 아이들이 작품 활동을 하는 과정을 쭉 돌아보았다.)

교사 : 친구들 그리는 것 보니 생각이 좀 떠올랐어?

○○ : 선생님, 저도 ○○랑 같이 복지관에서 공부했는데요. 저도 놀이터에서

같이 놀았어요. 맛있는 것도 같이 먹었어요.

교사 : 그래? 그럼 ○○도 마음에 떠오르는 것 표현해 보면 되겠다.

○○ : 그럼 저도 친구랑 미끄럼틀이랑 그네 탄 것 그릴래요.(씨익 웃고 자기 자리로 가서 그리기 활동을 시작했다.)

학생들과 소통하는 교사가 되려면 학급을 운영할 때에도 학생들의 의견을 많이 물어봐 주고 그렇게 제안된 의견들을 다양한 방식으로 학급 운영에 적용시키는 것이 도움이 된다. 매 순간 학급에서 학생들의 교실 속 생활과 관련하여 무언가를 결정할 사항이 있을 때 교사 혼자 생각하고 판단해서 정하는 것이 아니라 학생들의 생각을 묻는 것이다. 그러면 교사가 미처 생각지 못한 다양한 생각을 들을 수 있다.

그 생각들을 적용시켜 학급을 꾸려 나가면 학생들은 자신들의 의견이 반영된 규칙이나 실천 사항들을 더 책임지고 지키려고 한다. 교사의 입장에서는 학생들과 더 가까워지고 마음이 통하게 되는 순간을 느낄 수 있다. 어른들도 자신에게 자율성이 주어질 때 적극성을 가지고 주도적으로 업무를 이끌어 가듯이 학생들도 마찬가지로 자신들에게 선택하고 결정할 수 있는 권한이 주어질 때 훨씬 더 학급의 일에 주인의식을 가지고 참여한다. 또한 그렇게 해서 결정된 사안들에 대해 책임감을 가지고 지켜 나가려고 노력한다. 행복한 교실을 교사 혼자서가 아니라 학생과 함께 만들어 가는 것이다.

다음은 3학년 학생들과 함께 학급에서 결정해야 할 문제를 놓고 생각을 나누었던 장면이다.

[공기놀이와 관련한 불편 사항과 관련한 전체 하브루타]

학생 1 : 선생님, 공기놀이 할 때마다 공기 가져가는 게 너무 정신이 없어요.

교사 : 그래? 그렇다면 좋은 방법 없을까?

학생 2 : 우르르 몰려가지 말고 순서대로 줄을 서서 가져가는 것으로 해요.

교사 : 그래요. 다들 어떻게 생각합니까?

학생들 : 네, 좋아요.

(며칠 후)

학생 3 : 선생님, 그런데 공기 가져가는 순서를 너무 기다려야 해요.

교사 : 그냥 5개씩 차례로 가져가면 되는데 왜 그러지?

학생 4 : 좋은 공기 고르느라고 흔들어 보면서 너무 시간을 오래 끌어요.

교사 : 아! 그럼 어떻게 할까?

학생 5 : 그냥 공기를 바로 집어 가게 해요.

학생 6 : 그러다가 빈 공기가 있으면 어떻게 해요?

학생 7 : 그럼 다시 줄 서서 집으면 되지.

교사 : 네, 그렇게 하도록 합시다. 공기 고르는 시간은 어느 정도 여유를 주면 좋을까요?

학생들 : 20초요. (대다수의 학생이) 10초요, 30초요.

교사 : 그래요, 여러분 말대로 10초 이상 지체하지는 않도록 합시다.

학생들 : 네!

이 상황처럼 교실은 학생들이 하루 종일 생활하는 공간이기에 교실에서 발생하는 여러 가지 상황에 대해 학생들의 의견을 반영하는 일이 매우 중요하다. 교사는 학생들이 방향을 잡지 못할 때 좋은 방법을 안내해 주거나, 의견을 통해 결정되는 사항에 보완할 점이 있을 때 대안을 제시해 주면 된다.

우리는 살아가면서 누군가와 더 익숙해지고 더 끈끈한 관계를 맺어 나가기 위해 늘 소통해야 하는데 그 소통에 절대적으로 필요한 요소는 바로 '대화'이다. 대화는 상대방에 대해 마음으로부터 우러나오는 관심, 그리고 그 관심에서 비롯한 질문으로부터 시작된다.

학생들과의 관계도 마찬가지이다. 매일매일 얼굴을 보는 것만으로도 잔잔한 정이 쌓여 갈 수 있지만 더 나아가 학생들과의 깊은 관계를 형성하기 위해서는 전체 학생의 교실 및 가정에서의 생활에 대한 관심, 그리고 학생 개개인의 삶에 대해 관심을 가져야 한다. 그렇게 관심을 가질 때 학생들에게 궁금한 것이 생기고 질문이 생기며 그 질문을 토대로 학생들과 소통할 수 있다.

학교에서 바쁘고 정신없는 가운데서도 아이들이 친구들과 대화하는 모습, 혼자 있을 때의 모습, 공부할 때의 모습 등을 한 명씩 관찰하다 보면 '무슨 이유로 저렇게 말할까?', '오늘은 무엇 때문에 저리 시무룩할까?', 'ㅇㅇ랑 또 싸웠나?' 이런 질문들이 생긴다. 그런 질문들을 가지고 학생에게 다가서서 조심스레 묻고 들어만 주어도 아이들은 선생님을 가깝게 느끼고 좋아하게 된다. 교사 또한 아이들의 사랑을 받으면 더 큰 사랑을 되돌려줄 수 있게 된다.

학생들과 소통한다는 것은 결국 그들과 뜻을 함께하는 것이고 마음이 함께 갈 수 있도록 노력하는 것이다. 그러기 위해 교사 자신만의 소통 원칙을 가지고 학급 운영을 하는 것이 필요하다. 다음은 우리 반 교실 속에서, 또는 교실 밖에서라도 내가 학생들을 대하고 그들에 관해 생각할 때 늘 기억하고 실천하는 원칙이다.

1. 내가 지시하기 전에 학생들의 생각을 먼저 물어 그들이 충분히 이야기하게 한다.

2. 학생의 행동에 대해 화가 날 만한 상황일수록 더욱 목소리를 낮추고 침착하게 대처하려고 노력한다.

3. 학생들과 대화할 때 그들이 나의 말에 경청하기를 원하는 만큼 나도 학생들과 눈빛을 교환하며 마음으로 들으려 한다.

4. 자꾸 어긋난 행동을 하는 아이일수록 아주 작은 장점이라도 찾아내어 격려한다.

5. 아이들과의 이야깃거리가 될 수 있는 재미있는 추억의 시간을 많이 가져 선생님의 사랑과 관심을 느끼도록 한다.

6. 결코 학생의 험담을 하지 않는다. 생활지도와 관련하여 동료교사의 조언을 구할 때라도 그 학생의 더 나은 성장을 기대하고 도와주려는 마음을 가지고 이야기한다.

7. 늘 아이들에게 희망을 줄 수 있는 말을 하기 위해 노력한다.

교실에서는 교사가 생활지도를 통해 예방하고 해결해야 할 일이 많이 생긴다. 그때마다 학생들에게 어떤 훈계나 조언을 던지기에 앞서 그들의 상황과 생각을 묻고, 그들의 마음을 들어주려고 노력하면 그 과정에서 학생들이 스스로 자신이 잘못한 부분과 고쳐야 할 부분을 발견하고 실천하게 된다. 우리 반 교실에서 친구들끼리 다툼이 일어났을 때 나는 우선 그 일과 관계된 친구들을 조용히 불러 이 질문을 가장 먼저 던진다.

"어떤 일이 있었는지 설명해 줄래?"

가장 억울해 하거나 속상한 듯한 친구에게 먼저 기회를 주고 다른 친구들은 끼어들지 않고 잘 경청할 수 있도록 기회를 주면 자신의 상황을 설명하는 동안 어느 정도 진정이 된다. 한 친구가 설명하는 동안 다른 친구들은 중간에 끼어들고 싶어도 자기가 이야기할 차례가 될 때까지 참고 기다릴 수 있도록 한다. 그러고 나서는 다음과 같은 질문들을 상황에 맞게 적절히 던진다.

"지금 어떤 기분이니?"
"왜 속상했는지 말해 줄 수 있어?"
"왜 그렇게 생각하니?"
"네가 그 입장이라면 어떨 것 같아?"
"너희들이 이렇게 다투면 선생님 마음은 어떨 것 같아?"
"이제 화해할 마음이 생겼니?"
"아직 화해할 마음이 안 생겼다면 어떤 부분이 그렇게 속상해?"
"또 억울한 것은 없니?"
"지금(앞으로) 네가 어떻게 하면 좋을까?"

다음은 약간의 다툼이 있어 선생님에게 온 두 학생과 하브루타로 생활 지도를 했던 상황이다.

학생 A: 선생님, B가 저를 밀고 지나갔어요.

학생 B: 아니, A가 저 보고 비웃잖아요.

학생 A: 아니, 전 비웃은 적 없어요. 저는 ○○랑….

학생 B: (A가 말하는 중에 끼어들며) 너가 나 보고….

교사: ① A가 말하는 동안 일단 B는 조용히 들어주자. 다 듣고 난 후에 B도 차근차근 이야기하자. ② A가 먼저 어떤 일이 있었는지 설명해 줄래?

학생 A: 저는 ○○랑 웃긴 얘기 하면서 막 웃고 있는데, 갑자기 B가 저를 밀면서 지나가는 거예요. 그래서 제가 화가 났죠. 전 잘못한 것도 없는데.

교사: ③ 그럼 이제 B가 이야기해 볼까?

학생 B: 아니, ○○랑 같이 저를 보면서 막 웃잖아요. 기분 나쁘게 막 웃었어요. 그리고 세게 민 것도 아니에요. 살짝 건드리기만 했는데….

교사: 둘 다 지금 이야기한 게 다니? ④ 더 말하고 싶은 것은 없어?

학생 B: A도 다시 저를 조금 밀었어요. 그런데 저만 민 거 아니에요.

교사: 그래, 그럼 둘 다 하고 싶은 이야기는 다 한 거니? 더 말하고 싶은 건 없어?

학생 A, B: 네, 없어요.

교사: ⑤ A는 지금 기분이 어때?

학생 A: 아주 기분이 나빠요. 전 잘못한 것도 없는데….

교사: 응, 그래. 그럼 A는 전혀 비웃은 게 아니라는 거지? 다시 밀지도 않았

고?

학생 A: 아니요, 저도 다시 밀기는 했어요. 그런데 비웃은 건 진짜 아니에요.

교사: ⑥ 그러면 B가 왜 그렇게 오해하게 되었을까?

학생 A: 제가 ○○랑 웃기는 했는데요. B를 보고 비웃은 게 아니라 우리 둘이 웃긴 얘기를 하느라고 웃다가 B를 본 거예요. 정말 비웃은 게 아니에요.

교사: 아…, 그렇구나. B를 보고 웃은 게 아니구나. ⑦ B는 A의 말을 들으니까 어떤 생각이 들어?

학생 B: 저 보고 웃은 건 아니라고 했는데, 저는 꼭 그런 것처럼 느껴져서 기분이 엄청 나빴어요.

교사: ⑧ 그러면 지금은 마음이 좀 어때?

학생 B: A의 말을 들으니까 조금 괜찮아요. 그래도 아까 기분이 너무 나빴어요.

교사: B가 갑자기 밀고 지나갔을 때 A의 마음은 어땠을까?

학생 B: 갑자기 기분이 나빴을 것 같아요. 그런데 다시 저를 밀어서 저도 또 속상했어요.

교사: ⑨ A는 B의 말을 들으니까 어떤 생각이 들어?

학생 A: 제가 B에게 왜 미냐고 물어볼 걸 그랬어요. B를 보면서 웃어서 그렇게 생각했을 수도 있을 것 같아요. 그리고 저도 다시 밀어서 잘못한 것 같아요.

교사: ⑩ 그럼 이제 서로 화해할 마음이 생겼니?

학생 A, B: 네.

교사: ⑪ 어떻게 하면 될까?

학생 A: 저는 B가 밀었을 때 저도 밀어서 미안하다고 말하면 될 것 같아요.

학생 B: 저는 오해해서 미안하고, 또 갑자기 밀어서 미안하다고 해야 할 것 같아요.

교사: 그래, 그러면 서로 그렇게 하자.(A와 B는 서로 사과를 하며 웃으며 화해했다.)

교사: 어떤 상황이든 서로 오해가 생기지 않도록 주의하면 될 것 같아.

학생 A, B: 네.

아이들은 다툼이 있어서 선생님에게 무언가를 말하려고 오면 우선 자기 말을 하느라고 바쁘다. 상대방의 말을 들으려고 하지 않는다. 자신의 억울함을 찬찬히 풀어놓기 위해서는 상대방의 이야기 또한 한 걸음 뒤로 물러서서 들어주려는 노력이 필요하다. 그러므로 학생들이 서로 자신의 이야기만 하려고 할 때 ①과 ②의 경우처럼 더 속상해 하거나 억울해 하는 친구에게 먼저 자유롭게 이야기할 수 있는 기회를 주도록 한다. 그리고 그 동안 상대 친구는 꼭 귀 기울여 들을 수 있도록 하고, 말하는 중에 끼어들지 않도록 한다. 그리고 ③과 ④의 경우와 같이 상대 친구에게도 충분히 말할 수 있는 기회를 준다.

학생 A가 매우 속상해 하고 있는 상황이기에 ⑤와 같이 감정을 충분히 이야기할 수 있도록 기분과 마음을 물어봐 주면 학생들은 그에 대한 대답을 하는 과정 중에 속상했던 마음이 많이 풀리게 된다. ⑥의 질문은 학생이 스스로 오해가 일어난 상황에 대해 돌아볼 수 있도록 이끌어 주게 되는데, 교사가 학생의 잘잘못을 말하거나 지적하는 것이 아니라 자신이 직접 뒤돌아 생각해 볼 수 있는 시간을 주는 것이 학생 생활지도에서 매우 중요한 부분이다.

교실에서 하루 이틀 생활하는 것이 아니기에 교사가 해결해 주거나 알려 주기에 앞서 학생들 스스로가 어떤 상황에 대한 스스로의 해결책을 발견할 수 있도록 도와야 한다. 또한 앞으로는 어떻게 행동해야 할지를 생각해 보고 개선시켜 나갈 수 있도록 이끌어 주어야 한다.

그리고 어느 한쪽 학생에게만 감정을 풀어놓을 수 있는 기회를 주는 것이 아니라 ⑦과 ⑧의 경우에서처럼 상대 학생에게도 충분히 자신의 이야기를 하고 마음을 표현할 수 있는 시간을 주어야만 한다. ⑨의 경우처럼 상대방의 이야기에 대한 자신의 생각 묻기를 되풀이하다 보면 그 과정에서 학생들은 상대방의 입장에서 상황을 바라볼 수 있는 마음을 갖게 된다.

마지막으로 ⑩과 ⑪의 상황을 이끌어 스스로 자신이 상황을 해결하기 위해 해야 할 부분을 발견한 후 그대로 실천할 수 있도록 하면 아이들은 이런 갈등의 상황이 생길 때마다 조금씩 서로 평화롭게 살아갈 수 있는 방법을 깨달아 가게 된다.

결국 학생들과 소통하기 위해 교사에게 가장 필요한 것은 그들의 말을 있는 그대로 들어줄 수 있는 마음이다. 조심스레 질문을 던지고, 있는 그대로의 마음을 들어주기만 해도 학생들은 교사에게 마음을 연다.

04
작은 성취감
선물하기

언젠가 초등학교 2학년 딸이 밤 12시가 되도록 잠을 자지 않고 자기가 좋아하는 고슴도치 인형의 봄 원피스를 만들어 줘야 한다며 천을 잘라 옷을 만들었다. 마음 같아서는 얼른 자라고 하고 내가 만들어 주고 싶었지만 그냥 아이가 직접 하게 놔두었다. 어떻게 만드는지 궁금하기도 했고, 바느질도 해 봐야 한다고 생각했기 때문이다.

완성품을 보니 뭔가 엉성해서 웃음이 나왔지만, 그래도 완성된 인형의 봄 원피스를 보며 2학년이 어떻게 이런 걸 만드느냐며 칭찬을 해 주었다. 뿌듯해 하며 어느새 스르륵 잠든 아이를 보면서 내가 직접 해 주지 않고 지켜봐 주었기에 딸아이는 혼자 바느질로 무언가를 완성하는 작은 성취의 기쁨을 맛보았다는 생각을 했다.

교실에서도 마찬가지이다. 교사로서 아이들에게 무언가를 스스로 배우고 익혀 나갈 수 있는 기회를 주는 것이 참 중요하다. 교실 속에서, 아니면 교실 바깥에서 이루어지는 어떤 활동에서든지 무언가를 경험할 수 있는 기회가 학생들에게 지속적으로 주어져야 한다.

언젠가 지나가는 말로 아이들에게 물었다.

"얘들아, 너희들은 학교에 왜 와?"

아이들은 이구동성으로 대답했다.

"공부하러요!"

아이들은 공부하러 온다. '공부'라는 명목하에 학교에 온다. 그리고 수업시간에 무엇인가를 배운다고 생각한다. 그러나 꼭 수업 속에서만 배움이 일어나는 것은 아니다. 학교에 가는 발걸음을 떼면서부터 집에 도착하는 순간까지 아이들은 끊임없이 무언가를 배운다.

쉬는 시간에도 아이들은 참 많은 일을 한다. 다음 시간 책을 준비하고, 화장실에 다녀오고, 물도 먹고, 친구랑 얘기도 한다. 장난을 치고, 책도 읽으며, 선생님 심부름도 하고, 창문 밖을 쳐다보기도 한다. 놀 거리 탐색도 하고, 어떻게 놀지 친구들과 얘기도 하면서 아이들은 무언가를 느끼고 배우고 경험한다. 서로 만나고 대화하며 매일매일 조금씩 성장해 나간다. 점심시간, 청소시간도 마찬가지이다.

삶에 필요한 실질적인 것들을 하나씩 하나씩 익혀 나간다. 아이들이 그 속에서 더 많이 배우고 더 깊이 느낄 수 있도록 안내해 주고 격려해 주는 것이 교사의 역할이다. 매 순간순간이 배움의 장이 될 수 있도록 교사들은 반걸음 뒤에서 그들에게 기회를 주고 칭찬해 줄 수 있어야 한다.

우리 반에 심부름하는 것을 진짜 좋아하는 아이가 있었다. 수업시간에도, 친구들과 놀 때도 정말 조용하고 별로 나서지 않으며, 공부에도 별로 흥미가 없었다. 하지만 내가 익힘책이나 안내장을 나누어 주도록 하거나, 다른 교실로 특별한 심부름을 시키게 되는 상황이 되면 어느새 조용히, 재빨리, 가장 먼저 앞으로 나왔다. 어쩜 그렇게 쏙쏙 알고 나와 주는지 정말 신기했다. 그걸 보면서 그게 바로 그 아이가 가장 자신 있어 하는 부분이라는 걸 알았다. 그걸 깨닫고 나서는 매일 일부러 심부름을 만들어 부탁하곤 했다. 아주 작지만 그 아이는 그런 작은 심부름을 통해 매일매일 무언가를 배우고 있었을 거라고 생각했다. 그리고 그 작은 심부름들을 통해 시간이 흐를수록 그 아이는 나와도 매우 가까워졌고, 더불어 친구들 속에서도 활기찬 모습을 보였다.

어른들이 학교를 다니지 않아도 매일매일의 삶 속에서 무언가를 느끼고 깨닫는 것처럼 아이들도 비단 수업시간뿐만 아니라 집을 나서서 학교로 가면서 친구를 만나는 순간부터 하교하는 순간까지 끊임없이 무언가를 경험하고 배운다. 학생들끼리 맺는 관계 형성의 순간들 또한 배움의 시간이다. 단지 그걸 느끼지 못할 뿐이다.

아이들이 새로운 것을 함께 경험해 보고 시도해 볼 수 있는 상황들이 주어졌을 때, 또 그런 상황들이 교사의 세심한 관찰에 따른 의도적인 노력에 의해 계획될 때 학생들의 배움은 더 극대화될 수 있다. 학급에서 이루어지는 활동과 규칙에 대해 학생들에게 선택하고 결정할 수 있는 권한을 주는 것은 아이들의 성장에 매우 큰 의미가 있다. 그러므로 우리 교사들은 아이들이 충분히 해낼 수 있는 부분이나, 그들에게 조금은 어려울 수 있는 도전적인 활동에서도 무조건 앞서서 해 주거나 알려 주는 것이 아니라 일단은 방법을 알려 주며 스스로 해 볼 수 있는 기회를 끊임없이 제공해 주어야 한다.

에릭슨(Erikson)의 사회심리학적 발달 단계로 볼 때 초등학생 시절은 근면성 대 열등감이 발달하는 시기이다. 가정과 학교에서 작은 성취감을 계속적으로 맛본 아이들은 평생을 살아가면서 크나큰 재산이 될 근면성을 갖출 수 있게 된다. 반면에 잦은 지적과 꾸중으로 스스로 무언가 잘해 낸 작은 성공 경험을 갖지 못한 아이들은 열등감이 마음속에 자리하게 된다. 그러므로 학생 개개인이 잘할 수 있는 것이 무엇인지 스스로 발견할 수 있도록 교사가 질문을 던지고 함께 하브루타를 하는 것은 학생이 자신의 강점을 알고 실천할 수 있도록 돕는 데 도움이 된다.

교실에는 열등감에 쌓인 아이가 생각보다 꽤 많다. 어떤 부모도 자식에게 열등감을 주고 싶지 않았겠지만 자기도 모르게 자녀들에게 열등감을 심어 주기도 한다는 것을 생각해야 한다.

교실 속 아이들은 한 명 한 명 모두 소중하지만, 교사는 특히 누군가의 뒤에, 무언가의 뒤에 늘 숨어 있는 아이를 바라봐 주어야 한다. 그리고 그들에게 작은 성취의 기쁨을, 작은 성공의 경험을 적극적으로 선사하기 위해 항상 노력해야 한다.

2

하브루타로
수업 속 관계 맺기

01
수업을 살리는
관계 맺기

[3학년 수학 시간]

교사 : 476-134를 계산하는 자신만의 방법을 찾아내어 친구에게 설명해 볼 까요?

(생각이 끝난 학생들은 자신의 방법을 짝에게 설명하고 있었다.)

학생 1: 선생님, ○○가 설명을 안 해 주려고 해요.

교사 : ○○야, 네가 찾은 방법을 짝에게 설명해 줄래?

학생 2: 선생님, 저 그냥 혼자 공부하면 안 돼요?

학생들이 하브루타가 있는 수업에 익숙해지고 서로 생각을 나누는 것과 친구 가르치기에 재미를 붙여 나가는 과정에서 가끔은 이렇게 반응하는 아이가 있다. 나도 교과서를 들여다보며 혼자 씨름하던 시절이 있었다. 공부란 혼자 머리 싸매고(?) 끙끙대는 것이라고 믿었던 때가 있었다. 물론 학생들에겐 혼자 책 속에 파묻혀 고민하는 시간도 필요하다.

하지만 '수업'이란 혼자만의 생각과 활동으로만 이루어지는 것이 아니다. 교사와 학생, 학생과 학생 간의 끊임없는 소통, 활동, 표현 등으로 이루어지는 것이다. 자신만의 생각을 끄집어 낸 후 그 생각을 다른 친구들과 함께 나누는 과정이 필요하다. 수많은 책을 읽고 지식을 머릿속에 집어넣은들 그것을 다른 이들과 공유하지 못한다면 어떤 의미가 있겠는가? 단지 많은 지식의 습득만을 위한다면 학교까지 올 필요는 없는 것이다.

그렇기에 우리의 수업은 학생들이 끊임없이 상호작용을 할 수 있는 장이 되어야 한다. 자신의 지식과 생각을 내어 주고 다른 이들의 의견을 통해 또 다른 생각과 지식을 배워 나가는 곳이 되어야 한다. 교사와 학생의 상호 작용, 그리고 학생과 학생 간의 상호 작용 속에서 학생들은 또 다른 세계를 만난다. 그리고 그 과정에서 교사와 학생, 학생과 학생은 관계를 맺어 나간다.

교사들의 주된 역할은 학교 업무, 수업, 생활지도이다. 그런데 여기서 업무는 별개로 구분하더라도 수업과 생활지도는 결코 분리되어서 표현될 수 없다는 것을 기억해야 한다. 생활지도는 인성 교육의 차원에서 바라보아야 하고 인성 교육은 곧 수업 속에서 이루어져야 한다.

친구 배려하기, 서로 이해해 주기, 자신 있게 말하기, 사랑 표현하기, 규칙 지키기, 존중하며 활동하기, 친절하게 대하기, 책임 다하기, 약속 지키기, 마음 전하기, 공평하게 대하기 등을 수업 활동 속에서 아이들이 자연스럽게 익혀 나갈 수 있도록 이끌어 주어야 한다. 그러한 수업 속 가치들을 배워 나가는 과정에서 아이들의 관계는 더욱 돈독해진다.

과학 시간에 배운 내용을 친구에게 묻고 답하면서 돌아다니며 친구를 가르치는 활동 중에 있었던 일이다. 서로 설명하며 분위기가 무르익어 가던 순간 한 아이가 "선생님 ○○가 ○○를 잡아당겨서 넘어졌어요."라고 했다. 이 말에 돌아다니며 친구 가르치기 활동은 중단되었다. 거의 마무리 단계이긴 했지만 상황을 알아보니, 두 친구가 서로 다른 한 친구와 함께하고 싶어서 끌어안다가 그랬다고 했다.

그래서 그 일을 주제로 전체 하브루타를 잠깐 했다. 보통의 경우 생활지도와 관련해서는 개인적으로 하브루타를 하는 것이 바람직하다. 하지만 이 경우는 비난이나 폭력의 상황이 아닌 서로의 실수로 인한 안전사고와 연결된 부분이었기에 전체 하브루타로 모든 학생과 함께 주의할 점을 찾아 나가는 것이 필요하다고 생각했다.

교사 : 어떤 상황이었는지 설명해 줄래?

학생 1 : 저는 ○○랑 하고 싶어서 잡았던 거예요.

학생 2 : 제가 먼저 ○○랑 하려고 했는데 자꾸 잡아서 저도 잡아당겨졌어요.

학생 3 : 저는 둘 다 차례대로 하려고 했는데 자꾸 둘이서 양쪽에서 끌어서 넘어진 거예요.

교사 : 어떻게 해서 이런 일이 일어났을까?

학생 4 : 서로 자기만 생각해서 그래요.

학생 5 : 차례대로 하면 되는데 먼저 하려고 욕심을 부려서 그래요.

학생 6 : 말로 하지 않아서 그래요.

교사 : 그럼 너희들은 이 일을 통해 무엇을 알게 되었니?

학생 7 : 배려를 먼저 해야 할 것 같아요.

학생 8 : 자기도 모르게 위험한 일이 생기는 것 같아요.

학생 9 : 늘 사고가 일어나지 않게 조심해야 된다는 걸 알았어요.

교사 : 그래, 그럼 ○○, ○○, ○○(상황과 관련된 학생 1, 2, 3)도 자기의 생각을 이야기해 볼래?

이렇게 수업 속에서는 수업에서 발생하는 상황 또는 수업 내용과 관련된 생활지도 및 인성 교육이 수시로 이루어진다. 위의 상황에서 아이들은 친구를 배려해야 하고, 안전사고에 유의해야 한다는 것을 교사의 특별한 훈계 없이도 스스로 알게 되었다.

이렇게 수업 속 생활 교육이 지속적으로 이루어지면서 아이들은 친구들과 어떻게 관계를 맺고 어떠한 삶을 살아 나가야 하는지를 알게 된다. 그리고 문제가 생겼을 때 서로의 의견을 제시하며 상황을 풀어 나갈 수 있다. 누군가의 의견에 자신의 의견을 덧붙여 말하고, 다른 친구들의 생각에 귀 기울이면서 삶의 중요한 가치들을 배워 나가는 것이다.

02
질문으로 풀어 가는
수업 속 관계 맺기

    지금도 부모로서 한참 미숙하지만 더더욱 미숙했던 시절, 첫 아이가 해야 할 일들에 대해 내가 한 발 앞서 계획을 세워 주고 이끌고자 했다. 아이가 제대로 잘해 내지 못했을 때는 다그치거나 화를 내기도 했다. 아이의 속상하고 답답한 마음은 생각해 주지 못하고 엄마인 나의 속상함만 생각하며 아이의 입장을 바라봐 주지 못했다. 아이에게 엄마의 존재는 자신의 삶을 쉴 틈 없이 만드는 존재로 비춰졌을 것이다. 그리고 그때 나는 내 아이를 공부시키는 것이 참 힘들었다.

    그런데 어느 날 아이의 삶을 내가 주도하고 있었다는 생각을 하게 되면서 깨닫게 되었다. 바로 아이의 삶을 부모인 내가 주도할 수 없으며 아이와의 '관계'가 모든 것에 우선한다는 것을 말이다. 그때부터 나는 아이의 공부에 대한 욕심을 내려놓고 행복한 관계를 우선시하였다. 그렇게 아이와 마냥 친밀하고 따스한 관계가 된 지금 아이는 스스로 배움과 자존감의 벽돌을 탄탄하게 쌓아 가고 있다.

교실에서도 마찬가지이다. 지금도 끝없이 시행착오를 겪고 있지만 수없이 많은 수업 속 고민들을 통해 깨닫게 된 것은 결국 수업은 '관계 맺기'로부터 시작한다는 것이다. 교사들이 흔히 듣는 연수를 잠깐 떠올려 보자. 일방적으로 전달되는 강의 중심의 연수와, 연수생들이 강의 내용을 토대로 활동과 생각을 나누는 연수 중 어떤 것이 더 오래 기억에 남고 행복한가?

물론 명강사의 재미있는 강의는 지루한 줄 모르고 귀에 쏙쏙 들어온다. 하지만 우리 교실 속 수업이 늘 그렇게 될 수는 없고, 그렇게 되어서도 안 된다. 우리의 수업에서는 대화가 필요하다. 교사와 학생, 학생과 학생 간에 풍성한 대화가 있을 때 수업 속 관계 맺기가 시작된다.

그런데 이 수업 속 대화가 더욱 풍성해지기 위해서 교사는 의도적으로 아이들에게 질문을 던지고 생각할 시간을 줄 필요가 있다. 아이들에게 지식을 전달하거나 규칙을 지시하는 것만을 목적으로 하는 대화가 아니라 학생들이 상황에 대해 사고할 수 있는 상황을 이끌어 내는 질문과 대화의 연습이 필요하다.

학급 운영에서 늘 하브루타를 기억한다면 아이들에게 어떤 질문을 던질까를 고민하고 매 순간을 질문 상황으로 연결 지어서 풀어 가려는 노력을 하게 된다.

다음은 우리 반에서 교실 체육 활동을 할 때의 상황이다.

[수건돌리기를 위해 원을 만들던 상황]

교사: (책상을 가장자리로 다 밀게 하고)

얘들아 원을 한 번 만들어 볼래?

아이들: ① (엄청 찌그러진 원을 만들었다.)

교사: ② 선생님이 왜 원을 만들라고 했을까?

아이들: 수건돌리기요!

(아이들이 수건돌리기 하고 싶다는 이야기를 자기들끼리 하고 있기에 살짝 선택한 활동이었다. 아이들은 내가 다 들은 줄도 모르고 정말 자기들이 생각 했던 대로 수건돌리기를 한다며 너무 좋아했다.)

교사: ③ 그런데 찌그러진 원으로는 수건돌리기가 힘들 것 같은데, 어떻게 하지?

아이들: (서로 이야기하며 살짝살짝 몸을 움직였으나 여전히 찌그러진 원 상 태였다.)

교사: 그리고 원 뒤쪽의 책상과 원 사이에 공간이 없네. 어떻게 하면 좋을까?

아이들: (열심히 대화 중인 4명의 아이들 빼고 나머지 친구들은 서로 자리를 조정하며 원을 적절하게 만들었다. 그 4명의 아이 뒤에는 책상이 바로 붙어 있어 술래가 걸어갈 공간이 없었다. 그제야 4명의 아이가 대화를 멈추고 선 생님을 보았으나 듣지 않았기에 무얼 어떻게 해야 할지 잘 몰라 했다.)

교사: 우리 4명 친구들이 지금 어떻게 해야 할지 몰라 하는데 왜 그런 걸까?

아이들: 경청을 하지 않아서 그래요.

4명의 아이들: (급, 경청모드… 그러나 두리번두리번…)

학생 1: (일어나더니 그 친구들 뒤로 가서 책상을 더 밀고 아이들의 자리를 약간 조정시켜 원을 예쁘게 만들고 술래가 지나갈 공간을 마련했다.)

교사와 아이들: 와!!!! (감탄 모드)

만일 내가 하브루타를 통해 아이들에게 질문을 던질 생각을 하지 못했다면, ①번과 같은 상황에서 "얘들아 원이 찌그러졌잖아, 제대로 좀 만들어 봐." 정도의 지시로 아이들이 원을 잘 만들어 보도록 했을 것이다. 그리고 교사인 나는 원이 계속 잘 안 만들어지면 아이들 안으로 들어가 직접 원을 만들어 주거나, 언짢은 마음을 드러냈을지도 모른다. 아마도 직접 원을 만들어 주었다면 아이들이 스스로 할 수 있는 기회를 내가 빼앗게 되는 것이다. 또한 핀잔을 주었다면 아이들 마음에도 상처를 주게 되고 내 마음 또한 편하지 않았을 것이다.

그러나 ②와 ③의 질문을 통해 학생들이 서로 대화를 나누며 왜 제대로 된 원이 필요한지를 스스로 느끼고, 만들어 보려 시도하게 할 수 있었다. 또한 그 상황에서도 서로 돕지 않는 친구들에게 핀잔이 아닌 질문을 통해 경청이 필요함을 느끼도록 이끌 수 있었다.

위와 같이 수업 속에서 일어나는 다양한 상황을 아이들과의 질문과 대화로 풀어 나가면 교사가 학생들에게 언짢은 말을 하게 되는 상황은 매우 줄어들게 된다. 그리고 교사가 학생의 입장을 생각하며 대화를 하게 되면 학생들끼리도 서로 부딪치는 상황이 되었을 때 조금씩 서로의 입장을 생각해 주며 대화하게 된다. 더 나아가서는 어떤 논제에 대해 생활 속에서 토의와 논쟁까지 하게 된다. 또한 그 안에서 교사와 학생, 학생과 학생의 관계가 좋은 열매를 맺어 가게 된다. 그 관계 맺기는 바로 정이 오가는 행복한 수업의 밑거름이 된다.

03
인성과 배움의
하브루타 수업하기

　나는 아이들과 수업을 할 때 늘 하브루타를 기억한다. 어떻게 하면 아이들이 좀 더 생각하게 할 수 있을까? 어떻게 하면 아이들이 한 명도 빠짐없이 각자의 자리에서 함께 발전하며 관계를 맺어 갈 수 있을까? 어떻게 하면 아이들이 수업 속에서 배우고 깨달아 가는 기쁨을 잔잔하게 느낄 수 있을까? 교사인 나부터 이러한 질문을 가지고 수업을 준비하며 아이들과 함께 수업을 이끌어 간다. 학생들에게만 질문을 던지라고 하는 것이 아니라 교사가 먼저 스스로 수업관에 대해 질문을 던지고, 수업 내용에 대한 질문을 던져 보면 아이들의 생각이 어디로 이어질지 조금은 예측해 볼 수 있다.

질문과 대화가 풍성한 수업 분위기 만들기

아이들이 함께 성장할 수 있기 위해서는 학생 개개인이 수업 속에서 늘 각자의 생각을 정리하고 그 생각을 함께 나눌 수 있는 기회를 갖게 하는 것이 필요하다. 교사의 빼어난 강의는 순간적으로는 내용이 귀에 쏙쏙 들어올지 몰라도 그때뿐이다. 그대로 쏘옥 빠져나가면 학생들에게는 아무런 의미가 없다. 주어진 지식을 자신의 사전지식, 경험들과 버무려 자신의 생각으로 풀어낼 수 있는 작업이 꼭 필요하다.

생각을 끌어내고 그 생각을 함께 공유할 수 있는 최고의 방법 중 하나가 바로 하브루타이다. 질문 중심, 논쟁 중심, 비교 중심, 친구 가르치기, 문제 만들기 등 다양한 하브루타 수업 모형을 토대로 수업을 구조화해 나가는 작업이 필요하다. 하지만 아이들의 생각이 확장될 수 있는 기회를 주기 위해 교사 스스로 늘 질문과 대화가 풍성한 수업 분위기를 만들어 나가려는 노력이 필요하다.

수업에서 교사의 질문뿐 아니라 학생들의 질문이 생생하게 살아 숨 쉴 수 있도록 분위기를 이끌어 준다면 학생들의 대화가 풍성해진다. 질문과 대화 속에서 교사와 학생, 학생과 학생 간의 관계는 저절로 맺어질 수밖에 없다. 그렇게 관계가 맺어지기 시작하면 수업이라는 상황은 아이들의 삶에서 단순히 수업 이상의 의미를 줄 수 있다. 단지 나를 위한 공부만 하는 것이 아닌 우리 모두의 행복한 삶을 위해 함께 지식, 생각, 경험을 나눌 수 있는 소통의 장이 되는 것이다.

전담이 아닌 초등 담임교사의 경우에는 하루 종일 학생들과 함께 생활하기에 질문과 생각이 살아 있는 교실 문화를 만들어 가는 데 매우 의미 있는 역할을 할 수 있다. 그렇다고 모든 수업에서 아이들이 쉴 새 없이 떠들게 할 필요는 없다. 순간순간 아이들이 좀 더 깊이 생각할 수 있는 수업을 만들면 된다. 담임교사가 하루 종일 교과 지식을 전달하는 것에만 그치는 것이 아니라, 학생들의 질문과 생각이 살아 숨 쉴 수 있도록 의도하자는 것이다.

질문 카드 활용하기

우리 반 국어 수업의 경우를 예로 들어보겠다. 초등 국어 교과서의 경우 읽기 자료에 대한 질문은 3~4개 정도에 그친다. 물론 그 질문에 대한 답을 찾아가는 과정도 학생들에게는 생각할 수 있는 기회가 되지만, 학생들이 지문에 대해 다양한 사실 확인 질문들을 만들어 보게 함으로써 본문의 내용을 좀 더 구체적으로 파악하게 하는 데 도움을 줄 수 있다. 사실 확인 질문들을 만들어 보는 과정 자체가 본문의 내용을 자세하게 살피고 익히게 하는 역할을 한다.

아이들에게 사실 확인 질문에 대해 쉽게 설명해 주는 방법은 본문 안에서 답을 찾을 수 있는 질문을 만들 수 있도록 안내하는 것이다. 나아가 사고 확장 및 삶에의 적용 질문을 통해 본문과 관련지어 서로의 생각과 의견을 나누어 볼 수 있다. 사고 확장 및 적용 질문은 본문 안에 해답이 나와 있지 않고 우리가 머릿속에서 그에 대한 생각의 나래를 펼칠 수 있도록 이끄는 질문이라고 안내해 주면 아이들이 쉽게 다가갈 수 있다.

　사실 확인 질문이나 사고 확장 및 적용 질문을 꼭 한 차시 수업에서 다 만들어 수업하지 않아도 된다. 국어과의 한 단원에서 혹은 몇몇 차시에서 질문 만들기를 활용한 하브루타 수업을 진행하기로 계획하였다면, 앞쪽 차시에서는 사실 확인 질문을 만들고 그에 대해 서로 답해 보는 시간을 가지고, 뒤쪽 차시로 가면서 사고 확장 및 적용 질문을 통해 서로의 생각을 나누는 방식으로 수업을 진행할 수 있다.

　하브루타 수업에서는 학생들이 사고하고 의견을 나눌 시간을 충분히 주는 것이 중요하다. 우리 반에서는 학생들이 질문의 범위를 확장시키는데 도움이 되도록 다음과 같이 제작한 질문 카드 및 질문 활동지를 사용한다.

[사실 확인] 질문 만들기

예시 문장	아주 작은 오두막집에 가난한 농부가 살고 있었습니다. 농부는 겨우 작은 밭 하나를 가지고 있을 뿐이었습니다. 1년 내내 열심히 농사를 지었지만 아내와 두 아이에게 하루에 한 끼 먹이는 것도 힘들었습니다.

단어의 뜻 묻기	오두막집이란 어떤 집인가요?
육하원칙에 따라 묻기 (누가, 언제, 어디서, 무엇을, 어떻게, 왜)	농부가 가진 재산은 무엇이었습니까?
내용을 사실대로 파악하기 위해 묻기	농부는 얼마나 열심히 농사를 지었나요?

사실 확인 질문 카드

[사고 확장] 질문 만들기 (1)

예시 문장	아주 작은 오두막집에 가난한 농부가 살고 있었습니다. 농부는 겨우 작은 밭 하나를 가지고 있을 뿐이었습니다. 1년 내내 열심히 농사를 지었지만 아내와 두 아이에게 하루에 한 끼 먹이는 것도 힘들었습니다.

문장이나 낱말의 표현에 대해 묻기	'겨우'라는 표현에 담긴 의미는 무엇일까요?
느낌을 묻기	가난한 농부의 사정에 대해 어떤 생각이 드나요?
비교하여 묻기	가난한 농부와 부자 농부의 생활은 어떻게 다를까요?
의견을 묻기	당신이 이처럼 가난한 상황이라면 어떻게 살아 나갈까요?
장단점 묻기	가난한 것의 장점은 무엇일까요?
가정하여 묻기	가난한 농부가 황금을 발견하여 부자가 된다면 열심히 농사를 지을까요?

사고 확장 질문 카드 1

질문 카드는 교사가 과목별 수업 내용과 상황에 맞게 다양하게 만들어 사용할 수 있다. 학생들이 질문을 떠올리기 힘들어 할 때 질문 카드는 큰 도움이 된다. 물론 매번 질문 카드를 사용하는 것은 오히려 학생들이 스스로 질문을 만들려는 노력을 저하시키기도 한다. 질문 카드를 제시하면 학생들이 질문을 만들기 위한 고민을 하지 않고 질문 카드의 질문 유형에 그대로 대입시켜 만들려는 경향이 생기기 때문이다.

그러므로 학생들이 질문과 생각을 이끌어 내는 데 적절한 디딤돌이 될 수 있도록 상황에 맞게 간헐적으로 사용해야 한다. 우리 반 사회 수업에서는 속성열거법과 스캠퍼(SCAMPER)를 이용하여 다음과 같은 질문 카드를 제작해 학생들 스스로 좀 더 다양한 질문을 만들고 생각을 나눌 수 있도록 활용하였다.

재료	○○은 어떤 재료로 만들어졌을까?
색깔	○○의 색깔은 얼마나 다양할까?
장점	○○의 장점에는 어떤 것들이 있을까?
단점	○○의 단점에는 어떤 것들이 있을까?
쓰임새	○○은 언제 사용하는 것일까? ○○은 어느 곳에 사용하는 것일까?
기타	○○는 어떤 다른 특징들이 있을까?

속성열거법 활용 질문 카드

S	C	A	M	P	E	R
다른 것으로 대신 하기	합치기	응용해서 만들기	바꾸기 크게 만들기 작게 만들기	다르게 사용하기	무엇을 없애기	거꾸로 뒤집어 보기 다시 놓기
대체 (substi- tute)	결합 (Com- bine)	응용 (Adapt)	수정 (Modify)	다른 용도 (Put to other uses)	제거 (Elimi- nate)	뒤집기/ 재배열 (Reverse/ Rearrange)
*C 질문의 예: ○○를 ○○와 합쳐 보면 어떨까? *P 질문의 예: ○○를 다른 것에 사용할 수는 없을까?						

스캠퍼를 활용한 질문 카드

학생들이 만든 문제로 평가하기

학생들이 수업 속에서 질문을 만들고 그와 관련하여 대화, 토론하는 데서 더 나아가 직접 문제를 만들어 반의 평가 도구로 활용하는 것도 좋다. 학생들이 교사 입장이 되어 문제를 만들면 훨씬 더 내용을 구조적으로 파악하기 위해 노력하고, 중요한 것이 무엇인지를 고민하는 단계를 거치게 된다.

문제를 만들 때에는 학생들에게 단순하고 쉽게 대답할 수 있는 문제보다는 좀 더 생각하고 고민해야 해결할 수 있는 문제를 만들 수 있도록 안내하면 제출하는 문제의 수준을 높일 수 있다. 서로가 만든 문제를 묻고 답해 보며 각 모둠에서 중요한 문제들을 2~3개씩 정한 후 그 문제들로 평가를 하면 된다. 학생들은 그 문제들을 가지고 전체적으로 묻고 답하는 과정을 거치면서 지식을 함께 공유하는 기쁨을 느낄 수 있다. 학생들의 관계가 무르익는 것은 저절로 주어지는 선물이다.

질문을 통해 마음을 열도록 돕기

교사는 학생들에게 마음을 어루만지는 질문을 던짐으로써 아이들이 스스로 자신의 이야기를 통해 자신의 마음과 삶을 표현하는 시간들을 가질 수 있도록 해야 한다. 그 시간들을 통해 학생들은 저절로 마음이 치유된다. 어른들의 조언이나 훈계로는 해결되지 않던 일들이 서로 자신의 이야기를 주고받는 과정에서 저절로 해결되기도 한다.

우리 반 미술 시간에는 미술 작품을 만들기 전에 항상 3가지 정도의 질문으로 학생들이 자신의 마음을 돌아보고 작품 아이디어를 생각해 낼 수 있도록 돕는다. 그 질문들은 교사가 미리 생각한 것과, 그 시간에 학생들이 직접 생각해 낸 것으로 구성한다.

다음은 '내 마음의 표정'을 나타내는 미술 수업에서 학생들과 나누었던 질문들이다.

-요즘 나에게 있었던 일은?

-어제와 오늘 나의 기분은?

-내 마음을 색깔과 도형으로 표현한다면?

-좋아하는 친구에게 하고 싶은 말은?

위와 같은 질문들로 짝과 하브루타를 하도록 하고, 그 이야기들을 전체가 나눔으로써 학생들은 자신의 작품을 구성해 나가는 데 도움이 될 만한 풍성한 스토리들을 접하게 된다. 또한 작품 제작 과정 중에도 다른 아이디어를 얻고 싶거나 자신의 작품에 대한 피드백을 얻고 싶은 경우 친구와 대화를 나누고 친구들의 작품을 돌아봄으로써 더 많은 생각을 해 낼 수 있도록 한다.

작품을 완성한 후에는 자신의 작품에 대해 설명할 수 있는 시간을 꼭 갖도록 하고, 그 작품에 대해 질문을 받고 답하는 시간을 갖는다. 이 시간을 통해 학생들은 자신의 작품이 소중한 의미를 갖고 있다는 것을 다시

금 인식하며 더 애착을 갖게 된다. 이런 활동 후에 작품들을 교실 구석구석에 박물관처럼 모두 게시해 주면 학생들의 자존감이 무척 향상된다.

어느 날 ○○가 미술 시간에 선생님과 친구들이 함께 정한 질문으로 짝과 하브루타하는 과정 중에 요즘 자기가 집에서 얼마나 속상한지를 털어놓았다. 그래서 나도 함께 어떤 일이 그렇게 속상한지, 그렇다면 ○○가 어떻게 하면 좋을지를 물어봐 주었을 때 ○○가 마음이 좀 나아졌다고 이야기했다. 하브루타가 있기에 나는 아이들과 매일매일 더 가까워지는 것을 느낀다.

하브루타 수업에서 아이들은 친구 가르치기를 통해서도 서로의 관계를 맺어 나간다. 언젠가 급식 시간에 늘 조용조용히 말하는 ○○가 나에게 불쑥 말을 던져서 함께 대화를 나눈 적이 있다.

○○ : 선생님, 그런데 저는 예전보다 올해는 참 친구를 잘 사귀게 되었어요.
교사 : (마음속으로 '그래, 하브루타 덕분일 거야.'라고 생각하면서) ○○야, 왜 그런 것 같아?
○○ : 하브루타는 친구랑 친해지게 만들어요. 이상해요. 예전에는 짝이랑 할 말이 없었는데 자꾸 하고 싶은 말이 생겨요. 매일매일 친구를 가르쳐 주고, 질문을 만들어서 묻고 그래서인가 봐요.

학년 초에 아이들을 처음 만난 날 쉬는 시간에 다른 아이들은 그 전부터 아는 친구들을 찾아 삼삼오오 조용히 이야기를 나누었는데, ○○는 자리에 앉아 무표정으로 아이들을 빤히 쳐다만 보고 있었다. 그렇게 마냥 말없이 조용하고 묵묵하기만 하던 ○○가 하브루타 수업에서 친구 가르치기를 해 나갈수록 말하는 것에 익숙해지는 모습을 보인 것이다.

친구 가르치기를 통해 친밀한 관계 맺기

수업에서 친구 가르치기를 활용하면 학생들 간의 관계는 무척 가까워진다. 수학 수업의 예를 들어 보자. 수학의 한 차시 수업은 보통 교사의 개념이나 원리에 대한 설명 후 학생들이 그와 관련된 문제해결 활동을 하는 과정으로 이루어진다. 우리 반에서는 교사의 개념 및 원리 설명을 최대한 짧게 줄이고, 교사의 설명이 끝난 후에 각자가 선생님이 되어 교사가 설명한 내용을 짝에게 자신의 언어로 설명하는 시간을 갖는다. 필요한 경우 포스트잇과 미니칠판을 사용한다. 설명하는 연습이 더 필요한 친구들의 경우에는 전체 친구들에게 다시 설명하는 시간을 갖기도 한다.

문제는 일단 스스로 생각하며 해결하고, 해결과정 중에 의문사항이나 모르는 것이 있으면 교사 혹은 짝에게 질문한다. 문제를 다 해결한 후에는 짝과 함께 답을 맞혀 보고 서로 다른 답이 있으면 맞는 답을 다시 찾아 나간다. 그 다음은 모둠이 함께 답을 맞혀 본다. 이 과정을 거치면 거의 어느 정도는 맞는 답이 가려지게 된다.

다 맞혀 본 모둠은 교사에게 확인을 받고 오답의 경우 다시 돌아가 함께 고민하여 해결하도록 한다. 오답의 경우 교사에게 설명해 보는 단계를 가짐으로써 마무리를 하는데, 단순히 오답을 해결했다고 해서 학생이 그것을 완벽하게 알게 되었다고 말할 수는 없기 때문이다. 자신이 틀린 것을 바르게 수정하여 자신의 말로 설명할 수 있어야 비로소 알게 되었다고 말할 수 있다. 만일 좀 더 연습이 필요하다고 여겨지는 경우에는 비슷한 유형의 문제를 포스트잇에 제시한 후에 풀고 설명할 수 있게 한다.

오답을 설명하는 연습을 통해 학생들은 다시금 문제해결 과정에 대해 구체적으로 생각해 보는 시간을 갖게 되는데, 이 과정에서도 계속적으로 친구의 도움을 받을 수 있다. 도와주는 친구 또한 돕는 과정 중에 자신이 알고 있는 내용을 더 구체적으로 기억할 수 있게 된다.

과학의 경우도 친구 가르치기를 활용하여 학생들이 수업에서 자기주도적인 역할을 할 수 있는 기회를 다양하게 줄 수 있다. 과학실험의 순서는 교사가 일방적으로 제시해 주지 않고 교과서 및 실험도구들을 참고하여 모둠이 스스로 계획해 볼 수 있도록 지도하였다. 때로는 실험도구를 한두 가지 부족하게 주어 빠진 실험도구를 찾아내는 기회를 만든다.

실험방법도 교사가 역할을 정해 주는 것이 아니라 모둠 구성원들이 시행착오를 겪어 가면서 어떻게 역할을 나누면 좋을지 이야기하도록 한다. 구성원들이 실험을 골고루 경험해 볼 수 있는 방법을 모둠 스스로 찾아 배려하면서 실험할 수 있도록 안내하는 것이 교사의 역할 중 하나이다.

실험을 토대로 결과를 정리해 가는 실험관찰은 짝 또는 모둠과 충분히 토의한 다음에 정리하는 시간을 준다. 교사가 제시하는 답 그대로가 아닌 각자의 생각과 표현이 담긴 언어로 결과를 정리하도록 하는 것이다. 그 내용을 교사는 개별적으로 점검한다. 또한 그러한 결과를 짝에게 설명하는 시간을 주어 실험에서 끝나는 것이 아니라 실험을 통해 알게 된 내용을 자신의 것으로 만들 수 있는 시간을 꼭 갖게 한다. 이렇게 친구와 함께 고민하고 가르치는 과정에서 학생들은 어떻게 서로 존중하며 관계를 맺어 나갈 수 있는지를 스스로 배우게 된다.

우리 반 국어 시간에는 교과서의 문제를 해결하는 과정에서 먼저 혼자 생각해 보고 그 생각을 짝과 나누며 의견을 비교, 대조한 후에 문제를 해결하도록 하고 있다. 시간이 충분히 주어질 경우에는 짝 토의 후 모둠의 견을 함께 나누어 보고 자신의 언어로 문제에 대한 답과 의견을 쓰도록 한다.

이렇게 수업을 진행하면 이해력이 부족한 학생들도 자신이 잘 모르는 것에 대해 친구들의 도움을 얻어 차례차례 수정해 나갈 수 있기에 과제 해결에 점점 자신감을 얻게 된다. 나는 못하고, 친구는 잘하고가 아닌 우리 모두가 힘을 합하여 함께 잘해 나갈 수 있는 방법을 찾아 나가는 것이다. 사회 속에서 지향해야 할 아름답고 바람직한 관계의 시작이다.

학생들이 교실에서 생활하면서 가장 중요시하는 부분 중의 하나는 친구들과의 관계이다. 이 관계에 의해 학생들의 학교생활은 빛나기도 하고 어두워지기도 한다. 외향적이면서 누군가와 대화를 나누는 일에 스스럼이 없는 학생이라면 교사의 지도 없이도 즐거운 학교생활이 가능하겠지만, 그 반대의 경우에는 관계 맺기에 익숙하지 못해 몸과 마음이 큰 고통을 겪기도 한다.

우리 반 도덕과 수업에서는 두 원을 만들거나, 두 줄을 만들어 신호를 줄 때마다 이동하는 방식으로 하브루타를 진행하였다. 반 학생들이 돌아가면서 모든 친구와 대화를 나눌 수 있는 시간을 가지는 것은 학생들 간의 관계 맺기에 큰 도움을 준다. 혹시나 따돌림을 받는 친구가 있을 경우에 아이들은 그 아이와 이야기를 나누는 아이까지 따돌리려는 경향이 있는데, 교사가 이렇게 지도를 하면 따돌림을 받는 친구도 대화를 나눌 수 있는 기회를 자연스럽게 갖게 된다. 그런 시간들이 쌓이면 교실에서의 따돌림은 어느새 사라지게 된다.

학생들은 하브루타를 통해 친구들과 친해질 뿐 아니라 서로 경청하고 의견을 양보하기도 하면서 관계가 좋아졌다고 표현한다. 물론 논쟁이 심해지거나 자신의 말에 귀 기울여 주지 않을 때 속상했다고 표현하는 아이도 있으나 그러한 경험 속에서 서로의 의견을 존중하고 상대방의 말에 귀 기울여 주는 것이 얼마나 소중한 것인지를 깨닫게 된다.

우리 반에도 몇 년간 쭉 따돌림을 받아 왔던 아이가 있었는데, 늘 혼자인 그 아이를 교사가 아이들 앞에서 의도적으로 칭찬해 주고, 하브루타를 통해 항상 대화할 수 있는 분위기를 만들어 줌으로써 따돌림 문제를 해결했다. 처음엔 교사 혼자 노력하지만 시간이 흐르면 그 아이와 대화가 통하게 된 아이들이 한 명, 두 명 교사와 함께 그 아이의 입장을 헤아려 주기 시작한다. 그렇게 되면 다른 아이들도 곧 그 상황에 적응하여 더 이상 그 아이를 따돌리지 않게 된다. 만일 그 아이가 친구들의 도움이 필요할 정도로 약한 부분이 있을 경우에는 그 약함을 배려해 줄 수 있는 마음을 가져야 한다는 것을 함께 수시로 교육하면 그 효과는 배가된다.

학생들의 성장을 돕는 평가

　교실 속 평가 또한 다른 눈으로 바라보아야 한다. 평가는 그 자체로서만 의미 있는 것이 아니다. 평가를 통해 교사는 학생들의 성장을 기대하고 도와야 한다. 교사는 하브루타 수업에서 학생들의 질문능력 향상, 사고력의 향상을 기대한다. 그러므로 이러한 수업의 마무리와 동시에 반성할 수 있는 기회가 되는 평가 또한 과정 중심, 사고력 중심의 평가가 이루어질 수 있도록 해야 한다. 수치화가 아닌 각자가 가진 자신만의 생각을 표현하는 방식의 평가에서 교사는 학생들의 사고 하나하나를 존중해 줄 수 있게 되며 학생들이 지닌 생각의 가치를 발견할 수 있게 된다.

　다음은 하브루타를 적용한 우리 반의 간단한 평가문항 예시이다.

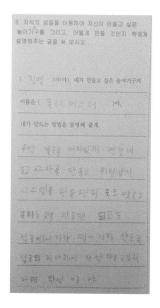

평소에 수업 속에서 충분히 하브루타가 이루어지고 있다면 위와 같이 자신이 직접 질문을 만들어 보고 생각을 써 내려가며, 친구에게 설명하는 내용을 글로 나타내는 과정은 학생들에게 어려운 작업이 아니다. 1년 동안 하브루타 수업을 경험한 3학년 아이들이 공통적으로 말하는 것 중의 하나가 "하브루타를 통해 상상을 많이 하게 되었고, 서술형 문제를 풀 때도 생각을 깊게 하게 되었다."는 것이다. 하브루타를 통해 자신의 생각을 펼쳐 나가는 것이 습관화되었기 때문에 사고력 중심의 평가가 낯설지 않으며, 평가와 피드백 속에서 교사는 또다시 학생 개개인에 대한 관찰 및 관계 맺기를 할 수 있다.

교실 속 경청의 가치

수업에서 하브루타가 살아 숨 쉴 수 있게 하기 위한 또 하나의 중요한 요소는 경청이다. 경청의 중요성은 아무리 강조해도 지나치지 않다. 하브루타 수업에서 경청은 매우 필수적인 요소이다. 경청 없이는 서로의 생각을 공유할 수 없는데, 이는 비단 지식 공유의 문제뿐만이 아니다. 학생들이 서로 신뢰하는 관계를 형성하며 꾸준히 하브루타를 해 나가기 위해서는 내 생각을 내세우기에 앞서 경청할 수 있는 연습이 필요하다. 경청은 상대방과의 관계를 맺어 나가기 위한 첫걸음이다.

우리 반의 경우 하루도 빠짐없이 '경청'이란 단어를 학생들에게 강조하며, 의견을 제시하는 상대방을 바라보며 '머리부터 발끝까지' 온전히 집중할 수 있도록 지도하고 있다. 또한 말을 하는 사람의 입장을 생각하며 눈과 귀뿐만 아니라 마음으로까지 들을 수 있도록 늘 강조한다.

경청을 연습하고 그것이 교실 안에서 자리 잡게 하는 것은 고학년보다 저학년의 경우 훨씬 많은 노력이 필요하다. 특히 1학년에게 '적극적 경청'이란 너무나 낯설고 힘들다. 하지만 그 경청이 교육되지 않으면 제대로 된 하브루타 수업을 진행할 수 없으므로 매일매일 아이들의 습관으로 자리 잡을 때까지 경청을 연습해야 한다.

저학년은 교사가 학생들 앞에서 수시로 경청의 자세를 시범으로 보여주어야 한다. 학생과 직접 대화하며 경청하는 모습, 또는 경청하지 않는 모습을 비교해서 보여 주면 큰 도움이 된다. 고학년의 경우에는 아이들 스스로 경청이란 어떤 것인지, 경청할 때는 어떤 태도를 취해야 하고 어떤 마음의 자세를 갖춰야 하는지 찾아보고 토의할 수 있는 시간을 가져 보는 것도 큰 도움이 된다.

관찰의 중요성

그렇다면 수업에서 학생들 간의 관계를 넘어 교사가 학생들과 관계를 맺어 나가기 위해서는 어떤 노력을 해야 할까? 하브루타 수업을 하게 되면 보통 교사는 일방적인 지식 전달의 수업보다는 수업시간 중에 훨씬 더 마음의 여유를 가질 수 있다. 하지만 이 여유가 교사의 '한가로움'을 의미하는 것은 아니다. 오히려 어떻게 하면 학생들이 배워 나가는 방향을 바르게 이끌어 가고, 학생들이 더 사고하게 할 수 있을지 고민해야 하는 시간이라고 볼 수 있다.

　이 고민의 실천은 학생들에 대한 '관찰'로 이어진다. 관찰을 통해 교사는 학생들의 배움과 성장을 느끼고 경험한다. 한 명씩 관찰할 수 있는 시간이 주어지기 때문에 학교 교육에서 아쉬운 부분 중 하나인 수준별, 개인별 지도가 용이하다. 이것이 바로 의미 있고 행복한 수업의 필수 요소인 학생 개개인과의 소통 및 관계 맺기로 연결되는 것이다. 더 나아가 학생들 서로의 관계가 제대로 맺어지는지도 관찰할 수 있게 된다면 우리의 수업은 단순한 수업을 넘어 아이들과 교사의 삶에 그 이상의 의미를 가져다주는 시간이 될 수 있다.

　수업 속에서 아이들의 눈빛을 들여다보며 관찰하는 것, 아이들의 작은 말도 경청하며 관계를 맺어 가는 것, 아이들 또한 서로가 서로에게서 배우며 관계를 맺어 갈 수 있도록 이끌어 주는 것, 그것이 수업하는 교사의 출발점이자 도착점이다.

04
함께 돕는
학부모와의 관계

한 아이를 키우는 데는 온 마을이 필요하다는 말이 있다. 그것은 교육이 결코 교사 한 사람에 의해서 이루어지는 것이 아니라는 의미이다. 아이들은 기본적인 마음가짐과 생활방식이 어린 시절에 가정에서 대부분 형성되어 학교에 오기 때문에 교실에서 교사가 학생의 생활태도를 바로 잡기란 정말 쉬운 일이 아니다. 그러므로 초등학교 교육에서는 가정에서 이루어지는 학부모들의 조력이 필수적이다.

우리 반에서는 아이들과 아침마다 하브루타를 하고, 알림장에 부모님과 하브루타할 수 있는 학습 내용을 적어 주며 자연스레 학부모님들이 아이들의 학교생활에 관심을 가질 수 있도록 이끌고 있다.

[3학년 알림장 하브루타 예시]

-3/4 '지붕 위로 올라간 청년' 이야기 부모님께 들려드리기

-3/27 선분, 반직선, 직선 설명드리기

-4/24 과학 액체실험 설명드리기

-8/27 사회 지명과 자연환경의 관계 설명드리기

-12/4 수학 양팔저울 사용하며 느낀 점 하브루타하기

-12/14 황제펭귄 감상문 쓰면서 느끼고 배운 점 하브루타하기

그 과제를 잘 이행하면 매일매일 학교에서 배운 내용을 함께 나누는 시간을 통해 아이들은 학교생활에 대해 부모님과 나누는 대화의 끈을 놓지 않을 수 있다. 그렇게 열심히 아이들과 과제를 해 나가면 부모들도 아이들의 성장을 꾸준히 관찰할 수 있다.

일주일 동안 탈무드와 함께한 아침 하브루타의 내용으로 가족과 함께 주말 하브루타를 하고 일기를 쓸 수 있도록 과제를 내주었는데, 알림장 하브루타나 주말 하브루타를 꾸준히 지속한 가정의 경우에는 습관이 되어 가정의 좋은 문화로 자리 잡고 있다.

교사가 학부모와 특별하고 직접적인 관계를 맺지 않아도 학생들이 부모님과 학교에서의 생활, 수업에서 배우고 느낀 것을 나누는 시간 속에서 교사와 학부모의 관계도 자연스럽게 맺어진다. 하브루타를 통해 자녀의 생각이 넓어지고 자신감이 생긴 모습들을 보며 감사해 하는 부모님들의 글을 보면서 교사와 학부모가 아이들의 성장을 위해 학교와 가정에서 함께 마음을 모으는 것이 얼마나 중요한 것인지를 느낄 수 있다.

다음은 우리 교실에서 이루어지는 하브루타와 함께 가정에서도 꾸준히 하브루타 과제를 실천하신 부모님들의 말씀이다.

-당당하게 자신의 의견이나 생각을 정리해서 말로 풀어낼 수 있는 능력을 갖게 되었다.

-자녀와 많은 대화를 나눌 수 있었고, 생각이 많이 넓어지고 표현력도 많이 늘었다.

-말을 할 때 본인의 생각만 전달하는 것이 아니라 그 상황에 있었던 일을 전달하고, 질문의 질도 높아졌다.

-어떤 일이든 두려워하지 않고 해결할 수 있는 자신감이 생겼다.

-무슨 일이 생기면 먼저 물어보고 "왜 안 되지요?", "하면 안 될까요?"라는 질문들을 하게 되었으며, 그 이유를 묻고 대답하게 되었다.

-특별히 달라진 모습이 있다고 느끼지 못하였는데 스스로 '왜 저런 걸까?', '이렇게 하면 어떨까?' 등의 생각을 하게 된다고 하였다.

교사와 학부모는 아이들의 성장을 위해서 한마음으로 가야 하는 관계이다. 인간적인 관계를 넘어서서 교육이라는 같은 목적을 가지고 나아가야 한다. 학생을 중심으로 교사-학생-학부모의 관계가 늘 바로 설 수 있도록 아이들의 삶과 생각을 서로 묻는 시간들이 필요하다. 교사가 학생들에게 진심 어린 관심을 가질 때 학부모와의 관계는 저절로 건강하게 맺어질 수 있고, 교사와 학부모의 건강한 관계는 결국 아이들이 아름답게 성장할 수 있도록 한다.

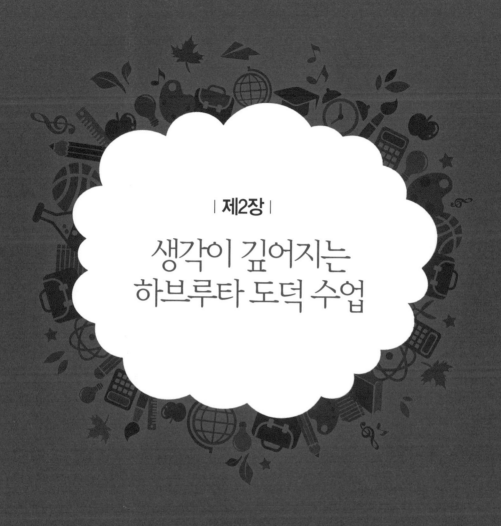

| 제2장 |

생각이 깊어지는
하브루타 도덕 수업

01
철학하는 수업,
도덕 하브루타

하브루타 수업을 고민하고 수업 공개와 하브루타 연수 강의를 하면서 내가 실행하는 하브루타 수업이 다른 선생님들에게는 어떻게 비쳐지는지 궁금해서 몇 분의 선생님께 여쭈어 보았다.

"제 수업에 담긴 하브루타 수업이 추구하는 바가 무엇일까요?"

"선생님은 질문 활동을 통해 아이들이 어떻게든 사고할 수 있도록 이끌어 내시는 것 같아요."

"아이들이 수업 활동의 주인공이 되도록 활동 기회를 주어 결국 그 내용이 의미를 가지도록 이끄시는 것 같아요."

그런데 오늘은 수업을 하고 뭔가 허전한 마음이 들었다. 방향이 어긋난 것도 같고 학습 내용이 불분명한 것 같기도 하고 길을 잃은 기분이었다. 언제쯤 수업을 하고 나면 시원한 기분이 들까? 수업 준비 과정부터 생각을 되짚어 보았다.

허전함의 원인은 교재 연구의 부족에 있었다. 교재 연구, 즉 배울 내용과 그 배경 지식에 대한 철저한 연구를 소홀히 하고 하브루타 수업의 형태를 어떻게 할지만 고민했기 때문이었다. 수업 모습, 활동 모습에만 치우쳐서 준비했던 것이다. 수업에서 다루는 지식쯤은 이미 알고 있다고 생각하고 어떻게 가르칠지 그 방법에만 골몰하다 보니 오히려 수업의 집중도가 떨어진 것이었다.

수업 준비에서 교사는 수업 내용을 즐기고 좋아해야 한다. 그 과정에서 자연스럽게 나오는 교사의 즐거운 에너지가 아이들에게 전이되어 수업에 함께 몰입하게 되기 때문이다. 교사가 먼저 수업 내용을 공부하면서 재미있어 하면 내용의 숨은 부분까지 속속들이 찾아가는 즐거움이 수반된다. 그 다음에 아이들 수준에 맞춰 하브루타를 생각하면 알맞은 활동이 떠오른다. 내용에 대한 즐거운 음미가 있은 후에 비로소 길이 보이는 것이다. 그것을 잊은 나는 전전긍긍하면서 한 시간의 수업에서 뭔가 흥미롭고 아이들이 좋아할 것에만 신경 쓴 탓에 허전한 수업을 한 것이었다.

도덕 수업을 준비하면서 우선 교과서를 살피게 된다. 두 권에서 한 권으로 줄었다고는 하나 한 차시 분량이 많다. 특히 하브루타 수업은 깊이 있는 생각을 추구하기 때문에 주요 덕목과 주제를 중심으로 수업을 설계하는 것이 좋다. 수업 주제를 통해 어떤 깊은 사고가 필요한지 교사가 먼저 다양한 질문을 던진다. 일반적으로 수업설계를 위한 교사의 핵심질문으로 다음 세 가지를 기본으로 한다.

1. 이 주제를 왜 배워야 하는가?
-아이들에게 오늘 수업의 내용, 덕목, 주제가 어떤 의미를 가질까?
-이 주제와 예시가 우리 아이들의 상황과 연령대에 맞는가?
-주제가 어떻게 아이들에게 타당성 있게 다가갈 수 있을까?

2. 이 주제에서 무엇을 배워야 하는가?
-이 주제의 개념과 관련된 가치는 무엇인가?
-일반적인 개념과 아이들에게 개인적으로 적용되는 개념의 차이가 있는가?
-주제와 관련하여 특별히 우리 반에서 다루어야 하는 내용은 무엇인가?

3. 어떻게 배워야 하는가?
-어떤 활동을 통해 배울 수 있는가?
-어떤 하브루타 모형 또는 활동이 적당할까?
-알게 된 것을 어떻게 확인할 수 있을까?

02
갈등을 주제로 한 도덕 수업

이 단원의 첫 시간은 갈등의 개념을 이해하는 6학년 수업이었다. 왜 배워야 하는지? 갈등은 어떤 것을 말하는지에 대한 이야기를 나누었다. 주제에 대하여 모두가 잘 이해하고 공감하기 위해서 발문하고 질문, 대답하는 활동을 진행하였다. 전체가 함께 질문하고 대화하는 하브루타 과정에 충실하였다. 교사가 질문하고 그 질문에 대한 아이들의 생각을 경청하고 또 다른 생각과 질문을 하는 과정으로 점점 생각을 깊게 확장하는 데 집중하였다.

교과서에 제시된 '갈등(葛藤)', 즉 칡과 등나무의 엉킴을 나타내는 한자의 뜻을 같이 알아보았다. 수업 마무리에 교과서에 나온 내용과 함께 나눈 이야기들을 깊이 생각한 후에 한 문장 쓰기로 마무리하였다. 그 중 한 학생의 '한 문장 정리'를 소개하겠다.

"갈등은 홍수이다. 왜냐하면 홍수가 나면 밑바닥의 더러운 것이 다 올라와서 결국 정화되기 때문이다. 그러나 홍수를 다스리기 힘들 듯이 갈등도 다스리기 힘들다."

갈등의 개념과 속성을 이해하는 수업 내용을 확인할 수 있는 한 문장 쓰기였다. 갈등에 대하여 교사와 학생, 학생과 학생 간의 활발한 대화가 오가고 난 후 한 문장 정리를 통해 이해한 바를 확인할 수 있다. 갈등의 속성을 담고 있는 한 문장은 수업의 내용을 고스란히 보여 준다.

갈등의 개념을 이해하고 난 후 이어지는 다음 수업의 주제는 '갈등의 필요성'이었다. 하브루타 모형(질문 중심 하브루타 수업 모형)의 형태를 갖춘 수업을 진행하였다. 수업설계 중심 질문에 따른 수업의 개요는 다음과 같다.

1. 왜 '갈등의 필요성'을 배워야 할까?

6학년부터 중학교까지 '집단의 문화'는 아이들에게 큰 영향을 미친다. 갈등이 두려워 자신의 생각을 말하지 못하는 소소한 상황들이 점점 커져 왕따가 발생할 수도 있다. 그 시작은 사소한 갈등을 피하고 지나가려는 마음에서 비롯한다. 그래서 '갈등의 필요성'이 중요한 것이다.

2. 무엇을 배울 것인가?

교과서에 나온 '공자의 이야기'를 통해 갈등의 필요성과 극복하는 방법을 배운다.

3. 어떻게 배울 것인가?

갈등의 필요성을 실감하고 극복하는 방법을 자신의 언어로 말하게 한다. 질문을 만들고 자기 생각을 말하는 하브루타 수업을 통해 말하는 즐거움을 느끼게 한다.

수업 도입에서 지난 시간에 한 문장 정리를 발표하면서 갈등의 개념을 상기시켰다. 그런 다음에 교과서에 나오는 이야기의 한 부분을 인쇄하여 나누어 주었다. 도덕 교과서는 이야기가 많이 담겨 있어서 한 번 읽기 시작하면 교과서에서 눈을 떼지 못하여 수업에 방해되는 경우가 종종 있다. 그렇게 되면 귀납적으로 깨닫는 수업을 하기 어려워진다. 그래서 수업에 필요한 부분만 따로 유인물로 제시하는 것이 효과적이다.

이번 수업에 사용된 이야기는 공자와 자공의 대화이다. 아이들에게는 앞부분만 제시하였다.

공자의 제자인 자공이 공자에게 질문하였다.

"선생님, 자신이 사는 마을의 사람들과 아무런 갈등이 없고 모두가 칭찬한다면 그 사람을 훌륭하다고 할 수 있습니까?"

공자가 대답하였다.

"마을 사람들과 아무런 다툼이 없다고 해서 훌륭하다고는 할 수 없다. 마을 사람들 중에서 선한 사람이 그를 좋아하고 선하지 못한 사람이 그를 미워하는 것만은 못하다."

- 6학년 도덕 교과서 68쪽

이 부분은 표현이 다소 어려워 그 내용을 가르쳐 주어야 했다. 여기 나오는 두 사람을 그 사람과 그로 표시하여 구분하고 글에 나타난 그 사람과 그의 특징을 설명해 주었다. 짝과 대화하는 하브루타 수업이 실패하는 까닭 중 하나는 기본 지식과 내용이 정확히 파악되지 않은 상태에서 하브루타를 시작하기 때문이다. 그렇게 성급하게 시작하면 대화가 겉돌게 된다. 짝 하브루타를 시작하기 전에 어떤 지식의 내용을 어느 범위까지 알려 주어야 할지 미리 연구해야 한다. 그리고 아이들이 알아야 하는 필수 내용을 가르쳐야 한다.

위 글에서는 자공과 공자가 주장하는 '훌륭한 사람의 특징'이 서로 다름을 꼭 알아야 하기에 그 부분을 명확히 설명하였다.

-그: 공자가 훌륭하다고 주장하는 사람으로 선한 사람은 좋아하고 선하지 못한 사람은 싫어하는 사람
-그 사람: 자공이 훌륭하다고 주장하는 사람으로 마을 사람들과 아무런 갈등이 없고 모두 다 좋아하는 사람

글의 내용을 이해한 후 질문을 만들어 보게 하였다. 생각하고 토의할 문

제가 질문으로 나올 수 있도록 안내하였다. 각자 질문을 만들고, 짝과 좋은 질문을 뽑고, 모둠별 질문을 칠판에 붙여 전체가 생각할 질문을 선정하게 한다. 이런 과정을 거쳐 나온 질문으로 대표적인 것은 다음과 같다.

1. 왜 공자는 그가 그 사람보다 훌륭하다고 했을까?
2. 갈등은 왜 필요한가?
3. 자공은 왜 공자선생님에게 이런 질문을 했을까?

원하는 친구끼리 만나서 세 질문에 대해 자신의 생각을 나누기로 했다. 그 후 공책에 자신의 생각을 정리해서 적고 발표하였는데 아이들이 정리한 답을 보면 다음과 같다.

1. 왜 공자는 그가 그 사람보다 훌륭하다고 했을까?
나는 공자가 말한 사람이 더 훌륭하다는 생각에 동의한다. 그 까닭은 아무런 갈등이 없다는 것은 옳지 않은 일을 보고도 말을 안 하고 넘어간다는 것이기 때문이다. 공자가 말한 사람은 옳지 않은 것을 고치려고 노력하기에 갈등이 있고 그래서 선하지 않은 사람은 싫어하기 때문이다. 갈등이 없는 사람은 자신의 의견은 없고 다른 사람 의견을 다 받아들이는 사람이다.

2. 갈등은 왜 필요한가?
갈등은 옳지 못한 일을 바로잡기 위해서 필요하다. 갈등이 없는 것은 잘못된 행동도 모른 척하는 것이므로 필요에 따라서 잘못된 행동을 고치기 위해서는 갈등이 필요하다.

3. 자공은 왜 공자에게 이런 질문을 했을까?

자공은 아마도 자신이 그런 사람인 것 같다. 자공이 말한 사람처럼 모든 사람과 갈등이 없고 칭찬받는 사람이었기 때문에 선생님께 칭찬받으려고 질문한 것 같다.

위 글을 정리한 학생은 자기 생각을 정확하게 표현하는 편이었다. 하지만 다른 아이들도 대부분 표현과 내용이 더하고 덜한 면은 있어도 짝하브루타를 통해서 무난하게 위의 내용을 이해하고 생각해 냈다. 특히 3번의 내용은 인터넷 검색을 통해 사실을 확인해 주었는데 자공의 성격이 원만하고 인맥이 넓으나 자랑을 하는 성격임을 알 수 있었다. 아이들 스스로 그 사실을 질문을 통해 정확하게 추리한 점이 놀라웠다.

공자가 아끼는 제자로서 언변에 뛰어났으며 정치적 수완이 뛰어나 노나라와 위나라의 재상을 지냈다. … 더구나 자공은 일신의 능력은 출중하나 자부심이 강하고, 원헌과의 고사나 안회와의 비교 고사를 봐도 알 수 있듯이 겸손함이 부족하고 인격과 도량이 공자가 이상으로 삼는 군자 수준에는 못 미쳐 자만하지 말고 노력하고 또 노력하라며 공자는 그에게 자주 충고하는 모습을 보인다.

– 출처: 나무 위키 백과

위 세 질문과 같이 아이들이 뽑은 질문이 그 수업의 학습목표와 관련있는 핵심질문과 가까울 때는 수업이 문제없이 진행된다. 하지만 간혹 수업의 핵심질문이 나오지 않을 경우에는 교사가 질문을 던지는 것이 좋다. 교사의 쉬우르는 정리에만 해당되는 것이 아니고 수업 중간 중간에 보다 깊이 있고 핵심적인 사고를 유발하는 질문, 발문으로 수업에 깊이를 더하거나 방향을 제시할 수 있다.

갈등의 필요성을 알아보았으니 이제 갈등을 극복하는 방법을 알아볼 차례이다. 이어지는 공자의 이야기 뒷부분을 나누어 주고 내용을 살펴보았다. 다음은 공자가 제시한 갈등을 극복하는 지혜이다.

공자에게 배우는 갈등을 극복하는 9가지 지혜

1. 항상 정확하게 잘 보고 배운다.

2. 다른 사람의 말을 집중해서 듣는다.

3. 항상 온화한 표정으로 다른 사람을 대한다.

4. 용모를 단정히 하고 공손히 한다.

5. 실천 가능한 말만 한다.

6. 모든 일을 성실하게 한다.

7. 궁금한 것은 꼭 질문하여 해결한다.

8. 화가 나면 화를 냈을 때 일어날 일을 미리 생각해 보며 화를 다스린다.

9. 이득이 되는 무언가를 얻게 되면 그것이 옳은 것인가 생각한다.

옛 공자의 가르침이 어떻게 지금 아이들의 삶으로 받아들여질 수 있을까? 위 아홉 가지가 다 마음에 남기는 어렵지 않을까? 다 가르치고 싶은 교사의 욕심에 과거에는 선생님이 무조건 외우라고도 했다. 돌이켜 보면 기억에 남는 것이라고는 그 내용보다는 힘들었던 기억뿐이다.

도덕에서는 한 가지라도 기억해서 실천으로 옮기려는 마음가짐이 중요하다. 갈등을 극복하는 방법 중 자신에게 가장 타당하고 실천하고 싶은 것을 2~3개 골라서 까닭을 쓰고 짝에게 설명하게 하였다. 다음은 그 내용을 학생이 정리한 것이다.

3. 항상 온화한 표정으로 다른 사람을 대한다.

짜증난 표정을 하고 있으면 보는 사람이 기분 나빠서 괜한 갈등이 생길 수 있다.

5. 실천 가능한 말만 한다.

실천 가능한 말을 하지 않고 실천하지 못할 말만 해서는 친구들과 갈등이 생길 수 있다. 예를 들어 회장 선거에서 공약을 내세웠는데 그 공약을 지키지 않으면 친구들이 왜 공약을 지키지 않느냐며 갈등이 생길 수 있다.

이번 수업을 통해 옛 성현의 말씀을 아이들이 자신의 언어로 설명하면서 이해하게 되었다. 성현의 말씀이 아이들 삶 속에 살아나고 삶에 영향을 미치게 된 수업이었다.

03
공정을 주제로 한 도덕 수업

　도덕 교과는 하브루타하기 좋은 주제가 많다. 하브루타로 논쟁하기 좋은 주제도 뽑을 수 있다. 논쟁 하브루타 수업을 설계하려 한다면 그 전에 논쟁의 목적을 생각해 볼 필요가 있다. 승부가 있는 토론을 할 것인가? 문제를 해결하는 토론을 할 것인가?

　도덕에서는 승패가 있는 토론보다는 문제를 해결하고 역지사지로 생각하게 하는 것이 더 의미가 있다. 하브루타 논쟁으로 입장을 정해서 논쟁하고 다시 입장을 바꿔 논쟁하는 과정을 통해 합리적인 문제해결을 할수 있다. 한쪽 입장에서 승패를 따지는 것이 아니라 입장을 바꾸는 과정에서 보다 객관적이고 충분한 근거에 의한 결정을 할 수 있기 때문이다.

이번 단원의 주제는 '공정'이었다. 공평, 평등과 구별되는 공정은 어떤 의미가 있는가? 아이들에게는 어떤 상황에서 공정함이 필요할까? 먼저 공정과 관련하여 수업 준비에서 질문을 던져 보았다.

1. 왜 '공정'을 배워야 할까?
자신의 이익 앞에서는 원칙이 무너지는 사회에서 공정의 진정한 의미를 찾아보고 공정이 궁극적으로 추구하는 바가 무엇인지 생각해 보는 기회를 가지도록 한다.

2. 무엇을 배울 것인가?
교과서에 나온 사례를 통해 형제간에 흔히 벌어지는 상황을 해결하면서 공정한 판단과 선택의 경험을 하게 한다.

3. 어떻게 배울 것인가?
형과 아우의 맞서는 입장을 논쟁 하브루타를 통해서 충분히 이해하고 모두가 만족하는 해결책을 찾도록 한다.

수업의 도입에서는 형과 아우의 입장에 대해 이야기를 나누었다. 형으로서 동생으로서 억울한 점을 말하도록 하니 아이들에게 하고픈 말들이 무척 많았다.

"형이라고 맨날 좋은 것만 사 주더라고요."

"엄마는 어리다고 늘 동생 편이에요."

"동생은 빵 같은 음식 욕심내고는 먹다가 배부르다고 침을 묻힌 채 남겨요. 그럼 더 먹고 싶어도 먹지 못하고. 어휴!"

"동생이라고 예뻐 하시지만 결국 비싼 것, 새로운 것은 형 차지예요."

"동생은 불리하면 울기부터 해요."

형과 동생의 입장에서 이야기가 무르익어 흥분된 상태가 되었다. 우리가 토론할 내용을 알려 주었다.

어머니께서 두 형제에게 빵을 하나 주면서 사이좋게 나누어 먹으라고 하십니다. 빵을 받은 형은 이를 두 조각으로 나눕니다. 그런데 두 조각 중 큰 조각을 집습니다. 자기가 형이라면서 큰 것을 먹어야 한다고 합니다. 배가 무척 고팠던 동생을 자기도 큰 것을 먹고 싶다며 울고 맙니다. 두 형제가 공정하게 빵을 나누어 먹을 수 있는 방법은 무엇일까요?
– 6학년 도덕 교과서 158쪽

위 이야기를 자세하게 이해하기 위해 짝끼리 묻고 대답하면서 내용 하브루타를 하였다.

논쟁을 하려면 먼저 입장을 선택해야 한다. 첫 논쟁에서는 형과 아우의 입장을 교사가 일방적으로 정해 주었다. 앞에서 형과 아우의 입장에서 자신의 말을 하게 된 분위기에서 논쟁할 때의 입장마저 자신과 동일시한다면 관점이 굳어질 수 있기 때문이었다.

논쟁의 주제는 '형이 많이 먹어야 한다.'와 '아우가 많이 먹어야 한다.'로 했다. 짝 이동수업으로 세 번 짝 바꾸기를 통해 세 명의 다른 짝과 논쟁을 했다. 다음에는 반대로 입장을 바꾸었다. 다시 세 번 짝 바꾸기를 통해 세 명의 짝과 바뀐 입장에서 논쟁을 했다. 아우의 입장과 형의 입장에서 각각 세 번씩 논쟁을 한 것이다.

"형이 많이 먹어야 해. 왜냐하면 덩치가 크기 때문이야. 똑같이 먹는 것은 공정이 아니라 균등이야."
"동생이 많이 먹어야 해. 왜냐하면 지금 배가 고프기 때문이야. 덩치가 작다고 꼭 적게 먹지는 않아. 덩치로 양을 정하는 것은 억울해."
"형이 많이 먹어야 해. 왜냐하면 형이 우선이기 때문이야. 형은 하는 일도 많고 책임도 많으니 그에 합당한 대우를 해야 해."
"동생이 많이 먹어야 해. 왜냐하면 그동안 형이 늘 많이 먹은 것 같으니 이번에는 동생에게 기회를 주어야 해."

충분히 입장을 살폈으니 일곱 번째로 만나는 짝과는 '형과 동생 모두 만족하는 해결책'을 찾게 했다.

"동생과 똑같이 나누어야 해. 그게 공평하니까."
"일단 세 부분으로 나누고 먼저 1/3씩 먹어 보고 만족하지 않으면 다시 남은 것을 나누는 게 좋겠어. 지금 배고프다고 똑같이 나누면 먹는 양이 작은 동생은 나중에 남길 수 있으니까."

"10등분쯤 해서 나누어 먹으면 돼. 그러다 보면 동생이 충분히 먹고 나서 남길 것이고 자연스럽게 형이 많이 먹을 수도 있게 돼."

"차례를 정하여 이번에는 동생이 많이 먹고, 다음엔 형이 많이 먹는 게 좋겠어."

"한 사람이 나누고 다른 사람이 먼저 선택한다면 공정할 거야. 정확하게 나눌 것이기 때문이야."

아이들의 해결책은 아주 실제적이고 지혜로웠다. 빵을 나누어 먹는 문제로 대표되는 형제간의 갈등은 실제 생활에서 많이 접하는 문제이다. 지도서에서 제시하는 해결책은 '한 사람이 나누고 다른 사람이 먼저 선택한다.'이다. 아이들 중에는 이 대답을 아는 아이도 있었다. 하지만 굳이 이 해답이 더 지혜롭다고 생각하지 않는다. 실제 상황이라면 나누는 아이는 얼마나 힘겹게 조금도 손해 보지 않으려고 나눌 것이며, 집는 아이는 또 얼마나 비교에 비교를 하면서 집을까? 생각만 해도 삭막하다. 그것을 보는 엄마 입장이라면 늘 그렇게 공정함을 따지는 형제의 모습이 좋지만은 않을 것 같았다.

그래서 종합 하브루타(수업의 정리 단계)에서 나는 다음과 같은 문제를 제기했다.

"왜 엄마는 빵을 하나만 주었을까?"

"빵이 하나밖에 없어서요."

"빵을 어떻게 나누는지 보려고요."

"빵이 사실은 두 개였는데 형제를 시험하려고요."

마지막으로 좀 더 생각할 질문을 던졌다.

"엄마는 형제에게 어떤 모습을 기대했을까?"

이 질문에 아이들은 진지하게 생각했다. 형제에게 엄마가 원하는 모습은 서로 양보하고 사랑하는 모습이었을 거라고 깨닫게 되었다.

가족 간에도 공정함은 꼭 필요하다. 특히 형제간에 공정한 대우는 정말 중요하다. 하지만 공정한 대우, 공평한 분배에 집착하다가 수많은 사람이 좋지 않은 결말이 되기도 한다. 공정한 생활을 넘어 아이들이 사랑과 양보, 남을 먼저 생각하는 마음에서 나오는 공정을 배운다면 더할 나위 없겠다고 생각하며 수업을 마무리하였다.

04
만화를 활용한
인권 수업

우리 주변에서 쉽게 볼 수 있는 소재들을 수업에 이용하면 하브루타를 일상화하는 데 도움이 된다. 인권에 관한 수업을 준비하면서 아이들이 자신의 인권에 민감하길 바랐다. 아이들 스스로 자신이 가진 인권을 알고 중시해야 다른 사람의 인권을 존중할 수 있기 때문이다.

하브루타 수업이 잘 이루어지기 위해서는 주제가 함축된 장면을 제시하는 것이 좋은데, 그 이유는 여러 가지 질문이 떠오르기 때문이다. 교재 연구를 할 때 필요한 주제를 머릿속에 늘 떠올리고 다니면서 주변을 살펴보면 의외로 다양한 소재를 발견할 수 있다.

5학년 아이들에게 인권에 관한 주제로 '왕따'에 관한 소재를 찾던 중

만화의 한 장면이 눈에 들어와서 제시해 보았다. 짧은 만화이지만 생각거리를 이끌어 낼 수 있었다. 먼저 앞 장면만 주고 그 중에서 한 문장에 초점을 맞추어 질문을 만들었다.

출처: 교실의 가장자리

이 장면만 보여 주고 '학교에서 오늘도 사오리를 무시했어요.' 문장을 이용해 질문을 만들도록 하였다. 그 결과 나온 질문은 다음과 같다.

-무시했다는 건 어떻게 하는 건가요?
-'오늘도'라고 했으니 어제도 괴롭힌 건가요?

-언제부터 그런 건가요?

-언제까지 무시할 건가요?

-왜 '학교에서'라고 했나요? 학교에서만 무시한 건가요?

이 질문에 대한 대답을 생각하며 짝 하브루타를 했다.

-인사해도 받지 않는 것이 무시하는 것이다.

-아마 계속해서 무시한 것 같다.

-사오리라는 아이에 대해 아이들 전체가 싫어하는 것 같다.

-이 문제가 해결되기 전에는 계속 무시할 것 같다.

-혹시 밖에서는 무시하지 않았다가 학교에서만 무시한 것 아닐까?

-학교에서는 같이 행동해야 자신도 왕따당하지 않기 때문일 것이다.

모둠별로 왕따를 느끼게 하는 태도를 뽑아서 발표하였다.

-인사해도 모른 척한다.

-활동에 껴 주지 않는다.

-의견을 무시한다.

-만화에서처럼 장소에 따라 대하는 태도가 다를 때 배신감을 느낀다.

다음으로 만화의 뒷이야기에 나타난, 장소에 따라 달라지는 자신의 태도에 스스로 실망한 점을 같이 알아보았다. 이어서 아이의 입장을 좀 더 깊이 생각하며 나라면 어떻게 할지 발표하는 것으로 수업을 마무리했다.

　-작은 행동이라도 그 친구와 같이 해야 한다.

　-모둠활동에 같이 하도록 배려한다.

　-좋아하지 않을 행동을 알려 주어 왕따가 되지 않도록 한다.

　-학교 밖에서라도 잘 대해 주는 것이 좋을 것 같다. 괴롭겠지만.

　친구들이 멀리하는 아이가 있다. 아이들이 딱히 타당한 이유 없이 분위기에 휩쓸려 자신도 모르게 같이 행동하는 경우를 깊이 생각해 보도록 한 수업이었다. 당하는 아이의 입장에서는 인사와 같은 작은 행동이 위로가 됨을 알게 하고, 왕따에 동참하게 된 아이에게는 모순된 행동을 깨닫게 한 수업이었다.

　꼭 이 수업만이라고는 할 수 없겠지만 이후 어떤 반에서는 소외되었던 아이가 같이 어울리는 모습도 볼 수 있었다.

05
동영상을 활용한
인권 수업

    동영상 자료는 인터넷에서 손쉽게 구할 수 있어서 수업에 많이 활용된다. 아이들은 동영상 자료를 보는 동안에는 눈동자조차 움직이지 않고 집중한다. 반면에 생각이 멈춘 것으로 보인다. 실제로 고학년 아이들은 동영상 자료를 편하게 쉴 수 있는 자료로 생각한다.

    장애인의 인권을 주제로 어떻게 수업할까 생각하던 중에 적당한 자료를 찾게 되었다. 장애인을 만날 기회가 거의 없는 아이들에게 장애인을 만나게 해 줄 수 있는 간접적인 자료로 동영상을 보여 주기로 했다. 그러나 '어떻게 하면 동영상 자료의 수동성을 적극적 사고로 전환할 수 있을까?'가 고민되었다.

동영상의 내용은 장애인의 편견과 인권에 관한 것으로, 우리 주변의 다양한 이야기를 뇌병변 장애인 한 분과 정상인 한 분의 내레이션으로 구성되었다. 뇌병변 장애인의 내레이션은 쉽게 듣고 이해하기 어렵고 불편했지만 장애인의 목소리로 직접 자신들의 불편한 점을 설명한다는 점에서 의미가 있었다.

우선 장애인에 대한 일반적인 장면을 통해 장애인에 대한 편견을 알아보기로 했다. 다음의 내용을 나누어 주고 짝과 함께 질문 만들기로 내용을 알아보았다.

한 뇌병변 장애인 대학생이 지하철에서 사람들을 대상으로 설문조사를 하였다. 그러나 그 사람의 특별한 모습을 보고 사람들은 말을 꺼내기도 전에 피하여 어려움을 겪었다. 어떤 사람은 심지어 돈을 주려고 하였다. 그래서 이 대학생은 더듬거리는 음성으로 자신은 걸인이 아니며 단지 설문조사를 하는 것뿐이라고 말하였다. 그러자 돈을 주려던 사람은 한 번 쳐다보더니 한 마디 사과의 말도 없이 가 버렸다.

아이들은 다음과 같은 질문을 하였다.

"왜 돈을 주려고 했을까요?"
"뇌병변 장애인은 어떤 사람인가요?"
"왜 사람들은 말을 듣지 않고 피할까요?"
"어떻게 장애인이 대학생이 될 수 있었을까요?"

"왜 사람들은 무조건 피하기만 할까요?"

"이 사람은 어떤 기분이 들까요?"

"왜 사과의 말도 없이 가 버렸을까요?"

질문과 답을 통해서 다음과 같은 사실은 편견이었음을 확인했다.

- 장애인은 지능이 낮을 것이다. → 저 장애인은 대학생이다.
- 장애인은 돈이 없을 것이다. → 구걸한다는 것은 착각에서 나온 것, 대학에
다닌다는 점
- 장애인은 사과해도 모를 것이다. → 사과도 없이 가 버렸다. 감정은 같은데.

이어서 보여 준 동영상에서는 말이 어눌한 장애인 청년이 장애인 인권에 관해 내레이션을 했다. 어눌하여 말을 알아듣기 쉽지 않았지만 세 번 정도 경청해서 들으니 다 알아들을 수 있었다. 장애인들이 우리나라 고속버스에는 휠체어를 실을 수 있는 버스가 한 대도 없다며 고속버스터미널에서 이동권을 보장해 달라고 시위한 내용이었다.

모둠별로 의논해서 말을 알아듣는 것이 미션이었다. 아이들은 집중하고 귀를 기울여서 알아들으려고 노력하였다. 처음에 아는 단어를 찾아내고는 환호를 하였다. 자신들이 알아들었다는 사실에 놀라워하였다. 이어 세 번째 반복해서 들을 때는 거의 내용을 다 알아들었다. 동영상을 보면서 이렇게 적극적인 사고를 하게 되었다는 점에서 성공했다는 생각이 들었다.

장애인의 인권을 살리는 가장 중요한 시작은 경청이다. 아이들로 하여금 활동을 통해 경청하는 경험을 하게 하고, 경청을 통해 소통할 수 있음을 체험하게 한 수업이었다. 앞으로 이 아이들은 말이 어눌한 장애인을 만나더라도 인내를 가지고 경청할 수 있으리라 믿었다.

다음은 아이들의 소감이다.

-장애인과 우리는 똑같다.

-귀를 기울이는 일이 인권에서 가장 중요하다는 것을 알게 되었다.

-내가 장애인의 말을 알아들을 수 있다는 것이 좋았다.

-배려는 잘 들어주는 것에서 시작한다고 생각한다.

-말을 하려고 정말 힘들게 노력하는 모습이 인상적이었다. 앞으로는 잘 들어줘야겠다.

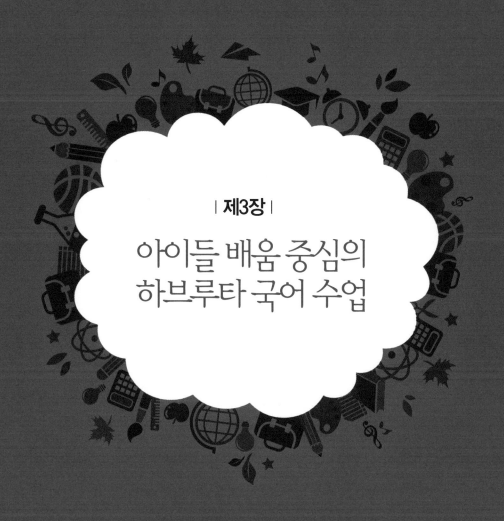

| 제3장 |

아이들 배움 중심의
하브루타 국어 수업

01
교사는 삶과 수업을
이어 주는 징검다리

　스스로 질문을 만들고 그 질문을 공유하는 가운데 생각이 다른 지점에서 토론이 일어나고 상대를 설득하기 위한 논쟁이 나온다. 이런 하브루타의 기본 정신을 수업에 적용하면 다양한 교수 전략이 나타나게 된다.

　소통은 상대방을 이해하기 위한 필수 조건이다. 의사소통을 위한 표현과 이해는 국어과의 목표이기도 하다. 자신의 생각이 무엇인지 질문으로 구체화하고 짝 토론으로 보완하고 찬반토론으로 공론화시켜 유사점과 차이점을 인식하는 것이 소통의 과정이다. 하브루타로 시작하여 토론으로 확장시킨 수업은 아이들에게 상대방의 존중과 경청을 바탕으로 한 대화의 중요성을 일깨워 준다.

또한 하브루타를 중심으로 한 교육과정 재구성은 학습의 흥미를 배가시키고 앎과 삶을 연결시키는 효과가 있다. 수업을 하면서 가장 중요하게 생각하는 것은 의미부여와 연결 짓기이다. 교사는 수업과 아이들의 삶을 의미 있게 연결시켜 주는 징검다리 역할을 해야 한다. 수업을 통해 그것이 가능하게 하고자 교육과정을 재구성하고 협력과 인성을 염두에 두며 수업을 디자인해야 한다.

　교사는 아이들에게 '왜 가르쳐야 하는지?', '무엇을, 어떻게 가르쳐야 하는지?'의 고민과 해결방법을 찾기 위한 노력을 해야 한다. 그럴 때 아이들의 삶을 들여다보게 되고, 아이들의 흥밋거리가 무엇인지 관심을 갖게 되고, 아이들에게 무엇이 필요한지를 찾게 된다.

　배움이 곧 삶이다. 배움은 자신에게 출발하여 상대에게로 향하고 다시 자신에게 돌아오는 끊임없는 물음표와 느낌표의 반복이다. 질문으로 시작한 토론과 논쟁이 다시 또 다른 질문으로 연결되는, 이런 끊임없는 과정이 바로 삶의 태도이다.

　교사의 역할은 배움과 삶을 의미 있게 연결시켜 주는 것이다. 이러한 실천에 하브루타가 많은 도움이 된다. 수업 중 던지는 질문과 대화가 바로 '나는 어떻게 살고자하는가?'라고 자신에게 끊임없이 묻는 것과 통한다. 매순간 순간 던지는 질문 그 자체가 바로 삶의 자세이다.

02
배움의 문을 여는
아이들의 질문

수업의 첫 시간에는 한 학기 동안 배울 내용을 아이들과 함께 훑어본다. 그러기 위해 미리 교육과정과 교과서의 배울 내용을 정리하고 추천할 책의 목록들을 적어 일목요연하게 표로 작성하여 아이들에게 배부한다. 공책에 붙인 후 수시로 확인하면서 자기주도적으로 학습했으면 하는 바람이 있기 때문이다. 하지만 아이들은 그 시간에만 훑어보고 이후에는 들춰 보질 않는다.

왜일까? 교사가 제시하는 것은 해야 하는 공부로 여겨지고 배움의 출발이 교사에 의해서 행해지기 때문일 것이다. 자기가 배우고 싶은 것을 스스로 정하는 자발성이 학습의 강력한 동기가 되기에 아이들이 직접 수업설계를 하도록 하였다.

수업설계를 하기 전에 "국어는 왜 배울까요?"에 대해 질문을 하였다.

"우리말을 잘 하기 위해서요."
"자기의 생각을 표현하기 위해서요."
"우리말이니까 우리가 배워야 되는 것 아닌가요?"
"대학을 잘 가기 위해서요."
"학교에서 배우라고 하니까요."
"책을 잘 읽기 위해서요."

다양한 대답이 나왔다. 서로 질문하고 대화하는 가운데 국어를 배우는 목적이 국어과의 목표와 닿아 있었다.

이해와 표현은 국어과의 핵심이다. 질문을 통해 자기를 표현하고 상대를 이해하기 위한 활동으로 신호등 토론을 하였다.

"내가 생각하는 당연한 것에는 어떤 것이 있을까요?"

교사가 먼저 질문을 하였다.

"여학생이 때려도 남학생은 참아야 합니다."
"부모님 부부싸움에 자식은 개입해야 합니다."
"학생은 당연히 공부를 열심히 해야 합니다."

등 아이들은 각자의 생각을 표현하였다.

아이들 한 명 한 명이 당연하다고 생각하는 것을 발표할 때마다 자신의 의견을 신호등 카드로 표시하였다. 찬성일 때는 초록색 카드, 반대는 빨강색, 중립은 노란색 카드를 들었다. 입장 발표를 통해서 서로의 생각 차이를 확인할 수 있었다.

"부부싸움은 엄마 아빠의 문제이기에 두 분이 해결하도록 하고 아는 척하지 않아요."

"그래도 한가족인데 싸움이 나면 말려야 더 크게 번지지 않아요. 그래 야 가족이라 할 수 있지 않나요?"

아이들은 자신의 당연한 생각이 다른 사람에게는 그렇지 않을 수도 있 다는 걸 질문과 대화를 통해 깨달았다. 대화를 통해 다양한 생각을 가지 고 있고 서로를 이해할 수 있다는 것을 알게 되었다. 상대를 잘 알면 이해 하게 되고, 이해하면 사랑할 수 있다. 나를 제대로 표현하고 상대를 좀 더 이해하기 위해 우리가 국어를 배우는 것이다.

국어 공부의 필요성을 알아본 뒤에 다음과 같은 과정으로 학습설계를 진행하였다.

전체 협의를 통해 단원 학습설계의 요소를 탐색해 보았다. 해당 단원 에서 무엇을 배워야 하는지 파악한 후 어떤 것을 배워야 할지를 살펴보 기로 하였다. 모둠별로 단원명, 학습목표, 내용 등을 다양한 방법으로 정 리하면서 학습설계를 하였다. 질문으로 배워야 할 내용을 정리하고 미리 평상시에 어떤 공부를 해야 도움이 될지에 대한 안내를 하고, 그 단원의 내용을 재미있게 공부하는 방법을 소개하기로 하였다.

전체 발표 전에 사전 모둠 발표를 통해 목소리도 조절하고 자신이 발표할 내용을 미리 점검하면서 여러 사람 앞에서 의견 전달을 잘할 수 있는 연습시간을 가졌다. 서로 모니터링해 주는 모습이 보기 좋았다. 모둠원 4명이 각자의 역할을 나누어서 맡은 단원의 수업설계에 대해 발표할 때 서로 질문을 통해 궁금한 점과 보완해야 할 부분에 대해 이야기를 나누며 한 학기 동안의 수업을 준비하였다.

다음으로는 각자 단원에서 무엇을 배우게 될지 자기말로 공책에 적고 각 단원마다 자신이 미리 준비해야 할 것이 무엇인지 정리하는 개별 학습설계의 시간을 가졌다. 도서목록 작성 및 사전 참고 자료 정리를 통해 미리 자신이 해야 할 학습내용을 파악하고 준비하면서 자신의 삶에 도움이 되는 공부가 되기 위한 자신만의 학습설계를 하도록 하였다.

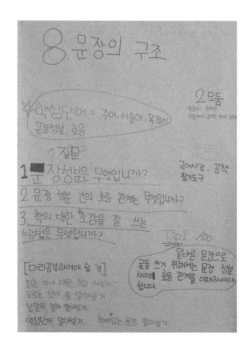

	5학년 국어 '8단원 언어예절과 됨됨이' 수업설계 예시
발표모둠	해바라기 모둠 (4명)
핵심낱말	은어, 유행어, 비속어, 공격적인 언어 표현, 동형어, 다의어, 품위, 어법, 됨됨이
배우고 싶은 것	1. 고운 말을 사용해야 하는 이유는 무엇입니까? 2. 우리가 쓰는 말 중에서 폭력적이고 부정적인 말에는 무엇이 있나요? 3. 동형어, 다의어란 무엇일까요? 4. 품위 있는 언어 사용은 어떻게 해야 할까요? 5. 언어예절을 잘 지키는 사람은 어떻게 말하는 사람인가요? 6. 나쁜 말은 어디에 나쁩니까?
미리 이렇게 공부하면 도움이 돼요.	1. 다른 사람을 기분 나쁘게 하는 자신의 언어습관 알아보기 2. 다툼이 많이 일어나는 원인에 대해 친구들에게 물어보기
재미있게 공부하는 방법	1. 우리 반에서 많이 쓰는 욕 조사하기 2. 욕을 사용해서 말할 때와 예절을 지켜 말할 때를 비교하여 실제처럼 역할극하기 3. 캠페인하기 4. 욕하는 사람에 대한 벌칙 정하기

　모둠별 수업설계를 발표하고 나서 한 학기 동안 배울 내용과 관련된 책들을 교사가 소개한 뒤에 아이들이 수업설계한 것을 교실 뒷면에 배울 내용에 맞춰 바꿔 가며 게시했다. 관련 내용을 배우는 과정에서 알게 된 것들을 붙임쪽지에 적어 게시하면서 반 친구들과 함께 배움을 나누었다.

　단원 마무리에서는 핵심낱말 풀이와 질문에 대한 답변을 자신의 말로 공책에 정리하면서 모둠원과 의견을 나누며 마무리하는 시간을 가졌다.

수업설계 활동을 통해 아이들은 수업목표를 스스로 설정하고 배울 내용들을 질문으로 제시하고 수업방법 및 과제까지 생각하면서 자기주도적 학습 능력을 향상시킬 수 있었다. 아이들은 단원별 핵심낱말과 핵심질문을 추출하고 수업설계를 하면서 스스로 공부하는 방법을 터득하는 기회를 가질 수 있다.

03
설명하며 이해하는
친구 가르치기

깊이 있는 배움은 아이들 중심의 수업으로 가능하다. 그래서 지식 중심의 이해학습도 아이들이 주도적으로 이끌어 갈 수 있도록 하는 방법에 대해 고민하였다. 교사의 설명이 아니라 아이들 스스로 지식을 이해하도록 수업을 디자인하고 싶었다. 이해한다는 것은 설명할 수 있고 질문할 수 있고 분석할 수 있는 것이다. 그래서 선택한 것이 친구 가르치기 하브루타였다.

'매체를 활용한 발표'는 5~6학년 국어과의 필수 내용이다. 일반적으로 교사는 수업을 할 때 학습문제를 먼저 제시하고 그에 따른 활동을 전개하고 평가한다. 이번 수업은 먼저 아이들이 수행과제를 알고 이를 해결하기 위해 지식을 구성해 가는 것으로 계획하였다. 수업목표에 따른 평가를 수행과제로 제시하고 그에 따라 배움이 일어나도록 학습순서를 바꾸었다. 이러한 과정이 단순한 지식을 무언가 해낼 수 있는 역량으로 발전시킬 수 있다.

아이들이 찾은 수행과제 '주제에 맞는 자료를 활용하여 발표하기'를 제시한 후 이를 해결하기 위한 학습내용을 스스로 찾고 친구에게 설명해 보는 방법으로 수업을 진행하였다.

우선 '자료를 활용한 발표'를 위해 배워야 할 내용에 대해 모둠별로 협의하도록 하였다. 다음은 각각의 모둠에서 제시한 질문들이다.

-자료에는 어떤 종류가 있는가?

-주제에 맞는 자료는 어떻게 정하나?

-자료를 활용하면 좋은 점은 무엇인가?

-발표 자료를 찾는 방법은?

-알맞은 순서로 발표를 잘하는 방법은?

-발표할 때의 주의사항은?

-여러 사람 앞에서 떨리지 않게 발표하는 방법은?

-어떤 주제로 발표할 것인가?

-발표를 잘하기 위해 준비해야 할 것은 무엇인가? 등등

각 모둠에서 나온 위의 질문들을 요약하여 4개의 질문으로 다시 정리하였다.

-발표할 때 이용할 자료에는 어떤 종류가 있나?

-발표할 때 자료를 활용하면 좋은 점은 무엇인가?

-주제에 맞는 자료를 선택하는 효과적인 방법은 무엇인가?

-발표를 잘하려면 어떻게 해야 하나?

　모둠원들은 각자 위의 네 질문 중 한 가지를 선택한 후 교과서를 참고로 하여 화이트보드에 모둠원들이 배워야 할 내용을 정리하였다.

　그리고 이젤 위에 화이트보드를 올려놓고 자신이 정리한 내용을 각 모둠원 앞에서 설명하였다. 여섯 모둠이 동시에 진행되었지만 친구가 가르치는 데다 자신들이 궁금해 했던 내용이기에 아이들의 몰입도는 최고였다. 돌아가면서 자신이 정리한 내용을 일어서서 선생님처럼 가르치는 모습은 당당함 그 자체였다. 설명을 듣는 아이들은 발표하는 친구와 화이트보드를 번갈아 보며 집중하였다. 아마도 교사가 이런 지식적인 부분을 설명하였더라면 이와 같은 몰입과 집중력은 보이지 않았을 것이다.

다음으로는 '발표하는 방법과 발표 시나리오 작성'에 대해 공부하였다. 이때도 모둠원 4명이 분석, 분류, 비교와 대조, 시나리오 작성법 등 공부할 것을 선택하였는데, 전과는 다른 방법을 사용하였다. 아이들은 반복보다는 새로운 것에 잘 반응한다. 그래서 각 모둠에서 같은 과제를 선택한 아이들끼리 모여 내용을 공부한 후 어떻게 모둠 친구들을 가르칠 것인지 이야기를 나누도록 하였다.

교실에 배를 깔고 엎드려 머리를 맞대고 공부하는 모습이 인상적이었다. 친구들과 함께 가르칠 내용을 찾고 어떻게 전달할 것인지를 고민하는 것이 혼자 공부하는 것보다 내용도 보완되고 각자 피드백을 받을 수 있어서 효과적이다. 그리고 맡은 과제를 해결한 후에 원래 모둠으로 돌아가 친구들을 가르쳤다. 다른 과제는 또 다른 친구들에게서 배웠다. '자료를 활용한 발표'를 어떻게 해야 하는지 교사 설명이 아닌 아이들 스스로 알게 된 것이다.

다음으로는 발표할 '주제'를 정할 시간이었다. 독서가 수업으로 이어지는 일석이조의 효과를 얻고 싶어서 한 달 전부터 반별로 읽을 책을 2권씩 추천하였다. 발표할 주제를 자신이 읽은 책에서 뽑아 보도록 하였다. 다음 표의 내용은 6학년 4개 반에서 나온 주제들이다.

반	책 제목	주제
6-1	우리 누나	오카 슈조 작가, 장애인 등급, 다운증후군, 특수학교, 장애인의 직업, 장애의 종류, 장애등급, 장애의 원인, 장애 관련 위인
	일수의 탄생	서예, 태몽, 똥 관련 이야기, 가훈, 나라별 행운숫자, 유은실 작가, 공업고등학교, 군대(병사 종류), 미래의 직업
6-2	봉주르, 뚜르	남북한 언어, 남북 분단, 프랑스, 아랍, 프랑스말, 뚜르, 세계 분단국가, 새터민(탈북자), 북한(언어, 음식, 동화책), 추리소설, 한윤섭 작가
	서찰을 전하는 아이	전봉준, 동학농민운동 , 관군, 통신수단, 천주학, 흥선대원군, 보부상, 호패, 청일전쟁, 조병갑, 우금치전투, 천주교, 조선 시대 계급, 육의전
6-3	불량한 자전거 여행	자전거, 세계여행지, 국내 여행지, 가출 청소년, 관광객, 자전거 카페, 자전거 추천 코스, 자전거 부품, 자전거와 관련된 사람, 독특한 세계여행, 여행가 소개, 대안학교, 알코올 중독
	복수의 여신	우주선, 외계인, 기부, 텔레파시, 건망증, 리코더, 세계의 잠금장치, 인테리어, 여신, 복수사건, 우산, 비, 틱 장애, 택배
6-4	마지막 거인	탐험가, 7대 불가사의, 동인도 회사, 기이한 습성을 가진 부족, 거인족의 신화 전설(타이탄, 아틀라스, 키클롭스, 파타곤), 탐험가, 미얀마, 헬리혜성, 거인 관련 책, 별자리, 배와 관련된 말
	책과 노니는 집	도서 관련상, 천주교 박해, 한글소설책, 전기수, 책비, 책 만드는 방법, 서학, 책과 관련된 직업(오늘날, 옛날), 서점, 출판사, 노벨문학상, 베스트셀러

아이들이 책을 읽으면서 더 알고 싶었던 주제들에 대해 쏟아 놓았다. 교사는 그것을 칠판에 죽 적어 놓고 아이들에게 각자 조사하고 싶은 주

제를 한 가지씩 선택하도록 하였다. 그리고 '매체를 활용한 발표하기' 수행과제를 해결하기 위해 컴퓨터실로 가서 관련 정보를 검색하고 그림이나 동영상 자료 등을 다운받아 개성 있는 프레젠테이션을 제작하였다.

인상적인 발표를 소개하자면, 『복수의 여신』 책에는 극심한 스트레스로 인해 팔을 돌리는 틱 장애를 가진 아빠와 딸의 이야기가 나온다. '틱 장애'를 주제로 조사한 아이는 틱 장애의 종류와 다양한 원인에 대해 소개한 뒤 틱 장애가 있는 사람들이 있을 때 우리의 대처방법은 모르는 척해 주는 것이라고 발표하였다. 반에 한 명 정도 있을 수 있는 틱 장애 친구들에게 "너, 왜 자꾸 웅얼거리니? 신경 쓰여." "너 왜 자꾸 눈을 깜박여?"라고 했던 말이 떠오르는지 분위기가 진지해졌다.

서로 가르치고 배우는 가운데 자신의 행동들을 돌아보고 무엇이 올바른지 스스로 찾아가는 모습이 매우 대견하였다.

이 수업을 마칠 때쯤 아이들이 관심 있는 책을 서로 빌려 보고 책 내용에 대해 대화하는 모습을 볼 수 있었다. 자기가 관심 있는 주제를 스스로 정하고 정보를 찾아 친구에게 알려 주어 서로 배움을 주고받는 관계 형성으로 배움의 즐거움을 알게 된 의미 있는 수업이었다.

04
자신의 삶과 마주하는
문학 감상

하브루타에 알맞은 텍스트는 문학 작품이다. 작품 속 다양한 삶을 통해 자신의 삶을 마주하게 되고 그것을 하브루타로 나누게 된다. 하브루타는 인물이 추구하는 삶에 대한 나의 평가, 사건이 벌어질 때의 나의 판단, 어떤 상황에 처해졌을 때의 나의 선택에서 빛을 발한다.

질문하고 이야기를 나누고 때로는 날 서게 서로의 의견이 맞선다. 둘이 심도 깊게 이야기를 나눌 수도 있고, 셋이 평가받으며 이야기할 수도 있고, 집단으로 맞서 서로의 의견을 덧붙여 가며 다양한 논쟁의 장이 만들어질 수도 있다.

문학 작품이 토의·토론에 적합한 데는 그만한 이유가 있다. 어느 정도의 배경지식이 필요한 사회적 이슈 등의 토의·토론은 준비된 자료가 없을 때는 부담스럽다. 아이들의 사전 준비가 토의·토론의 질을 좌우한다. 하지만 문학 작품은 사전 준비 없이도 가능하다.

이야기를 함께 읽고 자신의 생각과 경험을 이야기하면 된다. 전체 아이들이 모두 참여하여 문학 작품에 빗대어 자신의 삶을 이야기하면 된다. 아이들은 독서토론을 좋아한다. 우선 이야기가 재미있고 인물의 삶이 궁금하여 질문하게 되고 친구들의 생각이 자신의 생각과 달라 토론하고 논쟁하게 된다.

서로의 관점 비교하기, 문제 상황에 대한 주장 펼치기, 다양한 문학 작품에 대한 생각 나누기 등의 국어과 성취기준 도달에 하브루타는 매우 효과적인 방법이다.

『스갱 아저씨의 염소』로 선택과 책임 생각해 보기

『스갱 아저씨의 염소』(알퐁스 도데 지음, 에릭 바튀 그림, 강희진 옮김, 파랑새어린이) 그림책으로 아이들에게 선택의 이유와 책임에 관한 이야기를 나누고 싶었다. 매 순간순간 우리는 선택하며 산다. 그 선택이 자신의 가치관과 맞물려 있고 책임을 지며 최선을 다하는 것이 우리 삶의 태도가 되어야 한다는 것을 이야기를 통해 말하고 싶었다.

이러한 이야기 수업은 선택의 순간에 '그러면 나는 어떻게 할 것인가?'에 대해 자신에게 질문하고 서로 생각을 나누며 다름을 확인하게 해 준다. 책 속 주인공의 문제를 자신에게 던져 본다. 설정된 갈등 상황에서 '나는 어떻게 살고자 하는가?' 계속 질문하도록 한다. 이것이 바로 이야기 수업의 묘미이다.

수업의 시작은 수많은 선택의 순간을 제시하고 이유에 대해 발표하도록 하였다. 짬뽕과 자장면, 아이들이 좋아하는 아이돌 그룹, 공부와 게임 등 선택의 이유가 사람마다 다르다는 것을 알도록 하였다. 그리고 자기 삶 속에서 선택의 갈등 순간에 대해 발표해 보았다. 그리고 선택의 순간에 놓인 어린 염소의 이야기를 아이들에게 들려주었다.

스갱 아저씨가 기르던 염소들은 모두 산으로 도망가 늑대에게 잡아먹혔다. 그럼에도 불구하고 스갱 아저씨는 어린 염소를 기르고자 하였다. 비록 목줄과 울타리는 있지만 염소를 안전하게 돌봐 주고 사랑해 주었다. 하지만 다른 염소들처럼 어린 염소도 산을 그리워한다. 스갱 아저씨는 그런 염소가 도망갈까 봐 창고에 가두어 두었다. 창문은 열어 둔 채로….

이제 아이들은 염소가 산으로 가야 할지 집에 머물러야 할지 결정해야 한다. 하브루타로 생각을 모으기로 했다. 모둠원 4명이 머리를 맞대고 선택의 이유를 찾아보기로 하였다.

산을 선택한 이유로는 싱싱한 풀, 자유, 행복, 스트레스 없음, 우울증 없음, 잔소리 없음, 다른 친구를 만남, 튼튼해짐 등의 말을 적었다.

집을 선택한 이유로는 안전, 보살핌, 끼니 걱정 없음 등을 썼다.

다음으로는 전체 모둠 발표를 통해 자신의 모둠에서 미리 생각해 보지 못한 선택의 이유에 대해 빠뜨린 부분을 정리하도록 했다.

다른 모둠 발표를 통해 드넓은 곳이 필요함, 홀로서기 할 수 있음, 염소답게 살 수 있음, 잘 살 수 있음, 성숙해질 수 있음 등의 내용이 보충되었다. 음식이 풍부함, 스갱 아저씨가 좋아함, 사랑받을 수 있음, 외롭지 않음. 치료받을 수 있음 등도 집을 선택한 또 다른 이유였다.

자, 선택의 순간이 되었다. 여러 가지 선택의 이유는 충분했다. 무엇을 선택할 것인가? 모둠별로 서로 자기의 생각을 내놓으며 결정하기로 했다. 조건은 모둠 4명이 함께 행동해야 한다는 것이었다. 팽팽한 토론과 논쟁이 일었다. 서로 자신의 선택의 이유를 들면서 격렬히 하브루타를 하였다. 4대2 정도로 산을 선택한 모둠이 많았다.

모둠의견	산으로 가야 하는 이유는? -자유, 평화, 행복 -우울증 없음 -잔소리 없음	집에 머물러야 하는 이유는? -안전 -먹을 것을 챙겨 줌 -보살핌
전체의견	-드넓은 곳 -잘 살 수 있음 -스트레스 풀림 -성숙해짐 -홀로서기할 수 있음	-스갱 아저씨가 좋아함 -사랑받음 -외롭지 않음 -사랑에 대한 보답
모둠 결정 : 우리 모둠은 산으로 가기로 함		

다시 책으로 돌아왔다.

산으로 도망친 염소는 온갖 자연의 아름다움을 만끽하며 자유를 즐겼다. 하루 동안의 자유, 밤이 서서히 찾아오면서 늑대의 울음소리가 들리자 염소는 두려움을 느꼈다. 그때 다른 한쪽에서 스갱 아저씨의 돌아오라는 뿔피리 소리가 들려온다.

또다시 선택의 순간이다.

나라면 어떻게 할 것인가? 늑대의 울음소리가 들리는 산에 머물 것인지, 스갱 아저씨의 뿔피리 소리가 들려오는 집으로 갈 것인지 선택하도록 하였다.

아이들은 각자 선택의 이유에 대해 이야기하면서 짝 하브루타를 하였다. 서로 질문하고 토론하면서 서로의 다름을 인정하는 시간이었다.

그 다음에는 자신의 선택에는 내가 소중히 지키고 가꾸고 싶은 가치가 녹아 있다는 것을 알게 하였다. 64가지 가치가 적혀 있는 가치 카드를 나눠 주고 자신의 가치를 찾아보도록 하였다. 그리고 자신이 선택한 가치를 적어 칠판에 붙여 반 전체가 공유하였다.

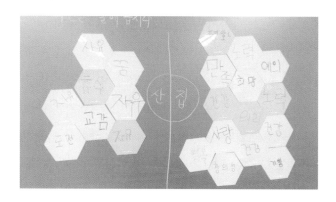

그리고 또다시 질문이 시작되었다.

"왜 보람이라는 가치를 선택하였나요?"

"염소가 집으로 돌아갔을 때 스갱 아저씨가 기뻐할 것입니다. 다른 사람을 행복하게 해 주는 것이 소중하기 때문입니다."

"왜 즐거움이라는 가치를 적었나요?"

"내가 무엇을 할 때 좋아하고 즐거운 것인지가 선택의 중요한 이유이기 때문입니다." 등등.

아이들의 가치는 자유와 용기가 많았고 그 밖에 우정, 감동, 휴식, 평온, 행복, 희망, 도전, 신중도 있었다.

또다시 질문이 이어졌다.

"여러분의 선택으로 염소에게 어떤 일이 일어날지 상상하여 이야기해 봅시다."

"자유를 맛본 염소는 집으로 돌아가 스갱 아저씨에게 낮에는 산을 돌아다니다 밤에 집으로 돌아오겠다고 약속합니다."

기발한 결론이었다.

"염소는 그곳에서 다른 염소를 만나 행복하게 잘 살았습니다."

"늑대와 싸울 때 스갱 아저씨가 나타나 도와주어 무사히 집으로 돌아옵니다."

많은 아이가 행복한 결말이 나왔으면 했다. 이 수업에서는 신중히 선택하고 최선을 다하는 것의 중요함을 강조하고 싶었기에 아이들의 열린 결말로 마무리하고 싶었다. 하지만 문학 작품을 감상하는 측면에서 작가의 의도를 파악하는 것도 다른 사람의 가치를 생각해 볼 수 있는 기회라 생각하고 작가의 결말을 알려 주기로 했다.

염소는 선택했다. 늑대와 싸우기로. 죽을 줄 알지만 아침이 밝을 때까지 치열하게 늑대와 싸워 보기로 결심하였다. 늑대는 이빨로, 염소는 뿔로 최선을 다해 날이 밝을 때까지 싸웠지만 염소는 결국 죽고 말았다.

책의 결말을 읽고 나자 갑자기 분위기가 무거워졌다. '그럴 줄 몰랐다, 너무하네.'라는 반응이었다. 이 책의 저자인 알퐁스 도데는 우리에게 '어떤 이야기를 하고 싶어서 이런 결말을 내렸을까?' 생각해 보기로 하였다. 죽음도 이겨 낼 만한 가치가 있는 자유, 후회하지 않을 선택의 신중함, 마음이 이끄는 대로 하는 것의 위험함, 도전하며 사는 삶의 중요함 등 제법 나름대로 작가의 의도를 파악하는 대답들이 나왔다.

이 수업을 마친 아이들의 소감은 '선택을 신중히 해야겠다, 공부를 하지 않는 것도 선택이다, 뭔가 중요한 것을 공부한 것 같다, 염소의 죽음이 너무 강렬하고 충격적이었다, 나의 가치에 대해 생각해 보아야겠다.' 등이었다. 늘 남 탓만 하던 한 아이는 얼굴을 숙인 채 아무 말도 하지 않았다. 공부를 하지 않는 것도 자신의 선택이라는 말에 화들짝 놀라는 아이의 모습이 오랫동안 마음속에 남았다. 이것이 내가 이 수업을 한 이유였는데 다행히 아이들이 어느 정도 이해했다는 생각이 들었다.

교사로서 아이들에게 선물을 한 느낌이 들었다. 어떻게 살아가야 하는지에 대해 또 다른 질문을 남기는 수업으로 의미가 있었다.

『마두의 말씨앗』으로 진짜 행복 찾기

배움이란 내용과의 만남, 타인과의 만남, 자신과의 만남을 통해 함께 행복을 만들어 가는 것이라 생각한다. 이번 수업은 『마두의 말씨앗』(문선이 지음, 정지윤 그림, 사계절)이라는 이야기로 내용을 상상하고 질문하고 토론하는 가운데 소중한 것이 무엇인지 발견하며, 자신의 내면을 돌아보고 다짐하는 것에 초점을 두었다.

국어과의 '이야기를 듣고 자신의 생각과 느낌을 표현할 수 있다.'와 도덕과의 ' 평상시 자신의 언어습관을 돌아보고 고운 말 바른말 사용의 실천의지를 가질 수 있다.'를 통합하여 수업을 설계하였다.

먼저 '말이 씨가 된다.'라는 한 문장을 보고 짝과 함께 질문 만들기를 하였다. 다음과 같은 질문들이 나왔다.

"이 말은 주로 어느 때 사용하는 말인가요?"
"주로 누가 사용하나요?"
"좋은 말의 씨는 자라서 어떤 식물로 자라나요?"
"나쁜 말을 자주 쓰는 사람은 어떻게 되나요?"
"말이 씨가 정말 되나요? 좋은 말을 하는 사람은 어떤 씨를 뿌린 걸까요?"

다음은 책의 앞표지를 보고 내용을 상상해 보는 시간을 가졌다.
"말이 씨가 되어 온몸에서 자라나는 것 같아요."

"아이가 나쁜 말을 사용하여 안 좋은 일들이 생기는 것 같습니다."

말에는 에너지가 있어 나의 몸과 생각을 지배할 수도 있다는 생각을 한 듯했다.

책의 주인공은 마두다. 마두는 아들보다 신문과 뉴스, 낮잠을 더 좋아하는 아빠한테 불만이 많다. 그래서 평상시에 "아빠를 바꿨으면 좋겠다."는 말을 자주 되뇌곤 하였다. 그런데 마두가 뱉은 말이 씨앗이 되어 정말 아빠를 바꿀 수 있는 기회를 갖게 되었다. 마두는 이때다 싶어 '잘 놀아 주는 아빠', '부자 아빠', '뭐든 오냐 아빠' 등으로 바꿔 본다. 하지만 누구도 마두에게 썩 좋은 아빠는 아니었다. 결국 마두는 진짜 아빠를 되찾고 싶어지나 얼굴도 이름도 나이도 생각이 나질 않는다. 마두는 어떻게 해야 할까?

말의 씨앗을 관리하는 꽃감관이 나타나 '마두 아빠는 과연 몇 점일까?'를 알 수 있는 시험지를 보여 준다. 아이들에게도 마음속으로 점수를 한 번 매겨 보도록 하였다.

주인공 마두는 "우리 아빠는 빵점이에요."라고 말했는데, 아이들은 "우리 아빠 거의 100점에 가까운데…."라고 말한다. 아이들은 자신의 엄마 아빠에 대해 좋지 않은 말을 하거나 평가를 하는 것에 많은 부담을 갖고 있었다.

이야기를 들려줄 때는 '잘 놀아 주는 아빠', '부자 아빠', '뭐든 오냐 아빠'를 선택하였을 때 어떤 문제점이 생길지 모둠별로 의견을 나누도록 하였다. 창문기법으로 각자의 의견을 동시에 적도록 하자 봇물 터지듯 사각사각 연필 소리를 내며 자신의 의견을 적었다.

"부자 아빠는 해 준 만큼 많은 것을 원해서 마두가 스트레스 받을 것 같다."
"뭐든 오냐 아빠로 인해 건강에 이상이 생겨 병원에 입원할 것 같다."
"학교에서도 놀 생각만 해서 공부에 집중하지 못해서 바보가 될 것 같다."
"잘 놀아 주는 아빠가 너무 놀아 줘서 피곤해진다."
"뭐든지 허락해 주어 엄마와 많이 싸울 것 같다."
"아빠가 말하면 뭐든지 사 주어서 정이 든 장난감과 옷을 버려 마음이 아플
것 같다."

「마두의 말씨앗」은 요즘 아이들이 가장 바라는 아빠를 초등학교 아이들에게 직접 설문조사하여 이야기로 엮은 것이다. 그래서인지 책 내용과 아이들이 상상한 내용이 정말 많은 부분에서 비슷했다. 자신들의 생각이 작가의 상상력과 일치하자 아이들은 환호성을 질렀다. 스스로 대견스러워하였다.

이 활동을 하면서 아이들은 평상시에 마음속으로 바라던 아빠의 모습에도 미처 생각하지 못한 문제점이 많다는 것을 발견하게 되었다.

마두야!
이번에는 (　) 아빠로
바꿔 달라고 외쳐 봐!
왜냐하면 (　) 때문이야.

　이제 주인공 '마두'의 마지막 선택의 시간이 되었다. "잘 놀아 주는 아빠, 부자 아빠, 뭐든 오냐 아빠를 선택했던 마두야! 이번에는 (　) 아빠로 바꿔 달라고 외쳐 봐! 왜냐하면 (　) 때문이야."라는 문장을 제시하고 생각을 정리하도록 하였다.

　그리고 자신의 의견을 모둠원에게 차례대로 발표했다. 모둠의 1번 아이가 발표할 때 2, 3, 4번은 친구의 이야기를 잘 듣고 의견에 대해 의문점이나 반박하고 싶은 점, 궁금한 점에 대해 질문하고 답하는 시간을 가졌다. 경청해야만 질문할 수 있는 시간이었다. 이 토론은 아이들에게 말할 기회를 충분히 주면서 서로 질문하고 답할 수 있는 효과적인 방법이다.

　이어지는 이야기는 꽃감관과 함께 서천하늘로 가서 아버지를 찾는 장면이다. 말에는 에너지가 있어 "고마워", "미안해" 등 좋은 말을 했을 때는 그 밝은 에너지로 향기 나는 꽃밭이 나타나고, "죽고 싶어", "짜증 나", "미워 죽겠네."라는 부정적인 말을 했을 때는 에너지가 빠져나가 기운이 없어지는 장면이 나타난다. 말의 힘을 느낄 수 있는 인상적인 부분이다. 이 부분에서 아이들은 자신의 평상시 언어습관을 돌아보는 시간이 되었다.

아빠를 찾는 장면에서는 아빠와의 아름다운 추억을 떠올리며 우리의 행복은 가까이 있다는 것과 곁에 있는 사람들의 소중함을 느낄 수 있었다.

이 책은 아이들과 함께 우리 삶에서 진정으로 소중하게 생각해야 하는 것에 대해 생각해 보고 고운 말씨앗 텃밭을 가꾸고자 하는 실천의지를 다지는 데 효과적인 작품이다.

마지막으론 자신에게 힘이 되는 말씨앗을 서로 공유하며 행복을 가꾸는 실천으로 이어지도록 하였다. 아이들이 뿌린 말씨앗은 다음과 같았다.

"넌 참 괜찮은 아이야!"

"나는 행복한 사람이다."

"너를 응원한다."

"엄마, 아빠 사랑해요."

"난 너를 믿어!"

"나랑 친구하자." 등등.

아이들이 자신의 주변에서 행복을 발견하고 서로에게 긍정의 에너지를 주고받는 말씨앗을 가꾸고 실천하길 바란다.

05
책 내음 가득한
도서관 프로젝트

6학년 국어 교과에서는 도서관에서 정보를 찾아서 자료를 정리하는 것을 배운다. 아이들은 정보 검색을 인터넷에서만 하는 것으로 생각하는데 아날로그식으로 도서관에서 책을 뒤적이고 책 냄새를 맡으며 필요한 정보를 찾아보는 것도 재미있을 것 같았다.

직접 도서관에서 정보를 찾으려면 찾고 싶은 주제가 있어야 강한 동기 유발이 된다. 교과서에 제시된 텍스트 속에서 더 조사해 보고 싶은 것을 찾는 것보다 스스로의 필요에 의해 찾는 것이 좋겠다고 생각하였다.

먼저 도서관과 얽힌 아이들의 경험이 궁금하여 『도서관』이라는 그림책을 읽어 주면서 책과 얽힌 다양한 이야기를 나누었다.

"이불 속에서 책 읽은 적 있어요?"

"걸으면서 책 본 적 있어요? 책에 빠져 본 자신만의 경험에는 어떤 것이 있나요?"

"책 많이 읽는 여자친구 또는 남자친구는 어때요? 별로예요? 그 이유는 뭘까요?"

"책 많이 있는 사람은 재미없을 것 같고 내 말을 안 들을 것 같아요."

"책 많이 읽는 사람은 똑똑해서 자기가 하고 싶은 대로만 할 것 같아요. 내 맘대로 못해요."

책을 좋아하는 사람은 고리타분한 사람이라는 생각을 가진 듯한 대답을 했다.

다음으로는 '도서관' 하면 생각나는 낱말을 적어 보았다. 각자 사인펜으로 색깔을 달리하여 떠오르는 것을 자유롭게 적고 다른 사람이 쓴 낱말을 보고 질문하도록 하였다.

"'억지로'란 말을 쓴 이유는 무엇입니까?"

"지금까지 내 발로 도서관을 찾아간 적이 없고 엄마가 데리고 가서 가게 되었고, 학교 도서관은 먹을 것도 주고 책을 빌려야 상도 받고 해서 억지로 간 것 같아서 썼습니다."

"'해리포터'라고 쓴 까닭은 무엇인가요?"

"우연히 학교 도서관에서 해리포터 책을 읽게 되었는데 너무 재미있어서 동네 도서관을 찾아다니며 시리즈 책을 빌려 보았던 적이 있기 때문입니다."

도서관과 얽힌 각자의 경험을 말하고 난 후 조사하고 싶은 주제를 정할 시간이 되었다. 정보를 활용하여 찾을 만한 가치가 있는 주제를 정하고 싶어 상황을 만들었다. 친구가 읽어 주는 책을 함께 보다가 더 찾아보고 싶은 주제를 정하기로 했다. 각자 읽어 주고 싶은 그림책이나 들려줄 책을 가져오도록 하였다. 교사는 준비해 오지 않은 아이를 위해 다양한 책을 준비해 두는 것이 필요하다.

아이들은 각자 준비한 책을 모둠원에게 돌아가며 읽어 주었다. 짧은 이야기는 전체를 다 읽고 긴 이야기는 감동적이었던 한 부분을 읽도록 하였다. 아이들은 6학년임에도 불구하고 친구가 읽어 주는 책에서 눈을 떼지 않고 책에 빠져들었다. 친구가 읽어 주는 책은 풋풋하고 몰입하게 해 준다.

돌아가며 책을 읽다가 각자 더 조사하고 싶은 주제를 정하도록 하였다. '도서관'에 관심이 있던 아이는 '세계의 유명한 도서관'이란 주제로 조사하고자 하였다. 그 밖에도 '학의 자세', '해적', '고양이의 음식', '국악기', '주시경', '나이팅게일', '축구 기술', '악어의 종류', '추리소설 속 주인공', '우리나라 기차역' 등 다양한 주제가 나왔다.

십진분류법과 청구기호에 관한 것은 도서관 사서선생님께 부탁을 드려 수업을 들었다. 책 번호 900은 역사 관련 번호이다. 예를 들어 『먼나라 이웃나라』에는 '이68v6c3' 라는 책정보가 있다. '이68'은 '이원복'이라는 작가의 이름을 수치화한 것이고, 시리즈 중 6권에 해당하며, 같은 책이 도서관에 3권 있다는 뜻이라고 하였다. 아이들이 놀라워했다.

주제어와 관련된 책들을 십진분류법에 의해 몇 번 서가에서 찾아야 하느지 실제로 실천해 보았다. 책을 죽 훑어보면서 필요한 정보를 찾는 것은 생각보다 쉽지 않았다. 여러 책을 뒤적거려야 원하는 정보를 얻을 수 있으니. 스피드 시대에 사는 아이들이 많이 답답해했다. 하지만 원하는 정보를 드디어 찾게 되자 환호성을 질렀다. 여러 책을 뒤적이다가 필요한 정보를 찾은 것이다.

아이들이 도서관에서 원하는 자료를 찾은 경험을 통해 느낀 점은 다음과 같다.

"적은 정보이지만 도서관에 그런 분야의 책들이 있다는 걸 처음 알았어요."

"청구기호로 책을 찾는 것이 재미있어요."

"주제를 너무 크게 잡아서 그런지 정리해야 할 정보의 양이 너무 많았어요."

"'가장 큰 개미는 무엇일까요?'처럼 알고 싶은 것을 너무 세세하게 정했더니 퀴즈처럼 돼 버려 오히려 찾기가 더 힘들었어요."

"고양이의 종류에 대해 조사하고자 했는데 고양이를 찾다 보니 고양이과에 속한 동물을 찾게 되고, 그 동물들의 발밑이 부들부들한 이유가 이동할 때 소리가 나지 않게 하기 위한 것이란 걸 알았어요. 자료를 찾으면서 또 다른 동물에도 흥미가 생겼어요."

아이들은 도서관에 가면 관심 있는 서가에만 자주 다녔는데 십진분류법에 의한 정보 검색으로 여러 서가를 다녀 봄으로써 자신이 모르는 책이 매우 많다는 것을 알게 되었다. 총류 서가가 있다는 걸 처음 알았고 폭넓은 책읽기를 하지 않은 자신의 모습을 발견하게 되었다.

십진분류법에 대해 배우고 난 후 자신의 책장에 있는 책을 분류해 보는 것도 의미가 있을 듯했다. 배운 것을 활용해 보고 자신의 독서습관도 알아볼 수 있는 기회란 생각이 들었다. 자신의 책장을 십진분류법에 의해 조사해 온 아이들은 "동화책이 많아요. 역사책만 있어요. 만화책이 많아요, 책보다 문제집이 더 많아요."라며 분야별로 책이 다양하지 않음을 알게 되었고, 집에 없는 분야의 책들은 도서관에서 빌려 봐야겠다는 다짐을 하였다.

가장 볕이 잘 드는 곳, 사람이 많이 다니는 곳에 도서관을 세우는 나라가 있다. 접근하기 쉬운 곳에 위치한 도서관, 멋지고 아름다운 도서관을 자랑하는 나라들이 많이 있다. 우리나라의 도서관도 한옥의 멋스러움을 살린 도서관, 숲속 도서관 등 나름대로 매력을 가진 곳이 있다.

그래서 우리도 '가고 싶은 도서관, 머물고 싶은 도서관'을 디자인해 보기로 하였다. 2명, 4명씩 짝을 지어 서로 이야기를 나누고 정보를 찾아서 각자의 도서관을 디자인해 보기로 하였다.

많은 아이가 도서관을 '나만의 힐링 공간'으로 생각하였다. 누구의 방해도 받지 않고 편하게 쉴 수 있는 곳, 편안하게 앉거나 누워서 책을 볼 수 있는 소파, 도서대출증이 아니라 지문인식 시스템, 신간 서적들이 컨베이어 벨트 위에서 착착 돌아가면 쏙 뽑아서 읽을 수 있는 장치, 창밖의 나무가 무성하여 숲속에 있는 듯한 공간, 유리로 되어 있는 작은 방들, 널찍한 공간에 친구들과 머리를 맞대고 누워서 책을 읽을 수 있는 곳, 해먹에 누워서 책을 읽을 수 있는 도서관. 그리고 무엇보다 친절한 사서선생님이 있는 것을 중요하게 여겼다.

도서관에 관한 자신의 경험 나누기, 친구들과 함께 책 읽어 주기, 도서관에서 한 권 한 권 책을 들춰 가며 정보를 찾아 미니북 만들기, 내 책장의 책 십진분류표로 분류하며 독서계획 세우기, 가고 싶은 도서관 디자인하기 활동 등을 통해 도서관에 대해 친밀감을 갖게 되었다.

책이 있는 곳에 사람이 있고, 사람이 있는 곳에 따뜻함이 있다. 도서관이 그런 곳이길 바란다.

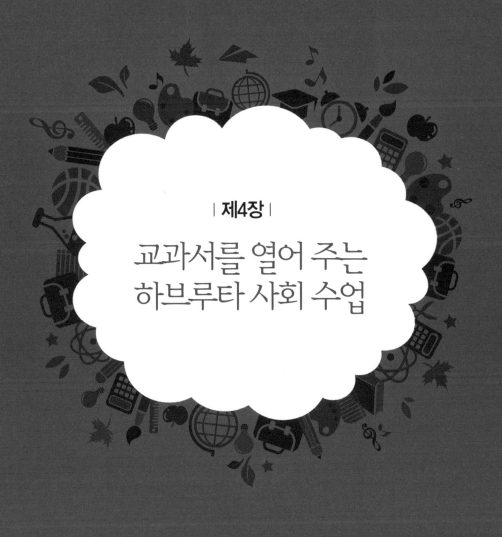

| 제4장 |

교과서를 열어 주는
하브루타 사회 수업

01
학생을 위한
하브루타 사회 수업

    질문 있는 교실이 잠잠하게, 그러나 가히 폭발적으로 학교 현장에 스며들고 있다. 그동안은 교실 수업에서 질문이 대체로 교사의 몫이었다. 그래서 교사는 발문을 잘하기 위해 여러 가지 기법을 연구하여 교실 수업에 적용하였다. 그리고 교사의 좋은 발문에 의해서 학생들이 활발하게 답을 하는 수업이 좋은 수업이라고 칭찬하고 권장하였다.

    한 교실에서 30명의 학생이 함께 학습을 하지만, 생각이 모두 다르다. 그런데도 지금까지의 교육은 학생들에게 획일적인 정답을 머릿속에 집어넣어 주려고 시간적으로나, 사회·경제적으로나, 교육적으로 너무 많은 낭비를 해 왔다. 이제는 우리 사회가 그 한계점을 인식하고 다른 방식의 돌파구를 찾으려 애를 쓰고 있다.

그런데 아직도 일부에서는 입시제도 때문에 선행학습과 주입암기식 수업이 그래도 필요하다고 버리지 못하고 있다. 자신이 길들여진 방식 그대로 자녀들과 학생들을 길들이려 한다. 주입식 교육은 효과적이지 않다. 더 심하게 말하면 주입식 교육은 그 자체가 가능하지 않다.

수업의 또 다른 주체인 학생이 수업에서 진짜 주인공 역할을 제대로 하려면 어떻게 해야 하나? 이제는 수업에서 문제를 제기하는 주체가 교사가 아니라 학생이 되어야 자발적인 학습, 자기주도적인 학습, 창의적인 학습이 이루어질 수 있다.

하브루타는 자꾸 적용하고 실천해서 몸에 배이게 해야 한다. 한 두 번의 경험으로 쉽게 판단하지 말고 일상의 작은 것에서부터 시작하여 거대 담론까지 두려워하지 말고 부딪쳐 가야 한다. 교사가 먼저 그러하고 학생들에게 그렇게 할 수 있는 기회와 시간들을 마련해 주어야 한다.

사회과 교육에서 하브루타가 차지해야 할 부분이 어디쯤일까? 나는 얼마만큼 이 일을 할 준비가 되어 있나? 어떻게 하면 이 일을 제대로 할 수 있을까? 이런 질문들을 스스로 던지면서 하브루타를 우리 교실의 역사 수업에 적용해 보았다.

5학년 학생들은 하브루타를 어떻게 받아들일까? 특히 학생들이 별로 좋아하지 않는 사회 수업, 그 중에서도 우리나라 역사 부분을 하브루타로 공부하고 나서 어떤 생각들을 하게 될까? 다음은 역사 하브루타를 하고 난 뒤의 학생들 소감이다.

"새로운 공부 방법을 알았다. 역사를 그냥 암기하지 않고 질문으로 공부하니 더 좋았다. 너무 재미있었고, 공부하는 방법을 다시 알게 되었다. 그리고 고려가 무역을 많이 한 게 좋았다. 이 수업을 하고 나서 나는 고려가 다른 나라와 교류했다는 것을 알았다."

"역사도 재미있게 공부할 수 있다는 걸 알았다."

"오늘처럼 하는 공부 방법이 재미있다. 고려가 원래 좋은 나라인 것을 알았지만 지금도 외국에서 우리나라를 고려라 할 정도로 놀라운 나라인 것을 알게 되었다."

"우리나라의 역사와 조금 더 가까워진 것 같다. 고려가 이렇게까지 대단한 나라인지 몰랐다. 이번 시간에 잘 알게 되었다."

"내가 몰랐던 새로운 역사를 알게 되어서 기쁘고, 앞으로도 역사를 외우지 않고, 흐름을 이해할 것이다."

학생들이 이제는 그냥 무조건 암기하지 않고 질문으로 공부하는 것이 좋고, 공부를 재미있게 할 수 있는 방법을 깨닫게 되었다고 했다. 지식을 암기하는 것이 아니라 자기의 생각으로 역사를 생각하고 깨닫는 것이 있는 수업, 바로 그것이 하브루타 수업이다.

아무리 어린 학생이라도 인격자이기에 누구나 스스로 자신의 의미 세계를 구성해 간다. 지식은 그 의미 세계를 구성하는 한 가지 요소일 뿐이다. 학습자는 자기의 기존 지식과 경험을 토대로 해서 새로운 지식을 받아들이고 자신의 의미 세계를 계속해서 스스로 구성해 간다. 이것이 학습의 실체이다.

과연 학생들은 역사를 무엇이라고 생각할까? 수업을 준비하는 사전 설문에서 '역사란 무엇인가?'라는 질문을 했다. 5학년 학생들의 생각은 다음과 같았다.

- 역사는 기본이다.
- 우리나라의 옛 이야기인데 많은 사람에게 영향을 미치는 것이다.
- 우리가 지키고 보존해야 하는 것이다.
- 생명이다. 왜냐하면 역사가 없으면 우리도 없기 때문이다.
- 역사는 삶의 시작이다
- 역사란 영원히 간직하여야 하는 것이다
- 우리나라가 예전에는 어떻게 살았는지 살펴보는 것이다.
- 역사란 우리나라가 대표하는 것이다.
- 역사는 과거와 현재를 이어 주는 끈이다.
- 역사는 우리가 행동한 모든 것이고, 기록되는 것이다.
- 옛날이야기를 배우는 것이다.
- 우리 선조들의 지혜와 이 나라가 세워지기 전까지의 과정이다.
- 우리 민족들의 풍습과 생활이다.
- 우리가 꼭 알아야 할 중요한 과거라고 생각한다.
- 기록되어 있는 과거이다.

학생들은 역사가 무엇이라는 교과서적이고 틀에 박힌 정답을 말하지 않았다. 학생들에게는 각자의 생각이 있다. 그런 생각 속에서 계속해서 자신의 생각을 구성해 간다. 그런데 역사가 무엇이라고 정답을 외워야 하겠는가?

그러므로 부모나 교사는 학습의 시작에서부터 어떤 내용을 억지로 주입시키려고 하기보다 학습자가 스스로 자신의 의미 세계를 구성해 갈 수 있도록 지혜롭게 학습 환경을 조성해 주고 학습자가 스스로 생각하도록 학습의 과정을 밟아 가게 해 주어야 한다. 이어서 학생끼리 끊임없이 대화하고 토론하고 논쟁하면서 자신의 생각을 펼쳐 나가도록 격려해 주어야 한다.

02
질문으로 준비하는 하브루타 사회 수업

질문이 있는 교실에서는 학생들의 질문이 수업의 중심이 되므로 수업 방식과 내용이 기존의 것과 다르다. 수업에서 교사의 활동보다는 학생들이 어떤 질문을 하고, 그것을 해결해 가는 활동을 통해 내적으로 어떤 의미 세계를 구성해 가는지를 중심으로 수업을 생각한다. 이제 비로소 교육 본연의 주체인 학생 중심의 수업이 이루어지게 된 것이다.

이것이 어떻게 가능하겠는가? 겉으로 드러나는 것들을 넘어서서 학생의 내면 세계가 구성되는 것을 보는 것이 가능한가? 학생들이 주체가 되는 학습에서 교사가 그 과정을 활발하게 만들어 주는 촉진자의 역할을 하기 위해서는 어떤 것이 필요할까?

교사들은 수업을 할 때 먼저 수업설계를 하고 그것이 그대로 실현되는지를 평가한다. 그 방법으로 체크리스트를 활용하여 수업을 관찰한다. '교육과정의 이해 및 교수·학습 방법 개선 노력, 학습자 특성 및 교과내용 분석, 교수·학습 전략 수립, 수업의 도입, 교사의 발문, 교사의 태도, 교사·학생 상호 작용, 학습 자료의 활용, 수업의 진행, 학습 정리, 평가 내용 및 방법, 평가 결과의 활용' 등 많은 요소를 평정 항목으로 잡고, 수업 준비부터 과정 전체를 양적으로 관찰한다.

이렇게 수업을 준비하고 관찰해 보면 자신의 수업이 특정한 방향으로 한정되거나 획일화되고, 정형화된 수업이 되는 경향이 있음을 알 수 있다. 이런 상황이 되면 수업에서 학생의 학습 경험에 대한 이해를 소홀히 하게 된다. 최근에 활발히 모색되는 협력학습의 수업방법이나 수업 코칭, 질적 실행 연구에서는 이런 한계를 극복하려는 노력을 하고 있다.

특히 학생 내면의 세계에서 어떤 일이 벌어지는지를 보는 질적 관찰에서는 코페르니쿠스적인 전환이 일어나고 있다. 즉 수업에서 교사가 어떤 일을 하는가보다 수업을 통해 학생에게서 어떤 일이 이루어지고 있는가를 중심으로 수업을 준비하고 실행하는 작업을 한다.

학생 내면의 의미 세계가 어떻게 구성되고 변화하는지를 보아야 수업의 목적을 제대로 실현할 수 있다. 교사는 수업을 통해 학생에게서 배움이 일어나도록 준비하고 실행해 가야 한다. 어떤 수업에서도 마찬가지이지만 특별히 하브루타 수업에서 이런 면을 세밀하게 살필 수 있어야 의미 있는 교육 실천이 될 수 있다. 하브루타는 지극히 실천적인 교육이므로 이렇게 질적인 면으로 수업을 보게 될 때 더욱더 풍성한 열매들을 맺을 수 있다.

하브루타 수업의 목표가 학생에게서 배움이 일어나는 것이라고 해서 가르치는 교사가 덜 중요하지는 않다. 교사 자신이 하브루타식으로 생각하지 않고서는 수업의 중심인 학생들을 하브루타로 제대로 이끌 수 없기 때문이다.

수업을 생각하면서 교사가 제일 먼저 할 일은 수업과 관련해서 스스로 질문을 던지며 혼자서라도 하브루타를 하는 것이다. 그것을 자연스럽게 몸에 익히는 방법으로 교사가 자신의 하브루타 질문 공책을 만들어 나가는 것을 제안한다.

물론 질문에 대해서 꼭 답을 해야 하는 것은 아니다. 오히려 질문 자체에 의미를 두고 하다 보면 어떤 주제라도 항상 호기심을 가지고 접근하게 된다.

예를 들어 보자. 5학년 2학기 사회 수업을 준비하면서 교사가 먼저 스스로 이런 질문을 해 본다. '5학년 2학기 지도서를 중심으로 파악해야 할 것이 무엇인가?'

단군 이야기를 생각해 보자. 단군 신화는 당시 청동기 시대의 지배 계급에 대한 이야기인데, 우리 민족 전체의 이야기라고 볼 수 있는가? 그때 민족의 개념이라는 것이 있었나? 누가 이것을 우리의 것으로 만들었나? 왜 그렇게 하는 것인가? 너무 기초적이고 초보적인 질문일지 모르나 사실 여기에 많은 질문의 단초가 숨어 있다. 그래서 지금 단군을 우리의 시조로 생각하는 게 과연 타당한 것인가? 어떤 점에서 우리에게 도움이 되고, 어떤 점에서 오히려 해가 될까? 다문화 사회로 진입한 21세기 대한민국은 벌써 단일민족이라는 것에 대한 생각에서 달리해야 할 것이라고 주장하고 있지 않나?

고려를 세운 왕건의 이야기도 당시 지배자의 이야기이다. 이런 것이 역사로서 읽히고 학습되어야 하는데 과연 어떤 관점에서 접근해야 할 것인가? 교사가 가져야 할 관점은 무엇인가? 교사는 그냥 교육과정의 복사본이 되어야 하나? 교사가 자신의 창의적인 생각을 가질 수는 없나? 교육과정은 어떤 관점에서 기술되고 있는가? 교사가 지도서에 나와 있는 것들을 맹목적으로 말하기보다는 좀 더 현실적이고 실재적인 관점을 가진 교육실천 전문가가 되어야 하지 않나?

질문이 꼬리를 물고 생겨난다. 이렇게 하다 보면 여러 가지 생각할 점이 많다. 지도서가 제시하는 것만 해도 적지 않은 내용이다. 하지만 교사 자신의 질문을 중심으로 그런 것들을 정리하면서 자신의 관점이 있는 역사 이야기를 할 수 있어야 하지 않겠는가?

이어서 계속 질문을 해 본다.

지금 배우려는 것은 대한민국의 역사이다. 그런데 대한민국 시민으로서 개인은 대한민국의 역사 속에 포함된다. 이것을 어떤 식으로 이해해야 할까? 나는 대한민국의 시민이다. 조선의 백성이나 대한제국의 신민이 아니다. 대한민국은 국민이 주인인 민주주의 국가이다. 이 대한민국의 주인으로서 주권을 내가 가지고 있다. 그런데 내가 이 나라의 주인이라고 과연 말할 수 있는가? 고조선 시대와 왕조 시대의 "왕이 나라의 주인이다."는 말과 다른 점은 무엇인가? 민본정치를 이야기하지만 과연 그 정체가 무엇이었나? 정말로 백성을 위한 정치였나? 대한민국의 시민으로서 우리나라 역사인 고조선이나 삼국 시대나 고려나 조선, 대한제국의 역사를 배우면서 어떤 관점을 가지고 접근해야 할 것인가? 아직도 조선의 백성으로서 조선을 회복하는 그런 심정으로 역사를 배워야 하는가?

이렇게 교사 자신이 공부할 내용에 대해서 스스로 하브루타를 하면서 준비를 하다 보면 교사는 이 분야에서 전문적인 식견을 가지고 자기 관점을 말할 수 있는 교육연구자요 교육실천자가 된다.

그러나 이런 식으로 준비하는 일은 짧은 순간에 만족할 만한 수준에 도달하기가 어렵다. 그럼 어떻게 해야 하는가? 비록 오늘 준비가 조금 덜 되었다 해도 거기서부터 계속해 가면 된다. 한 걸음이라도 나아갈 수 있다면 교사 자신이 보람을 느끼게 된다.

교직 생활을 통해서 꾸준히 지속적이고도 깊이 있게 하브루타를 해 간다면 전문가가 되지 않을 수 없다. 하브루타를 중단하지만 않는다면 교사 자신이 점점 더 전문가로 성장하면서 학습에서 의미 있게 학생들과 함께 하브루타를 실천하면서 성장하는 기쁨을 맛보게 될 것이다.

03
교과서를 열어 주는
하브루타 기술

마침표를 물음표로 바꾸기

우리나라 학생들에게 교과서란 거의 절대적으로 외워야 할 대상이다. 왜 그런가? 교과서의 내용을 암기해서 시험을 잘 보아야 하기 때문이다. 그러나 일단 시험을 보고 나면 잊어 버려도 상관없다. 요즈음은 초등학교에서 자원 재활용 차원으로 학기 말이 되면 폐지 수집업자가 직접 와서 교과서를 수거해 가는 일까지 한다. 이렇게 교과서는 학기 말에는 폐기처분 대상이 되고 만다.

그러나 교과서의 내용을 잘 살펴보자. 그것이 과연 절대적으로 암기해야 할 내용인가? 마침표로 이루어진 문장들이 과연 그렇게 폐기 처분되어도 되는가? 마침표를 물음표로 바꾸어서 교과서의 문장들을 읽어 보면 어떻게 될까?

교과서의 마침표를 물음표로 바꾸면, 교과서의 내용은 외워야 할 지겹고 괴로운 대상이 아니라 궁금증을 유발하는 실마리로 탈바꿈하게 된다. 이렇게 궁금증을 가지고 교과서의 내용을 읽게 되면, 재미가 있고, 공부를 하면 할수록 더 하고 싶고, 학생의 생각이 스스로 살아서 꿈틀거리게 된다.

5-2 사회 교과서 56~57쪽의 내용을 하브루타로 생각해 보자. 다음 내용에서 색 글씨는 교과서의 본문이고 그 다음에 이어지는 글은 마침표로 끝난 교과서 본문에 대해 떠오르는 의문을 표현한 것이다. 즉 마침표를 물음표로 바꾸어 읽은 것이다.

■ 신라와 당의 연합군은 먼저 백제를 공격하였다.

왜 신라와 당의 연합군이 먼저 백제를 공격하였나? 고구려가 가로막고 있는데 어떻게 백제를 먼저 공격할 수 있었나? 신라는 자신이 막강한 상태에서가 아니라 백제의 공격에 자기를 지키기 위해서 처음에는 고구려에게 도움을 요청하려고 김춘추를 고구려에 보냈고, 고구려가 거절하자, 당나라에 가서 도움을 요청하였다. 그런데 어떤 과정을 거쳐서 신라와 당이 연합군을 만들었고, 누구의 생각으로 먼저 백제를 공격하게 되었나?

■당시 백제는 정치가 혼란하여 신라와 당의 연합군을 막을 준비가 되어 있지 않았다.

당시 백제는 어느 정도로 정치가 혼란하였나? 왜 정치가 혼란스럽게 되었나? 신라와 당의 연합군이 백제를 공격하려는 것을 백제는 알고 있었나? 알면서도 준비를 하지 못한 것인가? 어느 정도로 준비가 안 되었지? 왜 그랬을까? 정치가 혼란스러웠다는 것이 무슨 말이지?

■백제의 계백은 군사 5천여 명으로 신라의 김유신이 이끄는 군사 5만여 명과 전투를 벌였다.

백제에서 계백은 어떤 사람이었을까? 왜 이름이 계백이지? 성이 '계'씨인가? 어떻게 5천의 군사로 10배가 넘는 신라군과 대결하려는 생각을 했을까? 신라의 김유신은 어떻게 5만이나 되는 군사를 동원할 수 있었나? 김유신은 어떤 사람이었나? 이렇게 많은 군사는 어떻게 조직되고 훈련되었나? 당시의 인구는 몇 명이나 되었기에 이렇게 많은 사람으로 이루어진 군대를 신라가 가지고 있었나?

■신라는 백제의 강한 저항 때문에 처음에는 어려움을 겪었으나, 화랑들의 활약 등에 힘입어 승리하였다.

아무리 백제가 강하게 저항을 했다고 해도 10:1의 우세 속에서 어려움을 겪었다니 신라 장수는 제대로 군사전술을 사용하였는가? 그때 신라 장수는 누구였나? 어떤 어려움을 겪었나? 화랑들은 어떤 사람들이지? 화랑 중에 구체적으로 누가 어떤 활약을 하였기에 승리하였나?

■백제는 신라와 당의 연합군에게 도읍인 사비(부여)를 빼앗기고 멸망하였다.(백제 멸망, 660년)

도읍을 빼앗기면 나라가 망하는 것인가? 사비에서는 어떤 일이 벌어진 것인가? 660년에 백제가 멸망했다고 하는데 과연 그런가? 멸망한 것이 아니라 멸망당한 것이 아닌가? 신라가 외세를 끌어들여서 자기를 괴롭히던 백제를 멸망시켰어. 인터넷으로 최근의 공주성 발굴 사료를 보면, 백제 마지막 의자왕의 최후에 대해서 새로운 사실을 알게 된다고 이야기하고 있어. 의자왕의 삼천궁녀 이야기는 패자이기에 붙은 불명예라고 해. 문화재청이 2015년 공개한 공산성의 발굴 유물에 의하면 '의자왕의 최후는 항복이 아닌 항전'이었음을 밝혀 준다고 해. 이게 뭐야, 역사는 이긴 자의 기록이라고? 백제도 신라도 고구려도 우리나라의 역사라면 진정 누가 승자이고 누가 패자일까?

생각하면 할수록 교과서는 간단하지 않다. 그냥 닥치는 대로 암기하여 시험 문제에 맞추어 교과서에서 기술된 정답을 끄집어내고 시험만 잘 보면 되는 게 아니다. 마침표가 학생들의 생각에서 끊임없이 물음표로 바뀌어 생각이 깊어지고 학습에 대한 호기심이 계속 일어나야 한다. 마침표로 종결된 교과서의 내용들을 다시 물음표로 바꾸어서 질문을 던질 수 있어야 한다. 그리하여 이어지는 질문에 대한 해답을 교사와 학생 모두 스스로 찾아 가고, 함께 토의하는 과정에서 생각의 끈을 이어가기를 멈추지 말아야 한다. 이렇게 해 보니 역사는 과거와 현재의 끊임없는 대화이다. 오늘날 백제의 의미는 과연 무엇인가?

소리 내어 생각하기로 교과서 읽기

교과서의 마침표를 물음표로 바꾸는 한 가지 방법이 있다. 교과서를 소리 내어 읽으면서 생각하기를 하면 된다. '소리 내어 생각하기'(Think Aloud: 이하 TA로 표시)의 방법은 '독자가 텍스트를 읽는 동안 자기 생각을 소리 내어 말로 표현함으로써, 텍스트 이해를 위해 자신이 활용하는 전략을 공개하는 기법'을 말한다.

예를 들면 다음과 같다. 아래 교과서의 내용을 다음과 같이 소리 내어 읽어 가면서 잘 이해되지 않거나 궁금한 점들, 또 서로 연결해서 생각해야 할 것 등을 소리를 내어 스스로 말한다. 실제로 이 부분을 함께 읽으면서 '소리 내어 생각하기'를 체험해 보기 바란다. 먼저 혼자서 해 보고, 이어서 하브루타로 짝과 역할을 나누어서 한 명이 교과서 본문을 읽으면 짝이 본문의 한 문장마다 질문을 1개씩 던지고 서로 대화를 해 본다. 잘 모르면 질문만 던지고 그냥 넘어가도 된다.

백제와 고구려가 멸망한 후, 당은 한반도 전체를 지배하려고 하였다. 신라는 백제, 고구려의 유민들과 함께 당을 몰아내기 위한 전쟁을 벌였다. 당은 대규모 군대를 파견하여 공격하였으나, 신라는 끈질기게 당에 맞서 싸워 승리를 거두었다. 마침내 신라 문무왕은 당의 군대를 몰아내고 삼국 통일을 이룩하였다.(삼국 통일, 676년)

-5-2 사회 교과서 55쪽

■백제와 고구려가 멸망한 후,

(앞의 내용을 다시 한 번 생각하면서) 백제는 660년에 멸망당했고, 고구려는 백제가 멸망당한 후 8년이 지난 다음인 668년에 멸망했지.

■당은 한반도 전체를 지배하려고 하였다.

그때 한반도라는 말이 있었나? 한반도 전체를 지배한다는 것이 무슨 말이지, 그냥 자기 영토로 만들려고 했던 것인가? 아니면 속국으로 지배하려고 한 것인가? 벌써 한강 이북 고구려 땅을 자기들이 다 차지한 게 아닌가? (학습자가 기존에 알고 있는 지식을 사용해서 이 내용들을 스스로 설명할 수 있다. 모르면 질문으로 생각의 끈을 이어가게 된다.)

■신라는 백제, 고구려의 유민들과 함께 당을 몰아내기 위한 전쟁을 벌였다. 당은 대규모 군대를 파견하여 공격하였으나, 신라는 끈질기게 당에 맞서 싸워 승리를 거두었다. 마침내 신라 문무왕은 당의 군대를 몰아내고 삼국 통일을 이룩하였다. (삼국 통일, 676년)

신라가 백제, 고구려의 유민들을 어떻게 파악할 수 있었을까? 당을 몰아낸다니? 당이 한반도 어디까지 군대를 파견하고 점령을 하고 있었나? 당이 대규모 군대를 파견하였다면 어느 정도의 규모인지, 신라는 어떻게 끈질지게 당과 맞서 승리를 거두었나? 이때도 화랑이 활약을 했나? 왜 문무왕이라고 하나? 당의 군대를 몰아냈다고 하는데 어디까지 몰아낸 걸까? 삼국을 통일한 것이 고구려가 멸망한 다음에 바로 되었어야 했는데 676년이 되어서야, 즉 고구려가 멸망한 뒤 8년이나 지나서 통일이 되었다고? 그런데 과연 삼국을 통일한 것인가? 고구려의 만주 지역 땅은 어떻게 되는 거지? 발해는 뭐야? 오늘날 남한과 북한이 통일한다고 할 때 무력으로 하거나 외세를 받아들여서 어느 한쪽이 다른 쪽을 멸망시키면 이런 상황이 되풀이되지 않을까? 우리가 북한을 무력으로 통일한다면 중국이 가만히 있을 리가 없겠지? 통일이 문제가 아니라 통일 후가 더 문제야. 통일에 대해 신중하게 생각해야 해. 어떻게 해야 남북한이 제대로 통일을 할 수 있을까?

다른 과목도 그렇지만 사회과의 경우는 전반적으로 학년 수준에 비해서 교과 내용이 쉽지 않다. 다루어야 할 내용도 무척 많다. 거기에다 마침표를 물음표로 바꾸어서 위와 같은 식으로 공부를 한다면 어느 세월에 교육과정에 제시된 개념과 내용들을 훑어보기라도 할 수 있겠나? 점점 더 어려워진다. 사회과 학습에서 하브루타는 도저히 불가능하다고 손을 떼야 할지도 모르겠다.

그러나 하브루타는 "많은 내용을 다루려고 하기보다는 한 가지 내용이라도 깊이 있게 하는 것이 좋다."는 원칙이 있다. 그러니 교육과정이 진짜로 요구하는 것, 즉 성취기준을 중심으로 하브루타를 하면 된다. 사실 교과서 내용은 너무 간략하게 요약되어 있어서 제대로 그 내용을 이해하려면 몇 권의 참고서가 필요하다. 그런 것을 학생들에게 모두 스토리텔링으로 전달하려는 교사들도 있으나 사실 쉬운 일이 아니다. 물론 부분적으로 그런 활동을 충분히 하면서 학생들의 호기심에 불을 붙인다면 결국 학생들이 스스로 탐구하고 학습하게 될 것이다.

아무리 많은 내용을 전달하더라도 결국 학습자가 자기 것으로 구성한 만큼만 자기 것이 된다. 그렇다면 어떻게 자기 것으로 구성할 수 있는가? 그냥 쑤셔 넣으면 되나? 아니다. 일방적으로는 결코 주입되지 않는다.

학습자가 자기 스스로 생각을 해야 한다. 그러려면 느린 것 같아도 학습자한테서 출발해야 한다. 학습자가 가지고 있는 기존의 경험과 지식 등을 기반으로 학습자가 자기 생각을 가지고 출발하고 계속해서 생각을 구성해 가도록 도와주어야 한다. 적어도 초등학교에서는 학생들이 많은 내용을 머릿속에 암기하기보다는 그런 식으로 스스로 질문하고 생각하고 또 그런 생각을 혼자서만 하는 것이 아니라 서로 나누면서 함께 나아가는 학습 습관을 가지도록 지도해야 한다.

어떻게 그렇게 할 수 있나? 교사가 큰 욕심을 버리고 학생들이 작은 것부터 차근차근 스스로 생각하게 해야 한다. 스스로 생각하게 하기 위해서는 질문이 중요하다. 먼저 작은 것이라도 스스로 궁금증을 가지고 질문하게 해야 한다. 그러니 학생이 교과서 본문을 읽으면서 마침표를 바꾸어 스스로 질문을 던지게 하자.

질문 만들면서 자발적으로 학습하기

질문을 만들면서 학습을 하면 무엇이 좋나?

우선 자발적인 궁금증이 생긴다. 자연스럽게 궁금한 걸 알아보고 싶어진다. 그렇게 되면 자율적으로 학습하는 시간에 인터넷 검색을 하더라도 헛되이 시간을 쓰지 않게 된다. 자기가 궁금해서 알고 싶은 것을 검색하게 된다. 자기주도적이 된다. 정말 궁금하니까 빨리 찾아서 알아보고 싶어 한다.

예를 들어, 청해진에 대해서 궁금증을 가지게 되었다. 그러면 당장 '청해진이 무슨 뜻이지? 왜 청해진이라고 이름을 지었지? 청해진이 어디야? 왜 그곳에 청해진을 지은 거야? 청해진에는 어떤 사람들이 있었고, 무슨 일을 했을까? 거기서 무슨 일이 벌어졌나? 그런데 어떻게 청해진이 사라졌지? 오늘 우리는 어떻게 그때의 일을 알 수 있나? 청해진은 오늘 우리에게 어떤 교훈을 주나?'

질문에 질문이 꼬리를 물고 생긴다. 이처럼 질문을 만들면서 학습을 하면 호기심 넘치는 질문 여행이 계속 이어지게 된다.

04
하브루타
사회 수업의 과정

학생들의 생각에서 시작

하브루타 수업은 수업을 준비할 때, 학생의 형편을 살피면서 그들의 생각에서부터 시작하기 위해서 수업 전 설문조사를 한다. 보통은 공개수업을 준비할 때 많이 하는데, 평상시 수업을 준비할 때도 수업의 내용과 관련된 중요한 개념을 중심으로 학생들의 생각을 알아보는 것이 좋다.

이미 주어진 개념의 정의로 수업 내용을 짜내는 것이 아니라 학생들의 생각으로부터 시작하여 개념을 정리해 나가면 생생한 학습이 되어 학생의 생각 속에서 살아 숨 쉬는 확산적 개념이 된다. 이것을 개인에게서 그치지 않고 하브루타를 통해 친구들과 함께 나누면 정해진 정답으로서의 개념이 아니라 다양한 생각을 펼칠 수 있는 해답으로서의 자기 생각이 구성되게 된다.

교사의 내용 연구

수업 내용이 중요하다. 그러나 내용보다 더 중요한 것은 학습자인 학생이다. 이제는 학생들이 학습의 주체로서 학습 내용을 손수 자기 생각으로 다룰 수 있어야 한다. 사고력, 창의력, 문제해결력 등은 학생들이 스스로 생각하는 것으로만 길러질 수 있다. 그래서 실제 수업에서 학생 중심, 질문 중심의 수업을 이끌어 내는 방향으로 최대한 간략하면서도 핵심적인 내용을 정리하고 전개해 가야 한다.

예를 들어, 사회과 5학년 2학기 2단원 '세계와 활발하게 교류한 고려'를 다루어 보자. 관련 5~6차시와 관련되는 성취기준은 '역6023. 고려 시기 주변 국가와 교역 및 문화 교류가 이루어졌음을 사례를 통해 설명할 수 있다.'이다.

여기서 다루어야 할 중심 내용은 '고려 시기의 주변 국가는 어디인가? 그런 국가들과 어떻게 활발한 교역 및 문화 교류가 이루어졌는가? 그런 것들을 어떤 사례를 통해 설명할 수 있겠는가?'이다. 이런 내용들에 대해서 학생들이 자료를 보고 파악할 뿐 아니라 스스로 내용을 구성하여 말하며 궁금증을 가지고 자기의 질문을 던질 수 있어야 한다.

이런 내용으로 2단원 5~6차시 학습 내용을 구성하기 위해서 "고려는 여러 차례 외침을 극복하면서 주변 나라와 교류하였다."는 하나의 문장을 만들었고, 이 문장과 관련해서 질문하고 싶은 것을 적어서 학생들이 궁금해 하는 부분을 파악하기로 하였다. 이렇게 질문 문장을 구성한 이유는 다음과 같다.

고려 시기의 외적의 침략(외침)은 교육과정에서 7~8차시에 다루도록 구성되어 있다. 그런데 '주변 나라와의 교류'와 '외적의 침략'은 전체적으로 관련이 있는 내용이다. 주변 나라와의 관계는 문화적 교역뿐 아니라 외교적, 군사적 관계도 전체적으로 알고서 이해해야 할 부분이다. 그런데 재미있는 것은 성취기준으로 볼 때는 외적의 침략과 극복 과정이 먼저 나온다.(역6022. 고려 시기 외적의 침략과 이를 극복해 가는 과정을 조사하여 발표할 수 있다.) 이렇게 교과서에서는 내용 전개의 순서가 바뀌었다.

아마도 교육과정을 구성하고 집필할 때 군사적으로 서로 적대적으로 싸우는 것보다는 국제적으로 서로 교류하는 것을 먼저 내세우는 것이 좋다고 생각했을 것이다. 하여튼 국제 관계에서 이 두 가지 요소는 동전의 양면과 같다. 수업자는 이런 것을 생각하고 하나의 문장으로 정리하여 학생들에게 질문을 던졌다.

사전 설문 조사

수업자의 의도를 따라서 수업 전에 간략하게 조사를 한다. 이런 조사는 수업 전에 할 수도 있고 시간 여유를 가지고 수업시간 중에 질문 중심의 하브루타 수업을 하면서 수업과정에 활용할 수도 있다.

주어진 문장은 하나이지만 학생들의 궁금증은 폭이 꽤 넓었다. 한 학생이 보통 4~5가지 정도의 질문을 제기하였고, 30명이 넘는 학생들의 다양한 질문을 비슷한 내용끼리 분류하여 질문 1, 2, 3… 식으로 정리했다. 질문 내용은 문장에 나오는 어려운 단어의 뜻부터 메타 질문까지 다양했다. 이렇게 유목화하면 학생들의 궁금증의 넓이와 깊이를 알 수 있어 좋다. 그 내용을 정리하면 다음과 같다.

문장	고려는 여러 차례 외침을 극복하면서 주변 나라와 교류하였다.
질문 1	외침은? 주변 나라는? 교류는?
질문 2	고려는 언제 만들어졌을까? 누가 세웠는가?
	고려는 어떻게 살던 나라인가?
	고려는 어느 나라를 이은 나라인가?
	고려와 고구려는 친구인가? 고려는 어느 나라 이름을 따서 만들었을까? 고려라는 이름이 어떻게 만들어졌나?
	고려는 왜 고려일까?
질문 3	(주로) 어떤 나라가 침략을 하였을까?
	고려는 언제, 어떻게 외침을 극복했을까?
	어떤 나라가 가장 큰 영향을 준 외침을 했을까?
	외침을 극복할 수 있는 방안은 무엇이었나?
	외침을 극복한 왕은 누구인가?
	고려가 외침을 극복했을 때 맞서 싸운 장군은 누구인가?

	고려는 여러 차례 외침을 당했는데 복수를 했을까?
	일본과는 어떤 관계였나?
	위기를 해결한 사람들은 누구인가?
	고려는 어떻게 위기 상황을 극복했나?
질문 4	주변 나라랑 왜 교류했을까? 왜 교류할 생각을 했나?
	어떤 나라와 교류했을까? 어떤 나라와 가장 많이 교류하였을까?
	주변 나라와 교류를 해 얻은 것은 무엇이 있는가?
	교류를 할 때 수출품과 수입품은 무엇인가?
	교류한 것 중에 김치도 있었을까?
	왜와도 교류하였나?
	고려는 교류한 나라와 전쟁을 한 적이 있는가?
질문 5	고려의 유물은 무엇이 있는가?
메타	만약에 극복을 했으면 나라가 어려울 텐데 어떻게 다른 나라들과 교류를 했을까?
	고려는 여러 차례 외침을 극복하면서까지 교류하였나?
	외침을 받은 곳과도 교류를 했나?
	극복을 했으면 나라가 더 강해졌나?

한편, 한 학생이 연속해서 물어보는 내용을 주목해 보아도 상당히 의미가 있다. 한 학생은 다음과 같이 5개의 질문을 하였다.

-고려는 왜 여러 차례 외침을 극복해야 했을까?

-그 후에는 어떻게 되었을까?

-어떤 나라와 교류를 했을까?

-고려는 왜 주변 나라와 교류했을까?

-무엇을 교류했을까?

-고려는 어떤 나라였을까?

질문이 서로 연결되면서 사고가 확장되고 심화되어 간다. 놀랍지 않은가? 이 질문들 중에서 '고려는 어떤 나라였을까?'라는 것이 의미가 깊다는 생각이 들었다. 이 질문이 다른 질문의 앞에 나온다면, 고려에 대해서 잘 몰라서 묻는 질문이 될 것이다. 그런데 이 질문이 맨 나중에 나온다면, 고려에 대해서 학습한 후에 '고려는 어떤 나라였을까?'를 확산적으로 생각하는 질문이 된다. 만약에 이 학생에게 맞추어서 교과서를 재구성한다면 어떻게 할 수 있을까? 한 학생의 질문을 통해서도 많은 것을 생각하게된다.

이미 짜인 교육과정은 사회교육과 관련 전문가들이 고도의 정신작용으로 교사들의 교육활동을 위해 준비한 것이다. 그런 내용을 학생들이어느 만큼이나 이해하고 따라갈 수 있을지 모르겠다. 물론 그런 식의 전체적인 얼개는 필요하고 중요하다. 그렇지만 그보다 더 중요한 것은, 수업은 학생 중심이 되어야 하고, 그것도 구체적으로 학생의 의미 세계를 중심으로 준비되고 수업을 통해 아이들의 마음으로 구성될 수 있는 것이어야 한다는 것이다.

이런 것을 생각할 때 '아이 눈으로 수업 보기'와 '아이 눈으로 수업하기'라는 질적 교육실행 연구를 주목할 필요가 있다. 하브루타와 질적인 교육 방법은 함께 갈 필요가 있다. 학생이 스스로 자신의 질문에서 시작해서 짝과 함께 대화하고 토론하고 논쟁하면서 자신의 의미 세계를 구축해 가는 것이 하브루타이다. 그러므로 학생들에게서 질적으로 어떤 의미 있는 변화가 일어나는지를 살펴보는 질적인 실행 연구와 상보작용을 할 수 있게 될 것이다.

교과서 단원 지도 계획

본시 수업을 위해서 학생의 생각에서부터 시작하여 질문을 통해 학생들의 궁금증을 확인해 보았다. 이제 구체적으로 수업 계획에 들어가서 2단원의 차시별 주요 내용을 간략하게 다음과 같이 정리하였다. 물론 이것은 교사용 지도서에 나오는 내용들이다. 이런 사전 준비는 전체적인 학습의 얼개를 구성하는 데 큰 도움이 된다. 지도서 등의 자료를 주체적으로 잘 사용하는 습관을 들이면서 교사의 수업 역량을 계속 키워 가야 한다.

5~6차시는 고려와 주변 나라들의 관계를 알아보도록 되어 있다. 그 중에서 한 차시에 할 내용을 선택하였다.

2단원 차시별 주요 내용 파악

주제	차시	학습 내용	교과서(쪽)
후삼국 통일	1	단원 학습 내용 예상하기	76~79
	2~3	후삼국의 성립 과정과 고려의 후삼국 통일 과정 알아보기	80~85
	4	다양한 자료를 통해 고려의 후삼국 통일의 의의 이해하기	86~89
세계 속의 고려	5(본시) 6	고려와 주변 나라들의 관계 알아보기	90~95
북방민족의 침입과 극복	7	거란의 침입·여진의 위협과 극복 과정 조사하기	96~99
	8	몽골의 침략과 고려의 저항 조사하기	100~103
고려 문화의 발전	9~10	불교문화 속 고려 사람들의 생활 모습 알아보기	104~109
	11	문화재를 통해 고려 문화의 우수성 찾아보기	110~114
	12	과학 기술의 발전에 따른 변화된 생활 모습 알아보기	115~117
	13	단원 학습 내용 정리하기	118~121

5~6차시에 교과서에서 주요하게 다루는 내용은 '고려와 송의 관계 알아보기, 거란과 여진의 발전 모습 알아보기, 고려 무역의 중심지 알아보기, 고려의 무역 관계 조사하기(송, 거란, 여진, 일본, 아라비아 상인)'이고, 마지막에 '국제 도시 개경은 어떤 곳이었을까?'가 이야깃거리로 실려 있다.

5차시 하브루타에서는 이 내용들 중에서 먼저 학습목표를 한 차시의 내용으로 잡았다. 원래 지도서에는 '고려와 주변 나라들의 관계를 알 수 있다.(5~6차시)'가 학습목표이다. 그것을 '지도와 기타 자료들을 이용하여 고려와 주변 나라들과의 활발한 교역에 대해서 이야기할 수 있다.(5차시)'로 구체화시켰다. 교과서의 지도와 기타 자료를 이용하여 하브루타 학습을 전개하려고 하기 때문에 이런 식으로 본시 내용을 재구성하였다. 이 내용을 표로 정리하면 다음과 같다.

본시 재구성 계획

영역	국가 수준의 내용	재구성한 내용
성취 기준	역6023. 고려 시기 주변 국가와 활발한 교역 및 문화 교류가 이루어졌음을 사례를 통해 설명할 수 있다.	
학습 목표	고려와 주변 나라들의 관계를 알 수 있다.(5~6차시)	지도와 기타 자료들을 이용하여 고려와 주변 나라들과의 활발한 교역에 대해서 이야기할 수 있다.(5차시)
학습 활동	-고려와 송의 관계 알아보기 -거란과 여진의 발전 모습 알아보기 -고려 무역의 중심지 알아보기 -고려의 무역 관계 조사하기 (송, 거란, 여진, 일본, 아라비아 상인) '국제 도시 개경은 어떤 곳이었을까?' (5~6차시)	▶90쪽 지도를 이용하여 주변 나라들과의 관계 이야기하기 ▶92쪽 지도를 이용하여 주변 나라와의 교역에 대해 이야기하기 ▶고려의 활발한 교역 및 문화 교류에 대한 자료들을 살펴보고 궁금한 점 질문 만들어 나누기

참고할 지도 및 기타 자료

본 차시 하브루타에서는 교과서에 제시된 '고려의 무역 활동'(교과서 92쪽) 지도는 물론이고 기타 자료를 사용하게 된다. 이럴 때 학생 중심의 학습이 활발하게 이루어지리라는 생각이 들었다. 그래서 이 자료를 이용해서 하브루타하는 방법을 구안하였다.

각 단계에서 사용되는 자료들은 수업 단계를 소개할 때 예시 자료로 사용하였다.

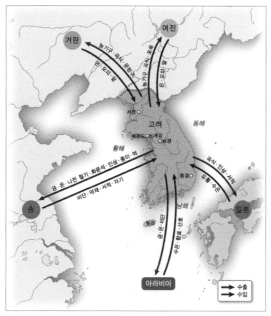

고려의 무역 활동

05
하브루타 기본 모형을
적용한 사회 수업

수업을 전개하는 방식에는 다양한 수업 모형이 있다. 보통은 '도입-전개-정리'의 3단계를 사용한다. 하브루타 수업은 3단계에 2단계를 더해서 5단계로 수업을 전개한다. 다음은 하브루타 수업의 기본 모형이다.

- 도입(동기) 하브루타 : 여러 가지 게임이나 놀이로 학생들의 뇌 깨우기
- 내용(사실) 하브루타 : 텍스트를 읽고 사실적 내용 이해하기
- 심화(상상) 하브루타 : 상상을 자극하는 질문을 통해 마음껏 상상하기
- 적용(실천) 하브루타 : 실생활에서 실천하고 적용하기
- 메타(종합) 하브루타 : 종합하고 정리하거나 선생님이 되어 정리해 가르치기, 또는 사고 확장하기

하브루타 수업의 기본 모형

도입 하브루타는 학생들의 생각을 일깨우는 과정으로, 동기 하브루타라고도 한다. 재미있는 놀이나 게임, 이야기 등을 통해 뇌에 자극을 주고 학습의 워밍업을 하는 단계이다. 학습을 위해 학생들의 생각을 깨우고 불러일으키는 도입 부분이 대단히 중요하다.

내용 하브루타는 수업할 내용의 텍스트를 읽고 사실적 내용을 이해하는 과정으로, 사실 하브루타라고도 한다. 본문의 내용을 충실하게 제대로 이해하는 과정으로 정답이 있는 질문들이 주로 이루어진다.

심화 하브루타는 상상을 자극하는 질문을 통해 학생들이 마음껏 상상하는 과정으로, 상상 하브루타라고도 한다.

적용 하브루타는 본문의 내용과 관련된 것들을 직접 실생활에서 실천하고 적용하는 것으로, 실천 하브루타라고도 한다.

메타 하브루타는 지금까지 나눈 것을 바탕으로 종합하고 정리하는 것으로, 종합 하브루타라고도 한다. 학생들이 서로 선생님이 되어 정리해 가르치거나 사고를 확장하는 하브루타이다. 이 부분은 쉬우르라고도 할 수 있다. 그런데 쉬우르는 학생과 교사 사이에 종합적인 대화가 이루어지는 시간이므로 다른 단계의 하브루타에서도 쉬우르의 순간들이 있을 수 있다.

본시 수업을 전개할 때에 하브루타의 기본 모형을 적용하였다. 본 차시는 전체 13차시 중 5차시에 해당하는 것으로 '고려와 주변 나라들의 관계 알아보기'가 학습 주제이다.

도입(동기) 하브루타

동기 하브루타에서는 교과서에 실린 자료 중에서 조선 시대인 17세기에 프랑스 사람이 그린 세계지도 중에 동해가 '고려의 바다'라고 기록된 지도 자료(5-2 사회 교과서 93쪽)를 사용한다. 생각해 보자. 이 지도는 고려 시대가 아니라 조선 시대에 만들어진 것이다. 학생들에게 물어본다. "이 지도는 언제 만들어진 것인가?" 학생들은 의아해 하고 새롭게 호기심을 갖게 된다. 17세기에 만들어졌다고? 1700년대면 어느 시대지? 학생들은 구체적으로 연대에 대해서 잘 모른다. 이때 교사가 "1392년에 이성계에 의해서 조선이 세워졌고, 200년 후인 1592년에 임진왜란이 발생하였다. 이후 조선은 후기 사회로 넘어가게 된다. 그러니 1700년대이면 조선 후기이다."라며 약간의 설명과 함께 연대를 알려 준다.

그런데 왜 고려 시대를 배우는 데 조선 후기에 만들어진 지도 자료를 사용하나? 이 지도에 놀랄 만한 것이 담겨 있기 때문이다. 이 지도에서는 놀랍게도 동해를 '고려의 바다(MER DE COREE, 메르 드 코레)'라고 표기하였다. 조선 시대인데 왜 프랑스 지도학자는 이렇게 표기를 하였을까? 그 당시에 서양에는 우리나라가 고려로 알려졌다는 것이 증명되는 것이 아닌가?

왜 이런 일이 생긴 것일까? 계속 꼬리를 물고 질문이 생긴다. 학생들은 우리나라가 서양에 조선이나 백제나 신라가 아니라 고려로 알려지게 된 것에 대해서 당연하게 생각하지 않고 '왜 그랬지?'라고 의문을 품게 된다.

여기서부터 고려에 대한 공부가 시작된다. 거꾸로 가는 것이다. 고려로부터 지금으로 내려오는 것이 아니라 조선에서부터 고려로 올라가는 방법으로 동기 유발을 하는 것이다. 이렇게 우리나라가 어떻게 현재 KOREA라고 불리게 되었는지에 대한 의문을 가지고 시작하게 하였다.

이어서 학습문제를 제시할 때도 교사가 일방적으로 PPT나 칠판에 적는 것이 아니라 학생들과 함께 대화를 하면서 "지도와 기타 자료를 이용하여 고려와 주변 나라들과의 활발한 교역에 대해서 이야기해 보자."라고 방향을 설정하는 것이 좋다.

17세기에 프랑스 사람이 그린 세계지도

'고려의 바다(MER DE COREE)'라고 표기된 부분

내용(사실) 하브루타

내용 하브루타에서는 고려와 주변 나라들과의 관계를 5-2 사회 교과서 90쪽에 나오는 '고려와 주변 나라들의 관계' 지도 자료를 이용해서 이야기한다. 이런 지도나 사진 자료는 교사들에게 보급되는 사회과 CD 자료집에 모두 들어 있으므로 수업 자료를 구성할 때 아주 유용하게 쓸 수 있다. 이 지도 자료를 가지고 짝 하브루타를 한다.

교과서에 나와 있으므로 교과서를 살펴보면서 이 지도가 나타내는 내용이 무엇인지를 서로 확인한다. 그리고 가위바위보를 해서 이긴 사람이 짝에게 고려와 주변 나라들의 관계에 대해 질문을 하게 한다. 지도 자료 자체를 이용해서 할 수 있는 질문인 "고려와 평화로운 관계를 유지한 나라는 어디?"서부터 "전쟁을 겪은 나라는 어디?" 등 지도 자료를 보고 쉽게 묻고 답할 수 있는 것부터 시작한다.

이어서 조금 더 생각해야 할 "왜 어떤 나라들과는 평화롭게 지냈고, 다른 나라들과는 전쟁을 겪었는지?"처럼 학생이 질문하고 싶은 것들을 서로 묻고 답하게 한다. 이때 답을 바로 할 수 없는 것들은 자기주도 학습과제가 된다. 이것은 이후에 교사와 쉬우르할 때 확인한다.

교사는 학생들이 짝 하브루타를 하는 동안에 학생들의 상호작용을 관찰하면서 잘 되는 짝은 그 내용을 귀담아 듣고, 잘 안 되는 짝에게는 어떤 점이 어려운지를 묻고 도와준다. 궁금증이 많은 학생은 지도에 나오는 천리장성을 보고서 "천리장성이 뭐지?", "우리나라에도 이런 장성이 있었나?", "왜 천리장성이 있는 거지?" 등의 질문을 하기도 하고, "송과 일본과는 어떻게 교류를 하였는지?"를 묻고 답하기도 한다. 그 과정에서 교과서 92쪽에 나오는 '청동 항해 무늬 거울'을 증거로 배를 타고 교류를 했을 것이라고 이야기하기도 한다.

이렇게 지도를 가지고 짝 하브루타를 한 후에, 이어서 교과서 91~94쪽의 내용을 소리 내어 읽거나 생각을 말하는 TA 기법을 사용하여 짝과 TA를 하면서 서로 질문하며 이야기를 한다. 교사가 먼저 91쪽의 내용으로 TA를 하는 것을 시범으로 보여 준다.

무슨 내용이든지 처음에는 교사가 시범적으로 학생과 먼저 하브루타 하는 것을 보여 주는 것이 필요하다. 학생들은 그것을 보고 자극을 받아서 서로 활발한 하브루타를 하게 된다.

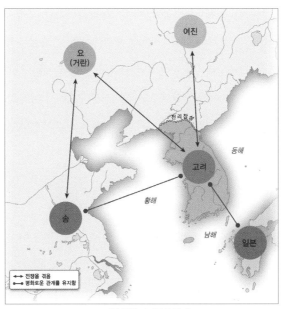

고려와 주변 나라들의 관계

거란족은 원래 중국의 북쪽 지역에서 살았던 유목 민족이다. 거란의 일부가 고구려의 지배를 받기도 하였으나 고구려 멸망 후에는 당의 지배를 받았다. 이후 여러 부족을 통일하여 나라를 세운 거란은 나라 이름을 요로 바꾸었다.

-5-2 사회 교과서 91쪽

■ 거란족은?

교과서 91쪽에 벽화에 그려진 거란족의 모습을 소개하고 있네. 그런데 거란은 무슨 뜻일까? 인구는 얼마나 되었나? 사실 우리나라를 둘러싼 국제 정세에 대해서 자세하게 알려면 조금 더 넓은 범위의 세계사를 알아야 하는데 이런 점에서는 아쉬운 점이 많다. 도대체 거란족이 누구인지 어떻게 활약했는지를 알기가 어렵다. 쉽게 검색되지 않는다. 검색되더라도 그게 무슨 말인지 교사도 이해하기 힘든 것이 많다. 그런데 학생들이 이런 자료를 찾더라도 어떻게 이해가 될지? 하지만 다 알아야만 넘어가는 것이 아니니, 그냥 거란족이라는 이름만이라도 이런 상황 속에서 알고 지나가면서 이게 덥석 받아먹을 수 있는 내용이 아니라는 것을 교사와 학생이 서로 인식하고 가는 것이 유익하다.

■ 원래 중국의 북쪽 지역에서 살았던 유목 민족이다.

중국의 북쪽이라면? 이것도 불확실하다. 유목 민족이 뭐지? 어느 정도의 규모로 살았을까? 등등 대답하기 쉽지 않은 질문이 쏟아져 나온다. 그런 것들을 조금씩 처리하는 것을 배워야 한다. 한꺼번에 다 처리하는 것이 아니라 어떤 것은 그냥 질문보따리에 집어넣고 숙성시키는 것도 필요함을 학생들이 알아야 한다.

TA를 학생끼리 할 때는 한 쪽을 한 사람이 맡아서 문장 단위로 읽고, 상대편 짝은 여러 질문을 할 수 있지만 한 개의 질문을 하는 정도에서 넘어가도록 약속을 한다. 이 질문에 대해서 대답할 수도 있고, 대답할 수 없으면 그냥 넘어가고 질문만 기억해도 된다. 이렇게 역할을 나누어서 91~94쪽까지 TA 방법으로 짝 하브루타를 한다.

이러한 기초 작업 위에서 각자 중요하다고 생각하는 질문을 각자가 포스트잇에 적어서 짝과 먼저 이야기를 주고받고, 또 모둠에서 그 질문들 중에서 가장 으뜸 되는 질문을 정하여 함께 이야기를 나눈다.

아라비아와 송의 관계는 어떠하였기에 같이 고려에 왔을까?	으뜸 질문 아라비아와 송의 관계는 어떠하였기에 같이 고려에 왔을까?	어떻게 해서 송과 아라비아가 만나게 되었을까?
은으로 화폐를 사용한 결과는 무엇일까?		왜 송과는 친하게 지냈는데 거란 여진과는 꺼려 했을까?

심화·적용 하브루타

심화·적용 하브루타로는 교과서 92쪽의 지도 자료를 이용하여 비교 중심 하브루타를 부분적으로 활용한다.

'비교 중심 하브루타'는 교과서나 교재 등에서 비교할 대상을 정하고 그것에 대해 자세하게 조사하고 질문을 뽑아 온 다음, 그 질문들을 중심으로 비교 대상에 대해 다양하게 하브루타하는 것이다. 비교가 생각과 토론을 자극한다. 유사점과 차이점을 생각하고 논의하면서 다양하게 사고를 하게 된다.

각 차시의 내용에 맞게 교사가 판단하여 적절한 수준에서 비교 중심 하브루타를 할 수 있도록 안내하면 좋다.

모든 개념은 비교에 의해서 만들어진다. 서로 다른 대상들 간에 유사점과 차이점을 발견하고 그런 비교를 통해서 어떤 개념을 뚜렷하게 정립해 가게 된다. 이와 같이 비교가 중요한데, 아이들은 이렇게 비교하며 생각해 가는 것을 잘 하지 못한다. 그러므로 되도록 비교 하브루타의 기회를 많이 가지도록 하는 것이 좋다.

사회과에서는 비교의 범위를 넓게 사용해서 대조 개념까지 포용한다. 비교는 공통점을 중심으로, 대조는 차이점을 중심으로 이야기하는 것인데, 하브루타에서 비교는 공통점과 차이점을 모두 이야기하는 것으로 이해하면 된다.

이렇게 비교하는 과정을 통해 대화하고 토론하고 논쟁한다. 국어과의 토론 수업에서 말하는 토론이나 논쟁과 정확하게 일치하지는 않지만, 사회과에서는 비교 중심 학습을 통해서 공통점을 찾아가고 차이점을 이야기하는 사고 과정 자체가 하브루타 토론이고 논쟁이다. 그러니 토론과 논쟁을 넓게 생각하면 어떤 과목에서든지 서로 생각을 주고받고 공통점과 차이점을 살려서 자기 말로 표현하고 짝과 토론하고 논쟁할 수 있다.

그동안은 '비교 중심 하브루타'의 중요성을 제대로 인식하지 못했다. 하려고 해도 어렵게만 느껴졌다. 그리고 학생들 전체가 그런 하브루타를 제대로 해 나갈지 궁금하기도 했다. 그런데 실제로 진행을 해 보니 비교 중심 하브루타를 너무 어렵게 생각할 필요는 없었다. 물론 쉬운 것은 아니지만 실제적으로 학생들의 현재 생각과 수준에서 서로 공통점과 차이점을 찾아서 생각하고 자꾸 서로 이야기하게 하면 된다.

사회과 수업에서 '비교 중심 하브루타'를 할 수 있는 내용은 무척 많다. 크게 생각하면 사회와 다른 과목을 비교해 볼 수도 있다. 사회에서는 각 주제별로 비교할 수 있고, 역사에서도 시대별로 비교할 수 있다. 교과서에서 이미 그런 내용을 많이 다루고 있다.

신석기 시대와 청동기 시대의 공통점과 차이점, 고구려·백제·신라의 문화 특징 비교, 신라·발해의 문화 비교 등 비교를 통해서 학습할 수 있는 것이 많다. 같은 시대에서 김유신과 계백을 비교한다든가, 김구와 이승만의 비교 등 아주 세부적인 부분을 비교해 볼 수도 있다.

'비교 중심 하브루타'의 과정은 다음과 같다. 꼭 순서를 지켜야 할 필요는 없으며, 수업 내용에 따라서 필요한 부분만 잡아 주제와 학급 상황에 맞게 사용하면 된다.

이번 차시에서는 5-2 사회 교과서 92쪽의 '고려의 무역 활동' 지도를 자료로 사용해서 비교 대상을 정하였다. 여러 가지 방법으로 지도 자체에 대해서 묻고 답하기를 할 수 있다.

수출과 수입이라는 두 가지 사항을 중심으로 국가별로 비교할 수 있고, 적대국과 우호국을 나누어서 '거란,여진 / 송, 아라비아,일본'과의 무역 상황을 비교할 수도 있다. 여기서는 후자의 내용을 가지고 '비교 중심 하브루타'를 해 보자.

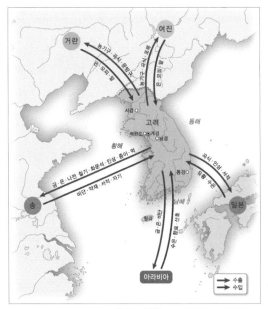

고려의 무역 활동

우선 짝끼리 가위바위보를 해서 한 사람이 '거란과 여진'을 맡고, 다른 사람은 '송, 아라비아, 일본'을 맡는다. 그리고 5분 정도의 시간을 가지고 각 나라와의 무역 내용을 짝에게 가르칠 수 있도록 준비를 한다. 물론 사전에 예습 과제로 이런 내용을 집에서 조사해 오면 더 좋다. 그러나 요즘 학생들은 집에 가도 할 일이 많으니 너무 부담을 주지 말고 학교에서 교과 시간에 해결할 수 있는 만큼으로 목표를 잡고 수업을 전개하도록 한다. 욕심을 부려 너무 많은 것을 학생들에게 가르치려 하지 말고 스스로 물고기를 잡을 수 있는 힘을 길러 주는 수업이 되도록 하자.

이렇게 각자 준비가 된 상태에서 한 짝이 질문을 한다. 예를 들어, "거란과 여진은 고려에게 어떤 물품을 수출하였습니까?" 다른 한 짝은 지도 자료를 보고 학습한 내용을 중심으로 대답을 한다. "거란은 고려에 은·모피·말을 수출하였고, 여진도 은·모피·말을 수출하였습니다." 이때 모피가 무엇인지 모를 경우에는 "모피가 무엇이지요?" 하고 묻는다. 그러면 짝은 자기가 아는 만큼 답을 하고, 답을 하지 못할 경우에는 그것을 적어 두었다가 자기 학습과제로 삼거나 쉬우르 시간에 함께 나눈다.

이렇게 자료에 나오는 사항을 기본적으로 묻고 답하고 나서, "왜 거란과 여진은 은, 모피, 말을 고려에 수출했습니까?" 이렇게 연속되는 질문을 이어 갈 수 있다. 지도 자료를 보고서 질문을 하거나 어떤 내용을 말한다고 할 때 상상하는 힘과 추리하는 힘이 사용되고 길러진다.

이런 상황을 오늘날의 국제 관계에 적용해서 많은 생각을 할 수 있다. 이렇게만 해도 시간이 부족하지만 주어진 시간 동안에 짝끼리 묻고 답하는 과정을 통해서 비교 중심으로 하브루타를 한다.

여기서 '친구 가르치기 하브루타'로도 진행할 수 있다. '비교 중심 하브루타'를 한다고 해서 꼭 정해진 모형을 그대로 따라야 하는 것은 아니다. 필요하면 각 차시와 상황에 맞게 하브루타를 융합해서 하면 된다.

각자 역할을 맡아 친구를 가르칠 수 있도록 충분히 공부하고 준비한 후, 정해진 시간 동안 짝과 비교 중심으로 친구 가르치기를 한다. 이어서 앞뒤 짝과도 마찬가지 방식으로 '비교 중심 하브루타'와 '친구 가르치기 하브루타'를 할 수 있다. 처음에는 조금 어색하고 부족한 부분이 있지만, 한 번 충실하게 학습을 하고 나서 자기 생각이 형성되고 나면 다음번에는 더 풍부한 내용으로 하브루타를 할 수 있게 된다. 이와 같이 하브루타는 하면 할수록 내용이 풍부해지고 생각이 깊어지고 넓어지게 된다.

하브루타는 준비가 중요하다. 짝끼리 담당할 부분을 나누어 맡은 후에 자기가 맡은 부분을 꼼꼼하게 준비해야 한다. 그런데 이 부분이 쉽지가 않다. 그리고 하브루타가 계속적으로 이루어지기 위해서는 자기가 모르는 것이 나오면 그냥 넘어가지 말고 여러 가지 방법으로 알아내어 가르치도록 준비를 해야 한다. 그 과정에서 중요한 학습이 이루어진다.

그러나 아무리 해도 알 수 없는 부분은 공통의 과제로 삼을 수 있도록 문제로 만들어 학급에 제시하도록 한다. 이렇게 하다 보면 학교뿐만 아니라 집이든 어디에서든 평소에도 책을 읽고 스스로 궁금증을 가지고 학습하는 자세를 기를 수 있다.

시험만을 위한 공부가 아니라 진짜 삶을 위한 공부, 자신의 실력을 쌓는 그런 진짜 공부를 하도록 해야 한다. 하브루타는 하루아침에 뚝딱 이루어지는 것이 아니다. 하브루타가 한때의 유행처럼 흘러가서는 안 된다.

어려움이 있더라도 하브루타 근육을 기른다는 생각으로 꾸준히 그리고 천천히 실행해 가야 한다.

메타(종합) 하브루타

메타 하브루타에서는 '고려와 주변 나라와의 관계'에 대해 이번 학습을 통해 생각하거나 알게 된 점을 간략하게 서로 가르치는 시간을 가진다. 그리고 짝 하브루타를 통해서 해결하지 못한 점들, 새롭게 생긴 궁금증 등은 교사와 함께 쉬우르한다. 교사는 이때 학생의 질문에 대해서 정답을 말해 주는 것이 아니라, 질문으로 응하여 학생들이 다시 생각하게끔 만들어야 한다.

예를 들어, 모둠 질문으로 나온 것 중에서 "송과 아라비아는 어떤 관계였기에 함께 고려에 왔을까?"라는 질문을 생각해 보자. 과연 송과 아라비아는 어떤 관계였을까? 아라비아가 어디인지 학생들이 제대로 알고는 있나? 지금의 중동 지역이라고 할 경우에도 쉬운 답은 아니다. 아라비아가 고려에서 은과 금과 비단을 수입했다고 하는데, 고려는 송나라에서 비단을 수입하였나? 그러면 어떻게 되는 것인가? 고려가 중계 무역을 했다는 말인가? 그럴 필요가 있었나? 고려가 송에서 비단을 수입한 다음에 자체적으로 고유한 브랜드 비단을 만들어서 아라비아 사람들이 사 갈 정도의 품질의 비단을 생산했나? 그걸 무엇으로 증명하지? 등등 궁금한 점이 계속 솟아난다.

이 모든 것이 학생들의 궁금증과 탐구심에 달려 있다. 교사는 조금만 앞에서 호기심을 건드려 주면 된다. 그리하여 학생들이 스스로 질문하고 탐구하도록 하면 된다. 이게 바로 메타(종합) 하브루타에서 쉬우르를 하는 방법이다.

하브루타를 처음 하는 경우에는 교사 중심의 수업을 하면서 하브루타를 하는 것으로 시작할 수 있다. 이전의 방식대로 40분 수업 중에 30분 정도를 강의식으로 하고, 마지막 10분을 종합 하브루타로 하여 친구끼리 가르치기를 하면 된다. 교사는 이때 여유를 가지고 어려워하는 학생을 개별 지도할 수 있다.

이럴 경우 40분 수업을 시간을 쪼개서 진행하겠다고 미리 예고해야 한다. 그러면 학생들은 친구에게 설명을 해야 하므로 수업 내용에 집중한다. 학생들은 '친구 가르치기 하브루타'로 친구에게 배운 내용을 설명하면서 복습, 요약 정리를 한다. 설명을 듣는 친구는 모르거나 이해되지 않는 내용을 질문함으로써 확실히 알고 넘어갈 수 있다.

학생들은 말하면서 수업을 하기 때문에 즐겁고 능동적으로 공부하게 된다. 서로 대화를 나누며 공부하기 때문에 친구 관계가 좋아진다. 딴짓하는 학생들이 사라지고, 다른 생각을 하는 학생도 줄어든다. 경청 능력이 높아지고 배려를 하게 되며 친구의 다양한 생각을 접하면서 편견과 고정관념에서 벗어날 수 있다. 소통 능력이 길러지고, 토론과 협상, 협력하는 능력이 길러진다.

이렇게 마무리 종합 하브루타를 친구 가르치기 하브루타로 바꾸기만 해도 수업 분위기가 달라지고 학생들은 신나는 수업을 자기주도적으로 할 수 있게 된다.

하브루타를 처음 도입할 때는 혹시 수업시간에 학생들이 수다를 떠는 쪽으로 흐르지 않을까 걱정되기도 할 것이다. 하지만 잘 관찰해 보면 수업과 상관없는 수다를 떠는 학생들은 거의 없다. 본시의 학습목표와 바로 연관이 되지 않는다 해도 학생들은 그 범주 안에서 다양한 생각을 나누게 된다. 실질적으로는 그런 것이 학생들에게 더 중요한 문제가 되고 관심 있는 주제가 되어서 교사의 강의를 멍하게 듣고 있거나 졸거나 하는 것보다 훨씬 바람직하다.

학생은 교사가 믿는 만큼 성장한다. 친구 가르치기는 학생들을 교사로 만들어 준다. 가르치고 설명하면 신이 나고 호기심 있는 질문이 저절로 나온다. 능동적이고 활동적인 수업이 가능해진다. 교사는 학생들이 서로 설명을 하다가 둘이서 도저히 해결하지 못하는 것들을 물어보면 함께 해결 방법을 생각해 보고, 서로 가르치기를 어려워하는 학생을 도와주면 된다.

10분 동안 친구 가르치기 방법에 익숙해지면 점점 더 확대하여 40분 전체를 친구 가르치기로 적용할 수도 있다.

그리고 마지막 마무리에서 다음 차시와 관련하여 '고려를 침범한 북방 민족'에 대해 궁금증을 유발하고 열린 마무리가 되게 한다.

마무리 및 자기 평가

한 차시의 수업 후에 학생들이 학습목표와 관련된 성취기준에 의해 다음 표와 같이 스스로 3단계로 평가하도록 하고, 수업 후 소감을 적게 한다.

성취기준	단계	성취수준	표시
지도와 기타 자료들을 이용해 고려와 주변 나라들과의 활발한 교역에 대해서 이야기할 수 있다.	잘함	지도와 기타 자료를 이용해 고려와 주변 나라들과의 활발한 교역에 대해서 이야기를 잘 하였다.	
	보통	지도와 기타 자료를 이용해 고려와 주변 나라들과의 활발한 교역에 대해서 이야기를 하였다.	
	노력 요함	지도와 기타 자료를 이용해 고려와 주변 나라들과의 활발한 교역에 대해서 이야기하는 것이 어려웠다.	

5학년 학생들의 수업 후 스스로 평가와 소감은 다음과 같았다.

이름	평가	수업 후 생각
김○○	2	이야기하면서 공부를 하니까 너무 재미있었다.
김○○	2	새로운 공부 방법을 알았다. 역사를 그냥 암기하지 않고 질문으로 공부하니 더 좋았다.
김○○	3	너무 재미있었고, 공부하는 방법을 다시 알게 되었다. 그리고 고려가 무역을 많이 한 게 좋았다.
김○○	3	다음번에 또 수업하고 싶다. 외국에서 아직 우리나라를 고려라고 한다는 것을 알았다.

백○○	3	역사도 재미있게 (공부)할 수 있다는 걸 알았다.
송○○	3	오늘 고려의 무역에 대해서 이야기했다. 질문을 던지면서 공부를 했는데 재미있었다.
조○○	3	오늘 방법으로 하는 공부방법이 재미있었다. 고려가 원래 좋은 나라인 것을 알았지만 지금도 외국에서 우리나라를 고려라 할 정도로 놀라운 나라인 것을 알게 되었다.
권○○	2	질문하는 것이 좋았고 재미있었다.
김○○	3	재미있었고, 암기가 잘 될 것 같고, 이 방법으로 공부를 해야겠다. 그리고 또다시 했으면 좋겠다.
김○○	3	고려가 그렇게 많은 나라와 교류를 했다는 것은 오늘 처음 알았다. 나중에는 다른 나라도 배우고 싶다.
맹○○	3	우리나라의 역사와 조금 더 가까워진 것 같다. 고려가 이렇게까지 대단한 나라인지 몰랐다. 이번 시간에 잘 알게 되었다.
서○○	3	역사를 어떻게 공부해야 할지 알았다.
유○○	2	내가 몰랐던 새로운 역사를 알게 되어서 기쁘고, 앞으로도 역사를 외우지 않고, 흐름을 이해할 것이다.
백○○	3	역사도 재미있게 (공부)할 수 있다는 걸 알았다.
김○○	3	고려가 이렇게 많은 나라와 활발한 교류를 했다는 것을 알게 되었다.
김○○	2	질문을 하며 읽으니 머리에 잘 들어와서 좋다.
맹○○	3	우리나라의 역사와 조금 더 가까워진 것 같다. 고려가 이렇게까지 대단한 나라인지 몰랐다. 근데 이번 시간에 잘 알게 되었다.
유○○	2	내가 몰랐던 새로운 역사를 알게 되어서 기쁘고, 앞으로도 역사를 외우지 않고 흐름을 이해할 것이다.
이○○	3	고려의 이야기를 들으면서 사회를 공부하는 방법을 배웠는데 많이 유용할 것 같다.

정○○	2	오늘 짝이 나에게 질문하고 내가 답하고, 내가 짝에게 물어보고 짝이 답을 해 주니까 재미있었다.
한○○	3	교과서에 있는 내용을 읽을 때마다 문장에 질문을 한 것이 기억에 잘 남는다.

　　위의 소감에서 알 수 있듯이 학생들은 비록 짧은 시간이지만 하브루타 수업을 의미 있게 수행하였다. 어떤 지식을 안 것보다도 공부를 재미있고 의미 있게 할 수 있는 새로운 공부 방법을 알게 되었다고 한다. 이렇게 하브루타 수업은 물고기를 잡아 주는 것이 아니라 물고기를 잡는 방법을 깨닫고 몸에 익히게 해 준다.

06
하브루타로 하는
사회과 평가

교육과정은 목표-내용-방법-평가를 기본 틀로 한다. 이 중에서 평가가 차지하는 중요성은 아무리 강조해도 지나치지 않다. 우리나라 교육이 가지는 여러 문제의 근본적인 원인을 대학입시제도, 곧 평가에서 찾고 있음은 주지의 사실이다. 그래서 교육 개혁의 단골 메뉴 중 하나가 대학입시제도의 개선이다. 입시제도는 마치 블랙홀처럼 모든 교육적 사유와 방법을 빨아들이는 역할을 하고 있다.

누구도 자유로울 수 없는 평가, 하브루타도 예외가 아니다. 그러므로 하브루타가 실효성이 있으려면 평가의 차원에서도 하브루타를 실시해야 한다.

요즘 많이 인용되는 학습 피라미드(learning pyramid)의 연구 결과에서 강의식으로 듣기와 친구에게 설명하기의 학습 효과 차이는 무려 18배가 된다. 강의식은 24시간 후의 기억 잔존률이 5%이고, 친구들에게 설명하기는 90%이다.

학교 현장에 하브루타를 적용하는 것에 대해 우려하는 사람들은 진도 문제를 자주 언급한다. 그러나 하브루타는 천천히 가는 것 같지만 학습효율성이 높다. 일방적 강의식으로 공부하면 몇 시간만 지나도 기억이 나지 않아서 복습 시간이 길어진다. 혼자서 머릿속에 암기하려면 뇌가 싫어하는 방법으로 학습을 하게 되므로 공부가 지겹고, 졸리고, 암기도 잘 되지 않는 악순환으로 공부하는 시간을 그만큼 많이 들여야 한다.

그러나 하브루타를 통해 모르는 것을 알게 되었을 때는 기억이 오래가므로 복습 시간이 줄어든다. 그리고 모르는 것에 대한 질문을 해서 답을 얻게 되면 굉장한 쾌감이 있기 때문에 공부가 즐거워진다. 그러므로 짝과 질문하고 대화하고 토론하고 논쟁하는 방법으로 학습하는 하브루타는 학습효율성이 높을 수밖에 없다. 아주 뛰어난 교사의 강의보다도 하브루타는 더 효과적인 수업이다.

하브루타는 말하고, 듣고, 확인하고, 다시 생각하면서 생각의 세계를 마음껏 펼치게 된다. 특히 짝과 함께 눈높이에 맞춰 공부하기 때문에 훨씬 이해가 빠르고 서로 묻고 답하다 보니 내용이 쉽게 다가온다. 그리고 친구를 가르칠 때 가르친 친구는 자기가 얼마나 잘 가르쳤나를 확인하고, 배운 친구는 자기가 더 보완을 해서 다시 가르치게 되니까 복습의 복습뿐 아니라 진정한 자기 학습이 된다.

교사들은 이런 효과를 충분히 인지하고 학생들에게서 그런 효과가 나타나도록 지속적인 격려와 칭찬을 아끼지 말아야 한다. 말하고 듣고 생각하는 과정에서 깊이 있게 사고가 열리고 창의적인 생각이 형성된다. 그것도 혼자서가 아니라 곁에 있는 조력자와 함께 생각에 날개가 돋고 생각 불도저와 굴착기를 달고 서로서로 함께 실력자가 되어 가는 것이다. 이제 공부는 더 이상 혼자서만 출세하기 위한 고립적 수단이 아니라 함께 어울려 상생하는 수준 높은 공동체를 만들어 가는 길이 된다.

하브루타는 시간이 많이 소요되지만 오히려 내용을 배우는 절대 양으로서의 시간이 절약되고 재미있게 학습을 하게 되므로 지루하지 않고 항상 궁금증이 샘솟듯이 학습을 하게 되어 질적으로 효과적이다. 친구, 선생님과의 관계가 자연스럽게 돈독해지는데, 그런 우호적이면서도 긍정적 긴장이 있는 관계 형성을 통해 사회성이 점점 좋아지고 인간미가 있는 관계가 이어진다. 학습에서 자신이 소외되지 않을 뿐 아니라 다른 사람을 소외시키지도 않게 된다. 오히려 소외되었던 관계들이 '회복적 관계'로 바뀌고 관계망이 점점 넓어지고 깊어지게 된다.

하브루타로 인해 진정한 교육, 즉 주입식 교육이 아니라 스스로 생각하고 폭넓고 깊이 있게 생각을 구성해 가는 교육이 이루어진다. 학습은 혼자 외롭게 하는 것이라는 기존 관념에서 벗어나 자유를 얻을 수 있다. 학습은 즐겁고 촘촘한 것이다. 하브루타는 생각이 살아서 움직이고 관계 속에서 이루어 가는 형성적 학습으로 이끈다.

하브루타를 하면 무슨 기법이나 방법을 자꾸 삽입해서 그 속에 끼워 맞추는 불편함이 사라지고, 억지스럽지 않고 자연스럽게 학습이 된다. 또 각자의 인격적 특성을 그대로 발휘하면서 자신을 개방하고, 우호적이면서 상대를 서로 예리하게 만들어 주는 상호 관계를 통해서 재미있고 유익한 학습으로 이끈다.

그런데 이런 인격적이고 상호 관계적인 차원 높은 학습이 이루어진 다음에 평가를 줄 세우기 식으로 한다면 그동안에 형성된 좋은 것은 모두 물거품이 되어 버린다. 친구와의 협력적 관계는 또다시 냉정하고 온기 없는 경쟁의 사슬에 묶인 노예처럼 되고 만다.

왜 공부를 하는가? 왜 학습을 하는가? 인간다운 사회, 서로를 세워 주고 살리는 그런 사회를 이루기 위해서 공부를 하는 것이다. 그런데 평가가 경쟁 중심의 개인 출세를 위한 공부라는 고립적 사고를 끊어 내지 못한다면 하브루타는 말짱 도루묵이 되고 말 것이다.

어떻게 하브루타로 평가를 할 수 있을까?

하브루타는 정답이 아닌 해답을 추구한다. 그러니 정답을 외우고 시험 보고 잊어버리는 그런 평가가 아니라 학습자 자신이 처한 문제 상황에서 자기가 해결할 수 있는 해답을 찾아가는 평가가 되어야 한다.

그러므로 이미 정해진 답을 얼마나 많이 알고 있는가를 평가하기보다 다양한 상황에서 스스로 문제를 해결할 수 있는 창의적인 생각을 만들어 낼 수 있는 능력이 얼마나 형성되었는지를 평가해야 한다. 이런 평가는 양적이고 객관적인 평가가 아니라 질적이고 주관적인 수행형 평가에 의해서 이루어질 수 있다.

하브루타는 공부의 양보다는 한 가지 내용이라도 깊이 있게 생각하고 확산적이고 협력적이며 창의적인 학습을 하는 것을 추구한다. 따라서 평가도 거기에 맞게 학습자가 스스로 어떤 내용을 구성해 가는지를 살펴보아야 한다. 학생이 스스로 구성해 가도록 '동기부여'를 하는 도구와 과정에 대한 '평가'가 되어야 한다.

그런 평가가 이루어지기 위해서는 학습자가 여러 자료를 참고하여 자기 생각을 풀어낼 수 있도록 평가 체제를 갖추어야 한다. 교과서나 노트, 인터넷 등 여러 가지 자료를 참고로 자기만의 답안을 구성할 수 있도록 해 주어야 한다.

상대적 점수로 평가하기보다는 구성된 답안에 학습자의 주체적인 구성력과 생각이 들어 있는지를 살펴보고, 그런 것이 잘 되어 있으면 높게 평가해 주고 격려해 주어야 한다.

지금까지 공부를 협력적으로 해 왔는데 가장 결정적으로 문제를 해결해야 하는 순간에 또다시 각자 자기 동굴 속에 갇혀서 고립적 경쟁을 위한 시험을 치러야 한다는 것은 교육 철학과도 맞지 않다. 그런 것을 통해서 가치 혼란의 부조화가 생길 수도 있다. 협력적인 정신을 존중하고 그것을 배양하려면 가장 중요한 순간, 가장 결정적인 순간에 그런 정신을 따라서 함께할 수 있는 경험을 하게 해야 한다. 평가의 순간은 그야말로 협력에 의해서 그 결과물을 공유하는 소중한 문화를 형성하는 시간이 되는 것이다.

그런 점에서 문제를 풀게 할 때도 하브루타 짝끼리 함께하거나 모둠별로 협력해서 할 수 있도록 해야 한다. 점수로 치자면 모두가 100점을 맞는 그런 문제 해결과정이 되도록 서로를 도와주게 해야 한다. 커닝이라는 개념 없이 서로를 도와서 공동의 문제를 해결해 가는 과정으로서 평가를 생각해야 한다.

　이런 과정에서 하브루타를 했을 때 빠졌던 내용들이 보완되고 친구들이 서로를 보완하고 날카롭게 해 주는 놀라운 경험을 하게 된다. 그렇게 되면 평가를 앞두고 가슴 졸이며 시험을 못 보아 혼나면 어떻게 하는가 하는 걱정 대신에 오히려 평가 시간을 기다릴 수도 있다. 또 평가 후에는 무엇을 공부하고 암기했는지 기억하지 못하고 싹 잊어버리는 그런 시험이 아니라 평가하는 시간이 진짜로 공부하는 시간이고 잊지 못할 내용을 친구들과 함께 완성해 가는 기쁨을 맛보는 시간이 될 수 있다.

　다음은 사회과 5학년 2학기 1단원 평가의 예시 문제이다.

2015 사회과 단원평가		5학년 (　)반 (　)번		점수
단원	1. 우리 역사의 시작과 발전	이름		/ 50

※ 1~4, 각 문항별로 중요하게 알게 된 점과 궁금한 점을 쓰도록 합니다.
　배점은 기록한 하나를 1점으로 하여 5점까지 배당합니다. (20점)

1. 선사 시대의 생활 모습 (5점)

_____

_____

_____

2. 최초의 국가 고조선 (5점)

_____

_____

_____

3. 고구려, 백제, 신라의 건국과 발전 (5점)

_____

_____

_____

4. 삼국 통일과 발해의 건국 (5점)

_____

_____

_____

5. 1단원 '우리 역사의 시작과 발전'을 공부하고 알게 된 점을 바탕으로 '우리나
   라 역사의 시작과 발전'에 대한 자기 생각을 한 편의 글로 쓰시오. 그리고 공부
   하고 난 후에 궁금한 점들이 무엇이며, 그것을 어떻게 해결해 가야 할지에 대해
   자신의 생각을 글로 쓰시오. (30점)

_____

_____

_____

_____

_____

| 제5장 |

실력 쑥쑥!
하브루타 수학 수업

01
너무 많은 우리 반
'수포자'

    우리 반에는 수학을 포기한 학생이 너무 많다. 수학이 싫다는 표현은 그나마 양반이다. 수학 시간을 너무나 싫어해서 다음과 같이 말하는 아이도 꽤 있다.

"선생님, 수학은 왜 있나요? 수학이 일상생활에 도움이 되는 것도 없는데…."

"수학을 만든 사람이 원망스러워요."

"수학은 너무 어려워요. 진짜 짜증 나요!"

"수학을 왜 배워요?"

"선생님, 수학 말고 체육 해요. 수학 말고 다른 과목 하면 안 돼요?"

"아! 수학하기 싫다."

"에휴, 또 수학이야? 집에 가고 싶다."

수학 시간을 이렇게 받아들이는 반응을 보면 안타깝기만 하다. 명확한 답을 구할 수 있는 교과가 '수학'이고, 여러 가지 생각을 할 수 있으며, 수학 문제가 잘 풀렸을 때의 뿌듯함을 느껴 보면 참 즐겁다는 생각을 할 텐데…. 어디서부터 잘못된 것일까?

공부하는 것은 어떤 교과든 중요하다 그 중에서도 수학 교과는 매우 중요하다. 직업 사전에 나와 있는 직업의 수는 약 2만 개 정도이다. 미국 통계청에 따르면 그 중 수리 능력과 관련된 직종이 약 80%를 차지한다. 사정이 이렇다면 수학을 피하는 것은 단지 입시뿐만 아니라 직업 선택에도 많은 영향을 준다. 단순화시켜 말하면 약 80%의 직업군을 암묵적으로 포기하는 것과 다름없다. 우리나라 입시에서도 수학을 포기했을 때 선택할 수 있는 전공과 대학의 폭이 매우 좁아지는 것이 현실이다.

미국의 과학자 허버트 사이먼(Herbert Simon)은 정치학, 심리학, 경제학, 인지과학 등 다양한 분야의 교수를 지내면서 노벨경제학상을 수상한 세계적인 석학이다. 그는 한 인터뷰에서 자신이 여러 분야를 섭렵할 수 있었던 원동력은 수학이라고 말했다.

실제로 수학은 학문 현장에서 소통을 이루는 도구로서 두각을 나타낸다. 연역적 추론, 귀납적 고찰, 구조화, 형상화 등은 다른 모든 학문 분야를 통찰하는 사고의 도구가 되고 더 나아가서는 세상을 바로 보는 구조적인 시선을 갖게 하는 데 영향을 준다.

이러한 근본적인 이유로 수학을 무시할 수 없고, 정규 교육을 받는 모든 학생에게 수학을 가르치는 것이다. 즉 수학은 단지 과학의 언어가 아니라 학문의 소통 수단이 되는 기초언어이다.

그러나 이러한 설명은 아이들에게 그렇게 마음에 와 닿지 않는 모양이었다. 아이들의 삶과는 너무 동떨어진 이야기라고 생각했다. 먼저 삶을 살고 있는 어른들만 애가 탈 뿐이다.

그렇다면 교사인 나는 어떤 학생이었나? 예전의 나는 수학을 좋아했나? 나는 수학을 잘하지 못했고, 무척 어려워했다. 문제를 많이 풀면 수학을 잘할 수 있다고 해서 교과서 개념도 잘 이해하지 못한 채 무작정 문제집만 풀기도 했다. 그러다 보니 풀 수 있는 문제보다 모르는 문제가 많아 포기할 수밖에 없었다. 그렇게 되니 수학이 참 싫었다.

그러다가 만난 한 선생님께서 교과서 개념을 확실히 알고 있으면 문제 풀이는 쉽다고 하셨다. 반신반의했지만 한 번 해 보기로 하고 차근차근 교과서의 개념을 공부했다. 그런데 교과서 개념을 알게 되자 수학이 점점 재미있어졌고 문제 푸는 것이 문제집만 가지고 씨름했을 때보다 훨씬 잘 풀렸다. 문제가 풀릴 때까지 계속 생각해 보며 접근했고 해결하였을 때의 그 개운함을 잊을 수 없다. 그런 경험이 계속되면서 수학에 대한 자신감을 찾을 수 있었다.

이런 나의 경험에 비추어, 개념을 확실하게 공부하고 문제를 풀게 되면 우리 반 아이들도 수학에 대한 자신감을 갖는 데 도움이 될 것이라 생각했다. 그렇다면 어떻게 아이들에게 개념을 잘 가르칠 수 있을까?

이 질문을 화두로 삼아 고민할 무렵 핀란드 수학 교육의 효율성에 대해 듣게 되었다. 요약하자면 핀란드 학생들은 하루 평균 4시간만 공부하고도 좋은 성적과 수학에 대한 흥미를 유지한다는 것이고, 우리나라 학생들은 하루 평균 8시간 공부하는데도 핀란드에 뒤처질 뿐만 아니라 수학에 대해 흥미가 떨어진다는 것이었다. 두 나라가 거의 비슷하게 평균 4시간 또는 8시간 공부했다면 그렇게까지 고민하지 않았을 텐데, 차이가 무척 많이 나는 공부시간과 수학에 대한 흥미 정도를 보며 우리나라 수학 교육에 대해 생각해 보는 계기가 되었다.

'아이들은 왜 그렇게 수학을 싫어할까?'

'수학 교과서가 그렇게 어려울까?'

'그럼 다른 나라 교과서는 어떤가?'

'어떻게 하면 아이들이 개념을 확실하게 이해할 수 있을까?'

'교사의 설명을 줄이고 대신 할 수 있는 것은 무엇일까?'

'핀란드 수학 교과서는 어떻게 생겼을까?'

'우리 수학 교과서와 핀란드 수학 교과서의 다른 점은 무엇일까?'

'교과서가 바뀌면 아이들이 달라질까?'

이런 생각으로 여러 자료를 찾으며 우리나라 수학과 핀란드 수학을 비교해 보았다. 핀란드의 수학 교과서 1~6학년 과정을 살펴보았는데, 내용이 그리 쉬운 것도 아니고 배우는 양도 우리나라와 비슷했다.

우리나라 수학 교과서와 핀란드 수학 교과서 비교

2학년 곱셈	
우리나라 수학 교과서	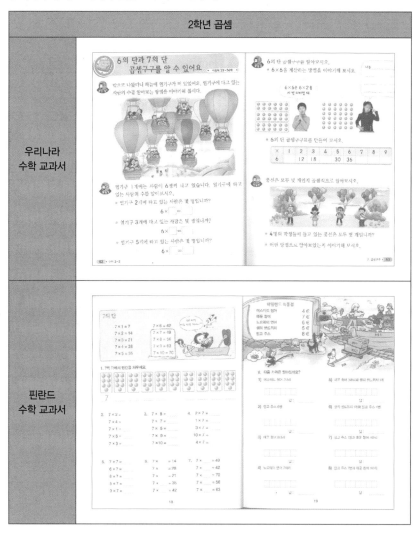
핀란드 수학 교과서	

6학년 분수	
우리나라 수학 교과서	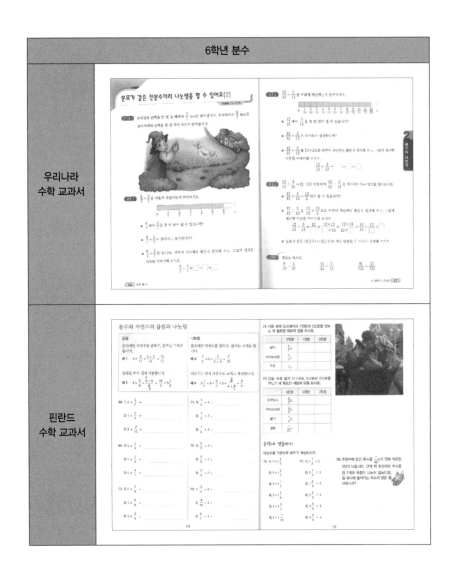
핀란드 수학 교과서	

우리나라 수학 교과서와 핀란드 수학 교과서는 어떤 차이점이 있을까?

우리나라 수학 교과서는 개념을 익히기 위한 질문이 자세히 제시되어 있으나 혼자 해석해서 해결하기 어렵다. 또한 문제를 해석해 가면서 개념을 이해해야 하므로 개념이해 및 문제풀이에 시간이 많이 필요하다. 한 학기에 많은 개념(6~7개의 단원)을 학습해야 하며 개념이해를 위한 쉬운 연습 문제가 부족하다.

반면에 핀란드 교과서는 개념을 이해하기 수월한 쉬운 문제가 많으며 이 문제를 연습하고 난 후에 스스로 개념 형성을 할 수 있도록 구성되어 있다. 또한 여러 번 생각할 수 있는 문제를 주어 쉬운 개념을 연습하고 난 후 다른 방식으로 접근해 보도록 유도한다. 개념 설명이 간단하게 제시되어 있고 한 학기에 많은 개념을 학습하지 않는다. 3개의 큰 단원만 있고, 충분히 연습할 수 있는 문제가 많다.

02
수학익힘책으로
시작한다

'대안은 없을까, 어떻게 해결할까?'라고 생각하며 다시 수학 교과서를 살펴보았다. '분명 수학과에 관심이 많은 집필진들이 편찬했을 텐데, 이 수학책을 잘 사용해서 아이들이 좀 더 쉽게 수학에 다가갈 수는 없을까?' 수학 교과서를 보고 또 보다가 수학익힘책을 보는 순간 깨닫게 되었다.

'수학익힘책에 연습 문제가 많구나!'

그렇게 생각하며 수학익힘책을 보니 개념을 쉽게 알 수 있는 연습 문제도 많고 편집도 잘 되어 있었다. 또한 한 차시에 아이들이 알아야 할 개념이 간단명료하게 제시되어, 그 개념을 바탕으로 문제를 연습하면서 개념에 대해 스스로 익힐 수 있게 구성되어 있었다. 수학익힘책의 연습 문제는 쉬운 문제부터 생각을 많이 해야 하는 문제까지 다양하게 있어서 개념을 익히고 여러 방면으로 생각해 볼 수 있어 더 없이 좋은 교재였다.

개념을 잘 익히게 되면 수학 교과서에 있는 단계적 질문을 통해 학생들 스스로 개념을 확장시킬 수 있다는 생각이 들었다. 그렇게 생각하며 다시 수학 교과서에 있는 질문을 살펴보니 그 동안 깨닫지 못했던 진리가 그 속에 있었다. 개념을 모른 채 수학 교과서를 보면 어렵게 느껴질 수 있는 질문들이 개념을 알고 접하게 된다면 스스로 공부할 수 있는 질문들로 구성되어 있었다. 우리 수학 교과서의 좋은 점을 다시 발견하게 되면서 교과서만으로도 충분히 수학 공부를 잘하게 할 수 있겠다는 자신감이 생겼다.

수학익힘책을 먼저 공부하자는 생각을 하며 공부 순서를 바꾸었다. 교사가 설명하는 시간을 줄이고, 아이들이 생각하고 활동하는 시간, 서로 가르칠 수 있는 시간을 많이 주려면 쉬운 것부터 연습해 봐야 했기 때문이다. 즉 수학익힘책에 있는 개념을 간단히 공부한 후에 수학책에 있는 내용을 서로 의논하면서 같이 공부하게 하는 방법으로 접근해 보았다.

이렇게 생각하게 된 가장 주된 이유는 '공부 방법에 따른 24시간 후 기억 비율'이라는 학습 피라미드에서 다른 사람을 가르치는 방법이 공부 내용을 90%나 기억한다는 것을 보았기 때문이다. 그래서 수학익힘책으로 먼저 개념을 익히고 학생 스스로 수학 교과서를 공부하며 개념을 다지는 방법으로 순서를 바꾸었다.

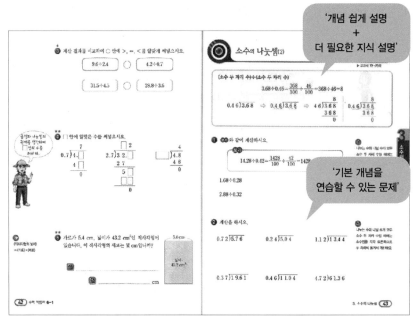

수학익힘책

03
친구와 함께하는
수학 하브루타

　'서로 짝을 지어 질문하고 대화하고 토론, 논쟁하는 활동을 수학 시간에 할 수 있을까?'라고 고민하는 교사가 많다. 나는 국어와 사회 하브루타 수업에서 아이들의 활기찬 모습을 보며 수학에 적용해도 아이들이 즐겁게 수학을 배울 수 있을 것이라 확신했다. 예상은 적중했다.

'수학은 즐겁게 공부할 수 없는 것일까?'
'어떻게 하면 아이들이 개념을 확실하게 공부할 수 있을까?'
'교사의 설명을 줄이고 대신 할 수 있는 것은 무엇일까?'
'교과서가 바뀌면 아이들이 달라질까?'

스스로 질문을 던지고 치열하게 고민하며 해결방법을 찾던 중 아주 적절한 방법을 찾았다. 이 질문에 대한 해결 방법이 바로 하브루타의 '친구 가르치기'이다.

'친구 가르치기'를 수학 시간에 가장 효율적으로 적용할 수 있는 방법이 무엇인지 생각하면서 찾은 해결책은 모두가 선생님이 되는 것이었다. 그렇다면 어떻게 모두 선생님이 될 수 있을까?

지금까지 친구를 가르치는 것은 공부 잘하는 아이의 몫이었다. 공부 잘하는 학생은 가르치면서 알고 있는 개념과 모르고 있는 개념을 확실히 알게 되고 모르는 내용을 더 복습할 수 있었다. 의도하지는 않았지만 친구를 가르쳐 주면서 부족한 부분에 대해 더 공부하게 되고 자신의 실력을 다진 것이다. 반면에 배우는 학생은 듣는 공부 방법으로 기억에 그리 오래 남지 않는 비효율적인 공부 방법을 계속 유지해 왔으니 서로의 격차가 벌어지는 것은 당연한 결과였다.

듣는 것은 5%밖에 기억에 남지 않고 가르치는 것은 90%나 기억에 남는다. 가르치는 것이 가장 효과적이라면 교실에서 할 수 있는 방법은 단 하나였다. 모두가 다른 사람을 가르쳐 보는 것이다. 그런데 '모두가 선생님이 되는 것이 가능할까?'

수학 시간에는 이미 수준 차이가 있어 모든 친구가 다른 친구를 가르칠 수 있는 것은 아니었다. 좋은 방법을 알고도 모두에게 적용할 수 없다는 것이 너무나 아쉬웠다. '어떻게 하면 모든 아이가 친구를 가르치게 만들 수 있을까?'

답은 생각보다 간단했다. 가르칠 내용이 간단명료하면 되는 것이었다.

너무 많은 내용을 가르치면 수학을 힘들어 하는 학생은 이해하지 못하고, 더욱이 친구를 가르치는 것은 엄두도 내지 못하기 때문이다. 그러므로 교사가 가르쳐야 할 내용을 짧게 설계하여 제시할 필요가 있다.

이런 기준에 따라 아이들에게 수학익힘책에 나와 있는 아주 간단한 개념만 설명한다. 물론 그 개념에 필요한 관련 지식도 함께 설명한다. 그렇게 설명을 간단히 하면 양이 많지 않기 때문에 누구나 수학 시간에 친구를 가르치며 공부할 수 있게 된다. 그 방법을 구체적으로 제시하면 다음 단계처럼 나눌 수 있다.

친구 가르치기 학습 모형 I

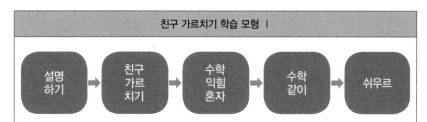

친구 가르치기 학습 모형 I

설명하기 → 친구 가르치기 → 수학 익힘 혼자 → 수학 같이 → 쉬우르

1단계 : 교사의 설명
2단계 : 교사의 설명을 듣고 짝을 지어 서로 친구 가르쳐 주며 질문하기
3단계 : 수학익힘책의 문제를 혼자 풀고, 짝과 함께 채점하기
4단계 : 수학 교과서의 활동 1, 2 문제를 나눠 풀고 짝에게 설명해 주기
5단계 : 쉬우르 단계로 풀리지 않는 문제를 교사에게 질문하여 전체가 같이 풀기
　　　　 또는 학습내용 정리하기

[1단계-교사의 설명]

  교사의 설명은 되도록 짧게 한다. 전시 학습에 대한 복습과 본시 학습의 설명 시간을 합쳐서 10분을 넘지 않게 구성한다. 수학익힘책에 나와 있는 간단한 개념을 좀 더 쉽게 아이들에게 설명하는 것이다. 개념 자체가 간단하게 나와 있어서 자연스럽게 설명이 짧아진다.

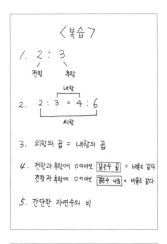

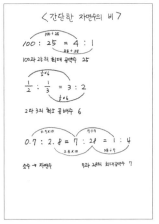

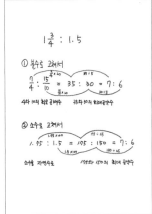

매 차시마다 새로운 개념을 설명하기 전에 앞에서 배웠던 내용을 간단히 한 번 더 복습하며 칠판에 적어 주는 것도 좋다. 개념을 명확히 하고 앞 차시와 뒷 차시를 연결시켜 주는 효과가 있다. 친구 가르치기를 할 때 판서를 참고할 수 있도록 칠판에 설명한 내용은 지우지 않고 그대로 둔다.

[2단계-친구 가르치기]

수학 노트에 학생들이 각자 선생님이 했던 설명을 그대로 적으면서 교사가 설명하듯이 설명하게 한다. 그림이 필요하면 그려 가며 설명하는 것도 좋다. 시시하게 생각하는 학생도 있는데, 그럴 경우 친구 가르치기가 어떤 효과가 있는지 학습 피라미드를 보여 주며 설명해 주고, 주변의 공부 잘하는 친구들이 수학 시간에 수학 도우미로 가르쳤던 예를 들면 적극적으로 활동하는 데 도움이 된다.

모두 학생이 가르치는 것을 원칙으로 한다. 잘하는 학생들은 쉽게 하지만 그 동안 수학을 어려워했던 학생들은 주저하기 마련이다. 이때 좀 더 잘하는 친구가 먼저 가르칠 수 있도록 제안한다. 그러면 선생님의 설명을 한 번 듣고, 친구의 설명을 한 번 더 들으면서 수학을 어려워하는 아이도 가르칠 용기를 갖게 된다. 모를 때는 칠판을 보며 설명해도 된다고 알려 주고 서로 가르치는 시간은 각각 5분을 넘지 않게 한다.

이렇게 하면 교사는 아이들이 서로 잘 가르치는지 순시하면서 확인하고 수학을 많이 어려워하는 학생에게 가서 집중적으로 알려 줄 수 있는 시간을 확보할 수 있다. 그러면 수학을 어려워하는 친구와 짝이 된 학생도 안심을 하며 자신의 문제 풀이 시간을 갖게 된다.

친구 가르치기를 하면 서로 간에 하는 질문이 자연스럽다. 선생님이 설명할 때는 손을 들어 질문하기 어려워하는 학생도 친구가 가르칠 때는 모르는 내용을 바로 질문하며 해결한다. 모르는 내용을 바로 질문하여 해결하고, 짝과 함께 해결하지 못할 때는 선생님께 질문하게 되는데, 짝도 같이 모른다는 안도감 때문인지 그 동안 손을 들기 어려워하던 학생들이 손을 들어 질문하는 빈도수가 높아졌다.

이렇게 서로 질문을 주고받으며 가르치다 보면 자연스럽게 공부하는 분위기가 만들어진다. 친구들과 같이 문제를 해결하는 아이들의 입가에 저절로 웃음이 생기며 활기차게 공부를 하고 교사도 자연스럽게 아이들 곁으로 더 다가갈 수 있는 분위기가 된다.

[3단계–수학익힘책 각자 풀기]

친구 가르치기가 끝난 후에는 수학익힘책을 혼자 풀어 본다. 수학익힘책을 혼자 풀면서 선생님과 친구의 설명을 듣고, 친구를 가르쳐 본 후에 자기가 제대로 개념을 이해했는지 쉬운 문제부터 풀어 가며 확인해 본다. 다 풀면 답은 친구와 같이 맞춰 본다. 답이 같거나 해답지와 같으면 이해가 된 것이고 답이 다르면 왜 다른지 한 번 더 서로 풀어 보기 때문에 오개념을 걸러 낼 수 있다.

수학익힘책을 풀다가 이해가 되지 않거나 풀리지 않을 때는 짝과 같이 해결해 보고, 선생님께 도움을 요청한다. 이때 교사는 순시하며 아이들의 개별 질문에 대답해 줄 시간이 확보되어 아이들에게 더 자세하게 질문에 대답해 줄 수 있게 된다. 아이들은 친구 가르치기 후에 알고 있는 내용으로 문제를 풀기 때문에 문제 풀이를 즐겁게 하게 되고 친구와 모르는 문제가 같다는 안도감에 적극적으로 질문한다.

같은 질문을 여러 명이 동시에 하는 경우가 있는데, 이를 통해 공통으로 어려워하는 문제를 파악할 수 있다. 많은 아이가 어려워하는 문제는 남겨 놓고 나머지 문제 풀이를 하게 한다. 많은 학생이 어려워하는 문제는 전체 쉬우르(종합, 정리) 시간에 교사와 같이 풀면서 해결해 보는 과정을 거친다. 그리고 그 문제를 다시 한 번 풀어 볼 시간을 준다.

[4단계—수학 같이]

수학 교과서는 개념을 잘 이해하기 위해 단계적 질문으로 구성되어 있다. 질문을 다른 사람이 풀어 주는 것보다 스스로 해결하면 수학적 사고를 기르는 데 많은 도움이 된다. 친구 가르치기와 수학익힘책으로 개념 연습이 다 되었다면 수학 교과서로 질문의 단계를 해결해 가며 개념을 확실하게 공부할 수 있다.

수학 교과서는 대개 활동 1, 2로 되어 있으므로 한 사람씩 나눠서 활동 1, 2를 각자 생각해 보고 풀어 본 뒤에 친구에서 설명하면서 질문하고 문제를 같이 해결하게 한다. 앞서 설명을 듣고 친구에게 가르쳐 보고 연습 문제를 통해 공부한 개념을 혼자서도 충분히 알 수 있는지 점검해 본다.

수준 차이가 많이 나서 점검하는 시간이 많이 다른 경우에는 서로 힘들어 한다. 그런 때에는 더 잘하는 아이가 일정 부분은 힘들어 하는 친구에게 설명을 해 주며 같이 공부하고 나머지는 혼자 생각할 시간을 주도록 한다. 이런 경우 교사가 힘들어 하는 학생을 적극적으로 도와줄 수도 있다.

그 시간에 잘하는 학생이 수학책의 문제를 모두 해결하였다면 복습 문제집이나 개인 과제를 공부하는 시간을 주거나, 퍼즐 문제를 하나씩 제공하여 새로운 문제를 해결할 시간을 주면 수학에 대한 흥미를 유지시키는 데 도움이 된다. 수학 교과서의 문제를 모두 해결하였다고 다른 친구와 놀게 되면 다 풀지 못한 친구들도 놀고 싶어지므로 지속적인 공부 분위기를 만들어 주어야 한다.

수학 교과서 활동 1, 2를 각자 풀 때 둘 다 내용이 어려워 모르는 경우에는 교사에게 도움을 요청한다. 반 학생들 대부분이 질문하는 문제는 전체 쉬우르(전체 문제 풀이, 종합, 정리 시간)를 통해 교사가 설명해 주며 함께 생각하는 시간을 갖는다.

[5단계-쉬우르]

수학 수업 전체에 대한 정리 시간이다. 이 시간에는 그날 배운 중요한 내용을 잠깐 이야기하거나 대부분의 학생이 어려워하는 문제를 전체가 같이 생각해 보는 시간을 갖는다. 이때 교사가 약간의 설명을 해 주면 이해하기 어려워했던 문제라서 교사의 설명에 더 집중한다.

교사가 설명한 다음에는 다시 스스로 풀어 볼 수 있는 시간을 주는데, 이때도 친구에게 서로 가르치면서 문제를 풀어 본다. 어려웠던 하나의 문제를 선생님과 한 번, 친구와 두 번, 합쳐서 세 번을 풀게 되는 것이다.

대부분이 어려워하는 문제는 교사가 설명할 수도 있고 지원자를 받아서 설명하게 해도 좋다. 지원자가 설명했을 때 보충할 부분이 있다면 보충해 주고, 그렇지 않다면 바로 앞의 경우처럼 친구에게 서로 설명하며 풀어 보도록 한다.

쉬우르 마지막 부분에서는 그날 자기와 짝을 해 준 친구에게 감사 인사를 전하며 마무리한다.

수학 40분 흐름

선생님 설명(5~7분) 친구 가르치기(각 3분씩 6분)

수학 익힘책 혼자 풀기(10분) 수학 풀고 친구 가르치기(10분)

쉬우르 문제 풀이 또는 정리(7~9분)

Tip 매 수학 시간마다 짝을 바꿔 준다. 그러면 아이들이 어떤 친구와 짝이 되어도 편하게 학습하게 된다. 다음 시간에 또 다른 학생을 만나기 때문에 학습 부담이나 관계에 대한 부담이 적어 수학 수업에만 집중할 수 있는 환경이 조성될 수 있다.

친구 가르치기 학습 모형 Ⅱ

가르칠 내용을 스스로 공부하는 것과 다른 사람에게 설명을 들어서 공부하는 것 중에 어떤 것이 효과적일까? 지식을 스스로 구성할 것인가, 다른 사람의 설명으로 채울 것인가? 배우는 것도 효과적이지만 자기만의 방법을 찾아가는 것도 효과적이다. 설명을 듣고 배우는 것도 필요하지만 내가 배우고 싶은 내용을 찾아서 스스로 공부하는 것도 필요하다. 특히 수학에서는 자기만의 방법이 필요할 때가 있다. 그렇다면 가르칠 내용을 알아 가는 측면에서 친구 가르치기의 또 다른 방법에는 어떤 것이 있을까?

자신이 공부하여 찾아낸 방법을 친구에게 가르쳐 줄 수 있다면 수학 시간에 더 적극적으로 공부할 것이라 생각했다. 그래서 수학에서 지식을 스스로 구성할 수 있는 부분이 어디에 있는지 찾아보았다. 이런 고민 끝에 수학 친구 가르치기 학습 모형 Ⅱ를 만들어 아이들과 함께 시행해 보았다.

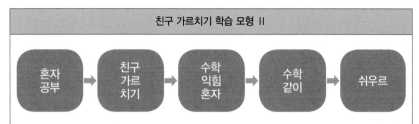

친구 가르치기 학습 모형 II

혼자 공부 → 친구 가르 치기 → 수학 익힘 혼자 → 수학 같이 → 쉬우르

1단계 : 혼자 공부하기
2단계 : 교사의 설명을 듣고 짝을 지어 서로 친구 가르쳐 주며 질문하기
3단계 : 수학익힘책의 문제를 혼자 풀고, 짝과 함께 채점하기
4단계 : 수학 교과의 활동 1, 2 문제를 나눠 풀고 짝에게 설명해 주기
5단계 : 쉬우르 단계로 풀리지 않는 문제 교사에게 질문하여 전체가 같이 풀기 또는 학습내용 정리하기

[달라진 1단계 – 혼자 공부하기]

친구 가르치기 학습 모형 I과 달라진 것은 선생님의 설명 대신 혼자 공부하는 것이다. 수학 교과를 살펴보니 혼자 공부해도 되는 단원이 있었다. 앞 단원에서 개념을 배웠거나, 이미 알고 있는 지식들을 활용하면 혼자 공부가 가능했다. 이런 경우 자기만의 풀이 방법을 찾아낼 수도 있다.

이런 단원에서 스스로 공부한 뒤 친구를 가르쳐 보면 자신이 아는 것과 모르는 것을 명확하게 파악할 수 있다. 예컨대, 사각형의 넓이를 아는 친구들은 직육면체의 겉넓이는 혼자 탐구해서 구할 수 있다. 이렇게 스스로 공부해서 친구를 가르치라고 했더니 또 다른 활기가 생겼다.

하브루타 수학 연수 강의를 했을 때의 일이다. 교사가 설명한 내용을 그대로 가르치는 방식의 실습과, 주제만 주고 각자 인터넷이나 교재를 보고 공부를 한 다음에 다른 사람을 가르치는 방식 두 가지 실습을 하였다. 그때 선생님들의 반응이 의외였다. 지식인들이라고 할 수 있는 선생님들조차 내용을 찾아서 알아서 공부하고 가르치라고 했더니 정말 답답해 하고 공부하고 싶지 않다는 반응이 대부분이었다.

학부모에게도 같은 실습을 해 보았다. 학부모의 반응 역시 비슷했다. 모르는 내용을 스스로 찾아서 다른 사람에게 설명해 보라고 하니 막막하고 답답했다고 한다.

다른 과목에서는 한글을 읽을 수만 있다면 그 내용을 스스로 공부하고 해석하는 데 크게 무리가 없는 경우가 많다. 이론적으로 공부할 내용을 스스로 찾아서 공부하여 지식을 구성하고 그 지식을 친구에게 가르치면서 나눠 주는 것은 더할 나위 없이 좋은 방법이다. 그러나 새로운 지식을 익혀야 하는 수학은 좀 다르다.

수학에서는 교사가 먼저 설명하고 친구를 가르치는 방식이 효과적이다. 다만 같은 내용이 반복되거나 이미 알고 있는 내용으로 충분히 지식을 구성할 수 있는 단원이 이어질 때는 혼자 공부해서 친구를 가르치는 방법이 더 효과적일 수 있다. 이 두 방법을 적절히 조화시켜 수업을 계획하는 것은 교사의 몫이다.

04
질문으로 공부하는
수학 하브루타

질문 중심 하브루타 적용 수업

하브루타의 꽃이라고 할 수 있는 질문 만들기는 수학에서도 필요하다. 이미 정답이 정해져 있는 수학에서도 질문이 가능할까? 가능하다.

수학 단원을 접하면서 아이들과 공부하고 싶은 내용 또는 알고 싶은 내용에 대해 질문을 만들어 보라고 했다. 이는 단원을 처음 시작할 때 아이들의 호기심을 자극하며 공부할 수 있는 마음을 갖게 하는 데 효과적이다.

각자 궁금한 점 5개 정도의 질문을 만들고 만든 질문을 돌아가면서 발표한다. 겹치는 질문은 발표하지 않아도 된다. 그렇게 아이들이 함께 만든 질문 31가지는 다음과 같다.

1. 원기둥의 구조는 무엇일까?

2. 원기둥 전개도를 그리려고 할 때 주의할 점은?

3. 원기둥의 겉넓이와 부피의 차이점은?

4. 원뿔의 구조는?

5. 원과 구의 차이점은?

6. 원기둥의 부피 구하는 방법도 원의 넓이 구하는 것처럼 할 수 있을까?

7. 원뿔의 높이를 구하는 방법은?

8. 구 모형의 넓이는 어떻게 구할까?

9. 구 모형의 구조는?

10. 원기둥의 겉넓이를 구하는 방법은?

11. 원기둥의 부피를 구하는 방법은?

12. 원기둥 모양을 만들 때 주의할 점은?

13. 각뿔의 넓이는 어떻게 구할까?

14. 구는 부피를 구할 수 있을까?

15. 전개도를 보고 원기둥의 겉넓이를 어떻게 구할까?

16. 원뿔을 펼치면 옆면은 어떤 모양일까?

17. 왜 원기둥이라고 할까?

18. 원기둥의 전개도가 왜 필요할까?

19. 구란 원의 입체일까?

20. 구는 어디에서 봐도 모양이 같을까?

21. 원뿔의 모선은 어떻게 구할까?

22. 원기둥을 옆으로 누운 것을 왜 보여 주지 않을까?

23. 구는 어떤 방법으로 만들 수 있을까?

24. 원뿔의 부피는 어떻게 구할까?

25. 구의 전개도가 있을까?

26. 원기둥의 위에 있는 면을 왜 밑면이라고 할까?

27. 원기둥의 전개도만을 이용해서 부피를 구할 수 있을까?

28. 원뿔, 원기둥, 구의 차이점과 공통점은?

29. 부피를 구하는 식 안에 들어 있는 구성 요소는 어떻게 나왔을까?

30. 구의 중심은 어디에 있을까?

31. 원뿔의 각이 동그랗다고 해도 원뿔이라고 할 수 있을까?

단원에 처음 들어갈 때 아이들과 함께 질문은 만들면서 그 단원을 전체적으로 보며 공부할 내용을 파악하는 단계이다. 31가지 질문에 답할 수 있는 것도 있고 없는 것도 있다. 답할 수 있는 것을 먼저 대화를 나누며 알아 간다. 답할 수 없는 것은 왜 답할 수 없는지 확인해 보고, 찾아보고 싶은 사람은 찾아보게 한다. 그랬더니 자연스럽게 원기둥, 원뿔, 구에 대해서 아이들이 스스로 공부하는 시간이 되었다.

그 중에서 재미있었던 것은 구의 전개도 관련이었다. 아이들은 구의 전개도를 그릴 수 없다는 아이들과 그릴 수 있다는 아이들로 나뉘어 서로의 주장에 대해 근거를 제시하였다. 전개도를 그릴 수 없다는 아이들은 구를 일정하게 자를 수 없기 때문에 어렵다는 내용으로 주장하였고, 전개도를 그릴 수 있다는 아이들은 축구공을 예로 들었다. 축구공의 실밥을 모두 뜯어 보면 분명 일정한 전개도가 나온다는 주장이었다.

초등학교 과정을 훌쩍 뛰어 넘는 이야기들이라서 결론을 열어 둘 수밖에 없었지만, 아이들이 전개도에 대해 확장된 사고를 가질 수 있는 귀한 시간이었다.

이렇게 질문은 교과 과정을 잘 알게 하기도 하고, 그 과정을 뛰어 넘는 호기심으로 흥미를 갖게 하기도 한다.

문제 만들기로 성장하는 수학

개념을 알아 갈 때 그 개념을 공부하고 나서 문제 풀이를 하면 개념을 이해하기 쉽다. 그렇다면 문제를 만들어 보면 어떨까?

아이들의 수학적 사고 능력을 향상시키는 '무엇'이 있으면 좋겠다는 생각이 들어서 고민하다가 문제를 직접 만들어 보면 개념과 수학적 사고력이 더 향상될 것 같았다. 수학 문제를 만든다는 것은 그 개념을 어느 정도 이해하였을 때 가능하기 때문이다.

'학생들이 각자 문제를 만들고 해답을 정리해 보면서 수학적 사고력이 좀 더 발전하지 않을까?'라는 생각으로 아이들에게 수학 문제를 만들어 친구들과 서로 풀어 보게 하였다. 그랬더니 어떤 아이는 아주 어려운 문제만 만들고, 어떤 아이는 쉬운 문제만 만들어 서로 바꿔 풀게 하니 형평

성에도 어긋나고 힘들어 했다.

'문제 만들기는 좋은데, 난이도를 어떻게 맞출 수 있을까?' 고민 끝에 다른 교과에서 적용하는 하브루타 질문 만들기(사실 질문, 적용 질문, 종합 질문)에서 힌트를 얻어 수학 문제 만들기의 기준을 정했다. 그 기준은 다음과 같다.

하브루타 질문 만들기와 수학 문제 만들기의 기준

하브루타 질문 만들기	수학 문제 만들기
· 사실 질문 · 적용(실천) 질문 · 종합(메타) 질문	·한 번의 과정으로 해결되는 문제 ·두 번의 과정을 거쳐야 해결되는 문제 ·세 번 이상의 과정을 거쳐야 해결되는 문제

이 기준에 따라 학생들과 문제를 만들어 보고 서로 풀어 보게 하였다. 문제 만드는 학생 또한 개념이 명확해야 풀이 과정을 미리 생각하며 문제를 만들기 때문에 서로에게 도움이 되는 활동이 되었다. 학생들은 기준을 재미있어 하며 문제를 만들기 시작했다. 그리고 친구들이 만든 문제라 더 쉽고 친근하게 풀어냈다.

문제 만들기의 기준에 따라 아이들이 만든 문제를 보니 간단한 문제도 있고, 전문가 수준의 문제도 있었다. 물론 책의 문제를 비슷하게 따라 하기는 했지만 그 문제를 만들면서 아이들은 매우 진지했다. 숫자를 바꿔 가며 자신이 다시 문제를 풀어 보고 숫자를 넣는 아이도 많았다.

자기가 푸는 것이 아니라 짝이 푸는 문제를 만들라고 했더니 숫자가 아주 큰 문제를 만드는 아이도 있었다. 곤란해 하는 짝의 표정을 보며 수학 문제 만드는 시간을 즐거워했다. 짝에게 그런 곤란한 문제를 풀고 싶으면 풀고, 어렵다고 생각하면 출제자에게 풀이 방법을 바로 설명해 달라고 해도 된다고 했더니, 출제자도 곤란한 표정을 지었다. 그 모습을 보며 우리는 다 같이 웃었다.

아이들과 단원 평가지 분석도 함께 해 보았다. 어떤 문제가 한 번의 과정으로 해결되는 문제인지, 두 번의 과정을 거쳐야 해결되는 문제인지 등을 살펴보았다. 아이들은 시험 문제가 이런 기준에 의해 구성되는 것이 신기하다고 했다. 지금까지 문제만 풀었지 그 기준을 생각해 보지 않았기 때문이다.

그냥 쉬운 문제와 심화 문제 정도로만 인식하고 있었는데 몇 번 생각하는지 구체적으로 알게 되니 더 이해하기 쉽다고 했다. 그리고 어려워하거나 싫어하는 문제가 세 번 또는 그 이상을 생각해야 해서 그랬다는 것을 알게 되었다. 문제를 풀지 않고 그냥 분석만 하는 것으로도 수학 문제를 다른 관점으로 보게 되었고, 수학 문제의 비밀을 파악한 계기가 되었다.

다음에는 문제 만들기에 답이 없거나 답이 여러 개인 수학 문제 만들기도 해 보려고 한다. 그런 문제를 만들게 되면 아이들은 더더욱 수학을 즐길 수 있게 될 것이다. 어쩌면 그것을 계기로 이후에 이 아이들 중에서 수학자가 나올지도 모를 일이다.

삶을 연결하는 수학 스토리텔링

교과서 학습 도입 부분에 제시된 스토리텔링을 보면 동기 유발이 되기도 하지만 아이들의 생활과 너무 많이 떨어져 있어 제대로 기능을 발휘하지 못하는 경우도 있다. '어떻게 활용하면 수학 단원과 아이들 생활을 밀접하게 연결시킬 수 있을까?' 거기에서 고민을 시작하여 마침내 스토리텔링의 또 다른 활용 방법을 찾았다.

처음에 스토리텔링을 들려주는 대신에 아이들과 개념 공부를 3~5차시 정도 한 후에 그 단원에서 어떤 개념들이 있는지 확인하고 핵심개념과 자신의 생활을 연결 지은 이야기를 만들게 하였다.

'나만의 스토리텔링은 어떻게 만들까?'
'나의 생활과 어떻게 연결할 수 있을까?'
'개념과 생활이 연결되어 이 단원을 나타내려면 무엇이 필요할까?'

이처럼 세 가지 질문을 통해 아이들은 개념과 생활과의 관계를 이해하고 자신만의 스토리텔링을 만들 수 있었다. 다음은 우리 반 아이가 자신의 생활과 연관지어 만든 스토리텔링이다.

용돈을 비례배분으로 나눠 준다면 누나가 나보다 많이 받아야 한다.
왜냐하면 누나는 더 많이 돌아다니고 하고 있는 일도 많기 때문이다.
예를 들면 영화도 보고, 친구들과 만나는 곳도 시내이고, 미용실도 자주 간다.

그래서 용돈을 누나가 많이 받아야 한다.

누나는 나보다 용돈을 많이 받는다. 부모님은 4만 원을 3:1로 비례 배분하여 누나는 3만 원, 나는 1만 원을 주신다. 처음에는 누나가 많이 받아서 속상하기도 했지만 비례배분을 공부하고 보니 누나가 다니는 곳도 많고 할 일도 많아서 많이 받아야 하는 것이 이해가 되었다.

누나는 친구들과 영화도 보고, 문제집 사는 돈도 필요하고, 미용실도 가야 한다고 말한다. 나는 친구들과 운동장에서 만나서 놀면 되고 핸드폰으로 게임하면 되니까 1만 원이면 부족하지만 그래도 괜찮다.

이제 누나가 많이 받는 것에 대해 좀 더 이해할 수 있게 되었다.

발표를 통해 친구들과 연결된 스토리텔링, 자신의 생활과 연결된 스토리텔링을 접하면서 아이들은 수학적 개념을 바탕으로 한 논리적 사고력을 더 확장시킬 수 있게 된다.

앞에서 제시한 여러 가지 하브루타 모형은 주제에 따라 구성할 수 있다. 다음은 단원 구성의 예시이다. 6학년 2학기 수학 내용 중 2.비례식과 비례배분을 하브루타로 구성해 보았다.

2. 비례식과 비례배분	
내용	**하브루타 적용 방법**
비례식을 알 수 있어요.	질문 만들어 탐색하기
비의 성질을 알 수 있어요.	친구 가르치기 모형 Ⅰ
간단한 자연수의 비로 나타낼 수 있어요.	친구 가르치기 모형 Ⅰ
비례식의 성질을 알 수 있어요.	친구 가르치기 모형 Ⅰ
비례식을 이용하여 문제를 해결할 수 있어요.	친구 가르치기 모형 Ⅱ
비례배분을 알 수 있어요.	친구 가르치기 모형 Ⅱ
나만의 스토리텔링 만들기	나만의 스토리텔링 만들고 짝과 질문하며 대화하기
비례배분을 이용하여 문제를 해결할 수 있어요.	문제 만들어 바꾸어 풀어 보기
공부를 잘 했는지 알아봅시다.	개념 연습
문제해결-여행경비	질문 만들기 수업 모형
단원 평가 또는 수행평가	평가하기

05
놀랍게 성장한
수학 실력

친구 가르치기 하브루타로 수업하기 전

앞에서도 말했듯이 아이들이 수학 시간을 많이 힘들어 했다. 힘들어 하는 이유로는 지루하다, 모르는 내용이 많다, 그냥 너무 어렵다, 친구들은 잘 하는데 나만 못하는 것 같다 등 다양했다. 심지어 아이들은 수학을 만든 사람이 원망스럽다고도 했다. 아이들이 수학을 힘들어 하는 까닭이 무엇인지 고민하며 아이들의 성적을 분석해 보았다. 이는 내가 가르치는 방법을 다시 점검하는 계기가 되었다. 먼저 1학기 주요 수학 단원평가를 살펴보니 우리 반의 점수 분포도는 다음과 같았다.

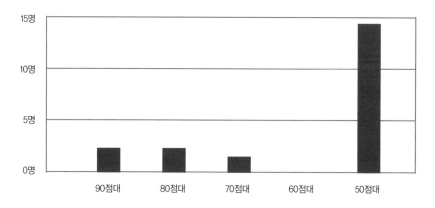

1학기 단원 평가 평균

표로 보니 아이들이 왜 그렇게 수학을 어려워했고, 수학 시간을 힘들 어 했는지 명확하게 보였다. 몇 개의 주요 단원을 평균으로 봤을 때 대개 이런 분포를 보였다. 즉 중상위권이 소수이고 하위권 아이가 많다 보니 수학 그 자체가 어려웠던 것이다.

일반 학급에서는 중상위권 학생이 많은 데 반해, 우리 반에서는 하위 권 학생이 압도적으로 많았다. 그렇게 아이들의 실태를 정확히 알고 나 니 앞으로 어떻게 가르쳐야 할지가 명확해졌다. 우리 반 아이 대부분은 한 번에 알려 주는 강의식 수업 방식으로는 수학 개념을 이해하기 어려 웠을 것이다. 이런 분석을 통해 아이들이 수학을 즐겁게 배우고, 수학 개 념을 잘 알 수 있는 방법이 무엇이 있을지 고민을 많이 하게 되었다.

'친구 가르치기 하브루타'로 수업하고 나서

수학을 어려워했던 아이들은 처음에 친구 가르치기를 매우 귀찮아하고 힘들어 했다. 하지만 변화가 있을 거란 믿음에 계속 친구 가르치기 방법으로 진행했다. 다행히 친구 가르치기를 통한 학습 효과는 바로 나타났다.

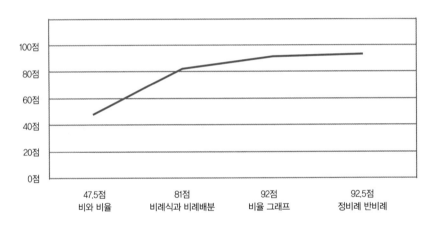

평균의 변화

점수 \ 단원	1학기	2학기		
	비와 비율	비례식과 비례배분	비율 그래프	정비례 반비례
평균	47.5점	81점	92점	92.25점
100점	0명	5명	9명	9명
90점대	2명	5명	5명	5명
80점대	2명	5명	4명	3명
70점대	1명	1명	1명	3명
60점대	0명	1명	1명	0명
50점 이하	15명	3명	0명	0명
총계	20명	20명	20명	20명

위의 그래프와 표를 살펴보면 상위권 학생이 많이 늘어났고 하위권 학생이 눈에 띄게 줄어들었다. 80점 이상 학생이 4명에서 17명으로 늘어났고 60점 이하 학생은 15명에서 0명으로 줄어들었다.

처음 '비례식과 비례배분' 평가에서 반 평균이 47.5점에서 81점으로 거의 34점이 올랐다. 아이들은 친구 가르치기 효과라고 생각하지 않았다. 어쩌다가 그럴 수도 있는 것이고 선생님께서 강조하니 그런 결과가 나온 것일 수도 있다 했다. 설마 친구 가르치기가 바로 효과가 나타나겠냐는 생각에 거의 믿지 않았다. 나도 놀란 건 마찬가지였고 아이들처럼 반신반의하며 효과를 온전히 받아들이지 않았다.

두 번째 '비율 그래프'에서는 반 평균이 92점까지 올랐다. 처음으로 50

점 이하 학생이 없었다. 한 명은 평균이 아주 많이 올랐는데, 그 학생은 95점 맞은 친구들이 틀렸던 문제를 풀어내서 친구들에게 축하 박수까지 받았다. 아이들은 놀라워했다. "정말 친구 가르치기가 효과가 있나 보다."라고 조금씩 마음의 문을 열기 시작했다. 모든 친구가 수학을 가르칠 수 있다는 것을 의심한 아이가 많았기 때문이다.

수학 가르치기 시간에 가르칠 수 없다고 아무 말도 하지 않은 아이도 있었다. 그런 아이한테는 교사가 가서 다시 설명해 주고 금방 설명한 것을 다시 설명해 보라고 하였다. 그렇게 하니 아이들이 조금씩 달라졌다. 그런 아이들의 변화가 이렇게 큰 폭으로 나타난 것이다.

반 평균 92점이면 정점이라고 할 수 있었다. 교사인 나도 다음번에는 떨어질 것이라고 생각했다. 그런데 세 번째 결과에서 우리는 또 한 번 놀랐다. 평균이 92.25점으로 미미하지만 올랐던 것이다. 유지만 해도 좋은데 올랐다는 것 자체로 우리는 친구 가르치기의 놀라운 효과를 완전히 확신하게 되었다. 아이들이 정말 좋아했다. 이번에는 70점 미만 학생이 없었다. 자신의 성적 변화에 아이들은 자신감을 갖기 시작했다.

06
놀라운 변화,
하브루타

아이들에게 자신들의 변화에 대해 어떤 생각을 가지고 있는지 물어보았다. 수학에서 하브루타를 적용하면서 아이들이 잘 받아들이고 이 수업 방법이 도움이 되는지 궁금했다. 새로운 시도를 하면서 여러 가지 걱정을 했기에 불안함도 있었다.

-친구들과 같이 알려 주고 배우고 하는 것이 나한테 도움이 되었다. 알려 준 것이 기억에 잘 남았고 배울 때 재미있게 배울 수 있어서 좋았다. 전과 비교해 보면 지금 하는 방법으로 했을 때의 수학 시험 점수가 더 높다.

-하브루타 방식대로 하니까 나중에도 머릿속에 많이 남고 모르는 것이 없어

졌다. 시험을 봤는데 40점대에서 90점대까지 올라서 좋다. 틀린 것도 모르는 것이 아니라 실수한 것이라서 나쁘지 않고, 지금까지도 머릿속에 남아 있다. 점수가 많이 올라서 그 방법이 좋은 것 같다.

-모르는 문제를 알고 친구와 같이 배우면서 아는 것과 모르는 것을 공유해서 더 알게 되었다. 시험도 더 쉽게 느껴지고 시험 점수가 향상되어 좋다.

-친구와 이야기하며 내가 가르쳐야 하니까 그만큼 공부하게 되었고, 공부를 가르친다는 긴장감 덕분에 기억이 오래가서 시험이 그리 떨리지 않았다. 틀린 것도 실수이고, 모르는 문제가 없다는 것이 좋았다.

-질문으로 토론하며 수학 개념을 공부하는 것이 신기했고, 구의 전개도 관련 토론은 축구공을 새롭게 바라보는 계기가 되었다.

-하브루타를 사용하여 수학을 배우니 머릿속에 배운 내용이 잘 들어왔다. 시험 점수를 보니 1학기 때보다 올랐다. 확실히 그냥 배우는 것보다 하부르타가 더 좋은 것 같다.

-내가 모르는 것을 가르치려 하니까 어떻게 해야 할지 몰라서 더 공부하여 모르는 것을 잘 알고 보충할 수 있었다.

-친구를 가르치면서 같이 질문하고 맞춰 보니까 더 쉽고 재미있었다. 시험을 보니 1학기보다 성적이 올랐다.

-성적이 오르고 서로에게 지식을 채워 준다.

-선생님의 설명은 짧고 친구들과 활동하는 시간이 많아서 수학 시간 같지 않았다. 수학이 쉽고 재미있어졌다.

-하브루타 수업은 문제를 만들면서 답을 내야 해서 기억에 더 많이 남는다.

-공부를 싫어했는데 하브루타 공부 방식 덕에 공부를 좋아하게 되었다.

-짝과 함께 질문하는 게 좋았고 60점대에서 90점대로 성적이 올랐다. 하브
  루타로 수업을 진행하니까 기억이 오랫동안 남았다.
-친구와 같이 공부해서 좋았다. 그러나 성적은 그대로이다.

아이들의 이런 이야기를 들으니 나의 불안감은 확신으로 바뀌었다. 수
업 후 간간이 들려오는 이야기는 달콤한 사랑 노래처럼 들렸다.

"이제 공부 잘하는 ○○이라 불러 주세요."
"문제가 풀리니 시험 볼 때 상큼해요."
"진짜 효과 있네요."
"너~무 아까워요."
"와~ 엄마한테 전화해야겠다!"
"공부가 재미있어졌어요."
"공부해야겠다는 마음이 들어요."

'교사로서 이보다 좋은 말이 또 있을까?'라는 생각이 들 정도로 아이
들이 들려주는 이야기는 나를 웃게 만들었다. 아이들의 성장을 바라보는
기쁨은 말로 표현하기 어려울 정도이다. 방법만 조금 바꿨을 뿐인데, 교
과서로만 했을 뿐인데 변화는 무척 크게 나타났다. 가르치는 것이 무척
행복했다. 아이들의 변화가 좋고, 수학 시간이 좋고, 수학을 바라보는 아
이들의 시각이 달라진 것이 좋고, 자신감을 회복해 가는 모습이 좋았다.
  하지만 아이들이 혹시나 100점을 맞아야 한다고 생각할까 봐 걱정이

되었다. 내가 바라는 것은 노력하면 할 수 있다는 자신감이었다. 그래서 함께 노력했던 그 과정에 더 많은 격려를 해야겠다고 생각했다. 그러나 매번 평가지를 나눠 줄 때 아이들은 점수를 보며 환호했고, 나도 그런 아이들을 축하해 주기 바빴다. 그러면서 점수가 좋아야 선생님이 좋아하고 축하해 주는 것으로 오해할 것 같아 걱정되었다. 한편으로는 100점을 맞지 않아서 위축될 수 있는 아이들에게 그런 건 중요한 것이 아니라고 말해 주고 싶었다. 그런 마음을 아이들에게 전달하고 싶어 평가 후에 다음과 같이 격려의 마음을 전했다.

이렇게 좋은 결과가 있는 이유는 여러분이 꾸준히 친구 가르치기를 통해 설명하고 개념을 잘 익혔기 때문입니다. 즉 친구와 같이 공부하면서 질문도 하고 서로 도우면서 열심히 노력했기에 좋은 결과가 따라 오는 것입니다.
100점 맞지 않았다고 실망하지 않았으면 좋겠어요. 여러분은 예전에 70점 이상만 맞아도 괜찮다고 하며 수학 시험의 틀린 문제는 보려고 하지도 않았어요. 그런데 이제 아깝게 틀렸다는 아쉬움을 갖고 시험지를 받자마자 공책에 틀린 문제를 풀어 보거나 질문하여 해결하는 그 모습에서 여러분의 가능성을 또 한 번 보게 되었어요. 그것은 여러분이 그만큼 노력했고, 성장했다는 것이에요. 내가 한 공부에 대한 자신감과 아쉬움이 있는 것입니다.
더불어 다음에는 그 실수를 줄이겠다는 마음까지 생겼으니 그것이 바로 노력한 여러분이 가질 수 있는 좋은 마음입니다.
여러분의 노력이 참 값지네요.
우리 모두 성장하는 우리 자신에게 손뼉을 쳐 줍시다.

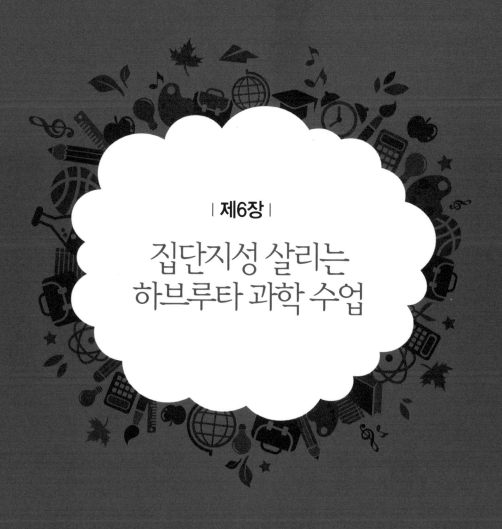

| 제6장 |

집단지성 살리는
하브루타 과학 수업

01
소통과 도전이 부족한
과학 수업의 한계

교사와 학생의 동상이몽

교사로서는 아이들이 다 알 것 같은데 딴소리를 할 때 좌절한다. 5학년 1학기에 아이들은 따뜻함과 차가움을 온도와 열이라는 개념으로 배운다. 그래서 온도가 물체에 따라 어떻게 변하는지 실험을 하였다.

아이들과 함께 한 실험의 주제는 따뜻한 물은 시간이 지나면서 온도가 낮아지고, 반대로 차가운 물은 시간이 지나면서 온도가 높아진다는 것이었다. 또한 물이 양이 많으면 온도가 느리게 변화하고, 물의 양이 적으면 온도가 빠르게 변화한다는 것이었다. 아이들의 생각을 이해하기 위해서는 실험과정을 살펴보는 것이 필요하다.

먼저 따뜻한 물과 찬물의 온도 변화를 비교하기 위하여 60℃ 정도 되는 물을 비커에 200ml 담는다. 다른 비커에는 5℃ 정도 되는 물을 200ml 담는다. 두 비커에 온도계를 꽂고 2분마다 한 번씩 온도의 변화를 재어서 표에 기록한다. 그렇게 10분간 온도를 재어 보면 마지막 온도를 잴 때 상온과 비슷해진다. 실험을 마치고 난 뒤에 아이들과 대화를 나누었다.

교사: 물질의 온도가 변하는 데 영향을 주는 것이 무엇인지 말해 볼까요?

학생 1: 공기가 영향을 줍니다. 기온이 낮으면 빨리 변하고, 기온이 높으면 천천히 변합니다.

학생 2: 물이 담긴 그릇에 영향을 받습니다. 비커에 담을 때는 빨리 변하지만 보온병에 담을 때는 천천히 변하게 됩니다.

학생 3: 온도계가 영향을 줍니다. 온도계의 액체 샘이 깊이 담기면 천천히 변하고, 온도계의 액체 샘이 얕게 담기면 빨리 변합니다.

교사로서는 처음에 학생들이 형성하여야 할 지식이 매우 분명하고 단순하다고 생각하였다. "물질의 온도 변화는 처음 온도와 물질의 양에 따라 다르다."는 것이니 독립변인과 종속변인이 얼마나 단순한가? 독립변인으로는 처음 시작할 때 물의 온도, 물의 양 두 가지이다. 이것은 너무 분명하기 때문에 아이들이 쉽게 두 변인을 찾을 수 있으리라 생각했다. 그런데 아이들이 생각하는 것은 많이 달랐다. 아이들의 생각은 교사의 예상과 다르고, 교과서의 설명과 다르며, 교육과정의 요구와도 달랐다.

교사가 먼저 나서서 원인이 되는 요소와 그에 따라 나타나게 된 모습을 연결시켜 보여 주었다. 그러나 아이들은 이해하기 어려워했다. 아마도 아이들이 관련 지식을 갖추지 못한 때문인 듯했다. 아이들은 실험결론을 끌어내는 단계에서 전체적인 활동을 되새기며 원인과 결과를 끌어내어 설명하지 못했다.

그렇다고 아이들의 답변이 모두 틀린 것은 아니었다. 주위 공기의 온도가 크게 영향을 주는 것은 사실이고, 물에 담긴 그릇이 유리냐, 보온병이냐에 따라서도 영향이 크다는 것을 알았기 때문이다.

아이들의 답변은 교사의 예상, 교과서의 설명, 그리고 교육과정의 요구와 다소 관련은 있지만 정확히 일치하지는 않았다. 교육과정 측면에서만 보자면 아이들의 답변은 틀렸다고 말할 수 있다. 이런 상황에서 교사들은 아이들이 각자의 생각으로 출발하여 협력하면서 활동하면 정말 깊이 배우게 된다고 생각할 수 있을까?

여학생과 남학생 간에도 확연히 차이점이 있는데, 다음은 과학 실험에서 남녀의 생각 차이로 인하여 발생한 예이다. 예를 든 사례가 반드시 남녀의 가치관에 차이가 있어서 발생하였다고 단언하기는 어렵다. 하지만 20년 넘게 아이들을 가르쳐 본 경험에 의하면, 남자아이들은 과업의 신속성과 효율성을 강조하는 반면에 여자아이들은 활동을 진행하는 사람을 배려하는 것을 더 강조하는 경향이 있다.

여성의 도덕성 발달을 연구한 길리건(C. Gilligan)도 여성들이 타인에 대한 책임과 보살피고자 하는 모성애적 도덕률을 채택하는 단계가 있다고 주장하였다.

속력 개념을 배우기 위해 각자 풍선자동차를 만들었다. 속력을 계산하기 위해서는 풍선자동차가 이동한 거리와 걸린 시간, 두 가지 측정값이 필요하다. 모둠별로 한창 측정과 계산 활동을 하는데, 남자 1명, 여자 5명으로 이루어진 모둠에서 티격태격하였다. 다음과 같은 이유 때문이었다.

남학생: 모눈종이 큰 칸을 10cm씩 하면 되겠네.

여학생: 말이 안 되잖아? 여기에 ○○의 풍선자동차도 같이 나타내야 한단 말이야.

남학생: 왜, 맨날 내 말은 무시하는 거야?

여학생: 너는 왜 그렇게 생각이 없니?

여학생은 눈물을 글썽이며 남학생을 탓하였다. "쟤는 맨날 쓸데없는 말만 하고 시끄러워요." 이 말에 남학생은 벌컥 화를 내며, "맨날 너희들이 내 말을 무시하고 여자들 맘대로 하잖아?" 했다.

여학생은 남학생이 제안하는 방식으로 막대그래프를 그리면 다른 친구의 풍선자동차를 표현하는 데 어려움이 있기 때문에 반대하였다. 다른 친구의 풍선자동차의 속력이 너무 낮아 막대가 거의 보이지 않을 정도가 되기 때문이었다.

사실 두 아이 사이에는 오해가 자리 잡고 있었다. 이번 경우에는 자기의 생각을 정확히 전달하지 않은 여학생에게도 잘못이 있고, 말의 진의를 생각해 볼 마음이 없었던 남학생에게도 잘못이 있었다. 여학생은 상대방에게 핀잔을 주며 무시하지 않고, 남학생은 상황을 진지하게 파악하고 말했으면 좋았을 것이다.

모둠활동을 혼성으로 만들면 남녀가 생각이 달라 갈등이 일어나는 일이 매우 흔하다. 이는 자신의 생각을 효과적으로 전할 수 있고, 공동체의 목표를 위해 행동을 조정할 수 있는 능력이 부족하기 때문이다. 이런 능력은 학생들이 주도하는 모둠 중심의 협력활동 안에서 자랄 수 있다. 바로 이런 점 때문에 2015 개정 국가수준 교육과정은 미래 인재에게 필요한 핵심 역량을 강조하고 있다.

아이들이 21세기를 살아가는 인재에게 필요한 핵심 역량인 의사소통 역량과 공동체 역량을 갖추었다면 이런 갈등은 일어나지 않았을 것이다. 여학생은 다른 아이들을 배려하는 자기의 마음을 남학생에게 적절하게 표현했을 것이고, 남학생은 특유의 창의성을 발휘하여 여학생이 지적한 문제점을 해결했을 것이다.

정답과 맞는지 확인하는 아이들의 질문들

아이들은 실험을 진행하는 중에도 끊임없이 교사에게 묻는다. 아이들의 질문은 자신의 내부에서 끓어오르는 호기심의 결과라기보다는 본인들이 제대로 실험을 하고 있는지, 실험결과가 교과서나 교사가 정해 놓은 것과 일치하는지, 자신들이 토의한 결론이 모범적인 답과 일치하는지를 묻는 내용이 많다.

"선생님, 붉은 양배추 지시약을 몇 방울 떨어뜨려야 하나요?"

"식초에 넣으면 색깔이 붉게 변하는 것이 맞나요?"

"우리 실험결과가 이상해요. 교과서 내용과 달라요. 우리 실험이 잘못된 거죠?"

"묽은 염산용액에 묽은 수산화나트륨용액을 조금씩 추가하면 산성의 성질이 점차 약해진다고 말하는 것이 맞나요?"

수업 중에 매번 묻는 아이들은 실험결과에 표준적인 정답이 있을 것이라고 생각한다. 이렇게 정해진 답을 찾아서 과학실험 시간을 보내는 아이들에게서 창의적인 생각을 기대하는 것은 어렵다. 그런데 아이들이 이렇게 정답만 찾는 데에는 과학 교과서의 탓이 크다.

과학 교과서는 문제 제시, 가설, 실험설계, 실험결과, 결론에 이르기까지 매우 친절하게 정답을 가르쳐 준다. 그래서 교사가 특별히 교재연구를 하지 않아도 교과서에서 제시한 대로만 진행하면 무난하게 수업을 마칠 수 있다.

과학 수업의 가장 큰 목적은 아이들의 과학적 탐구능력을 키우는 것이다. 그러기 위해서는 아이들이 스스로 공부하는 내용에 질문을 던지고 헤쳐 나갈 기회를 주어야 한다. 왜 그 실험이 그렇게 설계되었는지, 그 실험은 도대체 무엇을 알아보기 위한 실험인지, 사소하지만 아이들이 새롭게 발견한 현상은 무엇 때문인지 생각할 수 있는 기회를 주어야 한다. 하지만 틀리지 말아야 한다는 압박감이 팽배한 과학 수업 속에서 아이들의 창의성을 개발한다는 것은 쉽지 않은 일이다.

비고츠키(L. S. Vygotsky)는 어린이들이 놀이를 좋아하는 까닭은 상상 속에서 원하는 일을 이룰 수 있기 때문이라고 하였다. 과학 수업에서 아이들이 정답이란 틀에 갇히지 않고 틀리더라도 자유롭게 사고하고 실험할 수 있다면 창의성을 마음껏 발휘할 수 있을 것이다.

[쳇바퀴 도는 아이들의 생각]

소크라테스는 대화를 통해 제자들에게 진리를 깨닫게 했다. 소크라테스는 끊임없이 질문하고, 상대방은 대답하며 스스로 배우고, 마침내 진리를 찾았다. 그런데 교실의 아이들도 과연 그럴까? 아이들은 교사가 생각하는 방식대로 생각할까? 교실에서 다루는 내용들이 과연 소크라테스가 말한 진리만 다루고 있는가?

사실 수업에서 목표로 하는 것은 사물과 현상의 정의에 대한 지식도 있지만 특정한 과제를 해결하는 기능과 관련된 것도 많다. 또한 인류 문명이 공유하는 가치를 아이들이 자기의 것으로 받아들이기 바라는 목적도 있다. 예를 들면, "X의 성질을 파악하기 위하여 어떻게 해야 한다."라든지, "X를 만들기 위해 공동체가 협력하는 태도를 갖는다."와 같은 학습 목표들은 지식과 기능을 유용성으로 판단하게 만든다.

하브루타 수업 모형을 교사의 수업이나 자녀와의 공부에 적용하려면 지식과 학습자를 보는 근본적인 관점을 바꿀 필요가 있다. 가르치는 역할을 맡은 교사가 절대적인 진리를 아이들에게 온전히 전수하는 입장이라면 굳이 아이들에게 질문을 유도할 필요가 없다. 그냥 교사가 아는 사실과 개념을 잘 전달하기만 하면 된다. 그러나 21세기를 사는 아이들은 인류를 위협하는 환경 문제, 자원 문제에 전 지구적으로 대처해야 하고, 여러 문화가 뒤섞인 사회에서 살게 될 것이므로 여러 가지 역량을 필요로 한다.

앞으로 아이들이 살아가야 할 세상에서 필요한 세계관은 어떤 모습일까? 먼저 사람마다 가치관이 다를 수 있다는 점을 인정하고, 적절한 방식을 사용하여 유용한 지식을 공유할 수 있어야 한다. 또한 공동의 가치를 위해 자율적으로 행동해야 한다.

그런 역량을 갖춘 아이들로 성장하려면 아이들이 궁금한 것을 질문하고 대답할 수 있도록 기회를 많이 주어야 한다. 이것이 하브루타 수업을 하면서 아이들이 질문을 만들고 나눌 필요가 있는 까닭이다. 질문과 대답으로 이루어지는 하브루타 수업을 통하여 아이들은 다문화적 사고를 가지고 원만히 의사소통을 하면서 주도적으로 학습해 나갈 수 있다.

그러나 학생이 주도하는 질문만으로 수업을 채우는 것에는 문제점이 발생할 수 있다. 교사들이 이구동성으로 궁금해 하는 질문이 있는데, 학생들이 질문하는 것을 다 받아 주면서 수업 진도를 나갈 수 있느냐는 것이다. 또한 교사가 대처할 수 없는 질문이 나왔을 때는 어떻게 해야 하는지도 궁금해 한다.

다음 두 사례는 과학 수업을 하면서 학생들에게서 나타나는 다양한 생각의 흐름을 보여 준다. 아이들의 생각을 따라가다 보면, 자신의 경험에 갇혀 잘못된 설명을 하는 경우가 있다. 또한 교사가 원하는 결론에는 도달하지 못하고 다람쥐 쳇바퀴 돌듯 사고가 갇혀 버리는 것을 볼 수 있다.

교사: 습구와 건구 온도계에 차이가 생기는 까닭은 무엇일까요?

학생: 물이 차가우니까요.

교사: 따뜻한 물을 사용하면 온도가 오르겠네요.

학생: 오랫동안 놔두면 식으면서 차가워져요.

교사: 물은 기온보다 더 낮아지나요?

학생: 더 낮아집니다.

교사: 왜 낮아지죠?

학생: 손이 시린 것을 보면 알 수 있습니다.

"습구와 건구 온도계에 차이가 생기는 까닭은 무엇일까요?"라는 교사의 질문에 대하여 아이는 본인의 경험에 기초하여 대답한다. 아마도 날씨가 추울 때 손을 물에 담갔다가 꺼냈을 때 시렸던 경험을 떠올렸을 수 있다. 결국 이 대화에서 교사와 학생은 온도 차이가 나타나는 원인을 증발열로 연결하지 못하고, "물이 차갑다."는 사실로 돌아와 버렸다.

교사: 식물은 뿌리에서 무엇을 흡수할까요?

학생: 물과 양분을 흡수합니다.

교사: 양분은 잎에서 만드는 것 아닌가요?

학생: 뿌리에서도 흡수합니다.

교사: 무슨 양분을 흡수합니까?

학생: 잘 모릅니다. 하지만 화분에 거름을 주지 않으면 말라 죽습니다.

"식물은 뿌리에서 무엇을 흡수할까요?"라는 교사의 질문에 대해 학생은 집에서 경험을 바탕으로 "양분을 흡수한다."고 대답하였다. 집에서 어른들이 화분에 거름을 주던 경험을 떠올려 대답한 것이다. 결국 대화의 두 사람은 뿌리에서 흡수하는 것이 잎에서 만드는 양분과 다를 수 있다는 궁금증으로 발전하지 못하고 갇혀 버렸다.

하브루타 수업을 하다 보면 이렇게 아이들의 다양한 의견이 수업 시공간 여기저기서 나타난다. 의외의 상황이 수업 진행 중에 언제 나타날지 예상하기도 어렵다. 그런데 역설적이게도 수업은 학생들이 충분히 주도적으로 협력활동을 벌일 때, 이를 교사가 충분히 이끌어 줄 때 풍성한 열매를 거둔다.

팔머(P. J. Palmer)는 교사의 노련한 지도와 학생의 주도적 학습이 배타적이지 않으며 씨줄과 날줄처럼 촘촘히 엮일 때 훌륭한 수업이 만들어진다고 보았다. 이제부터는 이러한 현재 수업 상황이 하브루타 수업에서는 어떻게 다른 모습으로 나타나는지 살펴보고자 한다.

02
탐구를 촉진하는
교사의 질문 전환

여기서 소개하는 수업은 질문 중심 하브루타 수업 모형을 적용한 것이다. 질문 중심 수업 모형에서는 학생들이 본문을 읽고 질문을 만들어서 먼저 토론의 짝이 되는 친구와 1:1 토론을 한다. 토론 후에 최고의 질문을 선정하고 이를 모둠 토론의 질문으로 선정한다. 모둠 토론 단계에서는 선정한 질문으로 모둠끼리 토론을 하고, 그 모둠에서 가장 좋은 질문을 뽑는다. 다음 단계로 발표를 거치고, 마지막으로 교사가 정리하는 쉬우르 시간을 갖는다.

질문 만들기 → 짝 토론 → 모둠 토론 → 발표 → 쉬우르

    단원을 시작하는 도입부에 해당하는 수업이었다. 아이들은 식물에 대한 동영상을 시청한 후에 식물에 대하여 궁금한 점을 질문으로 만들어 보는 활동을 하였다. 짝끼리 질문하고 대답하는 활동을 한 후에 모둠의 질문을 선정하였다.

    아이들이 모둠 토의를 통하여 형성한 질문과 교사가 의도하는 학습문제는 많이 달랐다. 해당 단원 교과서는 식물의 구조와 기능을 양분과 물 두 가지에 초점을 두어 실험하며 설명하고 있다. 따라서 학습문제는 식물의 각 부분인 뿌리, 줄기, 잎, 꽃, 열매 등이 물과 양분을 어떻게 취급하는지, 어떻게 운반하는지를 물어본다.

    그런데 아이들의 질문들은 교과서의 방향과는 다르게 자신들이 이미 알고 있는 지식과 경험에서 출발하였다. 특히 식물이 어떻게 생겼고, 어떤 특성이 있는 것을 식물이라고 하는지 다 알고 있다는 입장에서 출발하였다. 어떤 질문은 수업의 도입 마당에서 보여 준 동영상의 영향을 받아 태초의 식물에 대한 것이었고, 맨 처음 나타난 식물의 모습을 궁금해하는 모둠도 있었다. 다음 세 가지 질문을 보면서 아이들의 생각을 알아볼 수 있다.

-맨 처음 나타난 식물은 녹색이었을까요?

-버섯과 식물을 언제부터 구분하게 되었을까요?

-식물의 뿌리가 자라는 속도는 얼마일까요?

"맨 처음 나타난 식물은 녹색이었을까요?"라는 질문은, 아마도 아이들이 스스로 식물이 어떤 것인지 정도는 알고 있다고 가정한 상태에서 태초의 식물에 대한 궁금증을 표현한 것으로 보인다. 이미 식물의 조상이 될 수도, 아닐 수도 있는 유기체를 보면서 아이들은 식물이라고 단정하는 셈이 된다. 사실 아이들은 아직 식물을 규정하는 필수 속성이 녹색인지 아닌지도 모르는 상태이다.

"버섯과 식물을 언제부터 구분하게 되었을까요?"라는 질문은 식물 자체에 대한 질문이기보다는 버섯이 식물과 비슷한 특성을 보이면서도 다르게 보는 까닭이 궁금한 것이라고 말할 수 있다. 이는 이미 식물 자체의 근본 속성에 대한 관심을 넘어선 질문이다.

아이들의 질문은 전체적으로 식물 자체에 대한 궁금증보다는 식물을 알고 난 후에야 비로소 대답할 수 있는 질문들이었다. 아이들은 식물의 구조와 기능에 대하여 자기가 알고 있는 지식이 틀릴 수도 있다는 것에 대해서는 의심을 품지 않았다. 아이들의 질문은 그들이 가진 개념에 근거하여 전향적이거나 확장하는 질문이었다. 이러한 질문에는 불완전하지만 자기가 알고 있는 경험과 지식으로부터 출발하여 과학 수업시간에 새롭게 보거나 접하게 되는 현상에 대해 궁금해 하는 모습이 담겨 있다.

반면에 교사는 학습목표가 뚜렷하다. 식물의 구조와 기능에 대하여 근본적인 질문을 이끌어 낼 필요가 있었다. 그래서 아이들의 질문을 다음과 같이 바꾸었다.

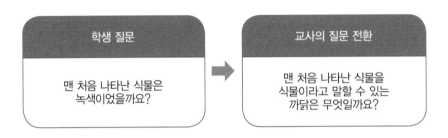

식물이라고 일컬을 수 있는 속성이 무엇인지 파악해야 맨 처음 나타난 종이 녹색인지, 혹은 식물이라고 분류할 수 있는지 알 수 있기 때문이다. 즉 아이들의 질문을 전환하여 본 단원에서 배우고자 하는 내용과 연결하였다.

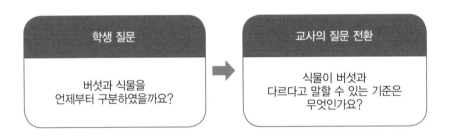

버섯과 식물을 구분하게 된 때를 묻는 질문은 식물의 고유한 속성을 파악하는 것이 중요하다는 것을 깨달을 수 있도록 바꾸었다. 즉 식물을

탐구하면서 식물의 구조와 기능을 파악하도록 동기를 유발하는 질문으로 바꾼 것이다.

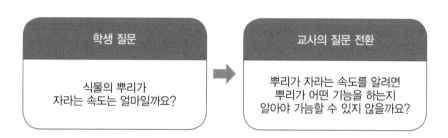

식물의 뿌리가 자라는 속도를 알고자 하는 질문은 뿌리의 기능을 공부하는 질문으로 바꾸었다. 아이들이 궁금해 하는 질문을 없애거나 무시하지 않고 한 단원을 진행하는 내내 아이들이 질문을 기억하고 해답을 찾아보도록 격려하였다.

아이들은 자신들의 생각을 교사가 질문과 설명 속에 자연스럽게 엮어 인지구조를 재구성했기 때문에 교사가 일방적으로 개념을 전달하지 않아도 진지하게 토론에 참여할 수 있었다. 이렇게 교사가 나서서 질문을 바꾼 이유는 아이들이 만들어 내는 전향적인 질문을 존중하면서도 학습 문제가 보여 주는 근본적인 질문과 연결하여 학생들이 깊이 사고할 수 있는 기회를 줄 필요가 있었기 때문이다.

앞에서 보았듯이 아이들이 받아들이는 지식은 교사의 목표와 완전히 일치하지 않는다. 하지만 어차피 나타날 불일치라면 드러난 차이를 이해하는 것이 좋다. 학습자 중심 교육과정을 강조하는 마당에 학생의 의견을 교과서의 내용만큼 중요하게 여기면 안 될까? 과학철학을 연구하는 장하석 교수는 "국가수준 교육과정의 내용과 학생의 의견이 동등한 가치를 가질 수 있다."고 말한다.

사실 과학을 하는 것은 포퍼(K. Popper)의 말처럼 언제나 '틀릴 수 있음'을 염두에 두면서 반성적 검증을 해 나가는 과정이다. 또 쿤(T. Khun)의 말처럼 정상과학을 하는 것이기도 하다. 어찌 보면 아이들은 짧은 수업 안에서도 치열하게 과학을 하고 있는 것이다.

학생 질문과 학습문제에 대한 한 단계 깊은 사고

학생 1: 식물은 뿌리로부터 양분을 흡수합니다. 우리 집 화분에 아빠가 거름을 주시면서 말씀하셨습니다. 양분을 먹지 않으면 식물이 죽는다고요.
학생 2: 손을 물에 넣으면 차갑습니다. 그래서 건구 온도계와 습구 온도계에 차이가 발생합니다.

학생 1의 의견은 학급 전체를 술렁이게 만들었다. 식물은 광합성을 통하여 양분을 스스로 생산한다고 알고 있는 아이들과 화분에 거름 주는 것을 알고 있는 아이들 사이에서 대립이 나타나기도 하였다. 물론 맞았다거나 틀렸다고 말할 수 없다. 학생 1이 말하는 양분은 아마도 무기질을 말하는 것이기에 마치 동음이의어처럼 생각할 수 있다. 양측 모두 '양분'이라고 말하지만 한쪽은 '당류'를 개념화한 표현이고, 다른 쪽은 '무기질'

을 개념화한 표현이기 때문이다.

학급 아이들 모두 '당류'와 '무기질' 개념을 구분할 수 있다면 아마도 학생 1의 표현은 틀렸다고 말할 수 있다. 그러나 모르는 상황이라면 그 의견은 옳다고 말할 수 있다. 즉 상황과 맥락에 따라 과학 지식의 진위가 결정될 수 있는 것이다.

학생 2의 의견은 아마도 추운 겨울에 젖은 손이 얼마나 차가워지는지 잘 알고 있는 학생의 경험에서 나왔을 것이다. 누구나 이런 경험은 있으나 직관적인 판단이 때로는 잘못될 수 있는 예라고 할 수 있다. 섣불리 그런 방식으로 단정 짓게 되면 오류가 생길 수 있다는 것을 알려 주어야 한다.

학생들이 만드는 질문과 대답은 철저히 학습자의 지식과 경험에서 나온 것이다. 따라서 교사가 제시하는 학습문제와 아이들의 질문은 차이를 보인다. 그 차이점을 다음 표에서 명확히 구분하였다. 어떻게 교사가 이끌어 줄 수 있을지 생각해 보자.

	학생 질문	학습문제
근원	• 학생의 경험, 인지구조 • 현재 사회문화적 맥락 • 정상과학 패러다임의 경계	• 과학과 교육과정 혹은 교사 수준의 재구성 • 정상과학의 패러다임
성격	• 전향적 사고, 열린 토론 • 역동성과 다양성 • 창의적, 발산적 사고	• 후향적(본질적) 사고 • 과학의 탐구 논리에 따라 구조적으로 제시 • 수렴적 사고
목표	• 집단적 수행과정	• 개별적인 학습목표 달성

교사의 학습문제는 과학과 교육과정과 교과내용학에서 비롯한다. 과학과 교육과정은 과학과 교과내용학의 입장에서 학문 지식을 체계화하고 범주화하며 일련의 제시이론에 근거하여 엄선한 것이다. 전통적으로 과학의 하위 영역인 물리·화학·지구과학·생물로 과학을 나누고, 몇몇 과학과 교육과정 전문가들이 세부 내용을 결정하며, 일정한 제시 이론에 근거하여 편성한 것이다. 따라서 과학과 교육과정에는 일반 과학자들이 타당하다고 여기는 지식과 탐구방식이 담겨 있다.

그러나 아이들의 질문들은 나름의 합리적 기준과 사회문화적 배경이 얽힌 삶에서 비롯한다. 따라서 자신의 경험에 비추어 "교과서의 내용이 잘못되었다."고 주장하는 아이들도 나올 수 있다. 오류는 아니어도 적어도 개선방안을 제시하는 아이들을 보면 대견하다.

제안 1: 교과서에는 붉은 양배추 지시약을 두세 방울 떨어뜨리라고 되어 있는데요. 우리 모둠이 해 보니까, 10방울 정도 넣어야 색깔이 선명해요.

제안 2: 향 연기를 집어넣을 때, 집기병을 손으로 막으면 향 연기를 많이 넣을 수 있어요.

제안 3: 교과서에서는 2초 동안 향 연기를 집어넣으라고 했는데요. 실제로 해 보았더니 5초 정도는 넣어야 안개가 잘 보였어요.

제안 4: 안개를 보는 데 향연기가 필요한 까닭이 무엇인지 알아보기 위해서 실험을 바꾸어 봅시다. 한쪽 집기병에는 향 연기를 집어넣고, 다른 쪽은 향 연기를 넣지 않고 실험해 봅시다.

다음 사진처럼 염산, 수산화나트륨 용액, 식초, 비눗물 등 산성과 염기성 용액에 붉은 양배추 지시약을 넣는 실험에서 몇몇 아이가 '제안 1'을 말하였다. 아이들이 직접 양배추 지시약을 만들었기 때문에 실제 농도가 교과서에서 제시하는 것과 달랐다.

'제안 2', '제안 3'은 다음 사진처럼 집기병 안에 안개를 만드는 실험에서 학생들이 효과적인 방식을 제안한 것이다. '제안 4'는 향 연기를 집어넣는 까닭을 궁금해 하는 학생들이 있었기 때문에 실험을 바꾸어 설계하는 것을 교사가 제안한 것이다.

[창의적 사고와 수렴적 사고]

아이들의 자유로운 질문의 결과로 형성되는 인지구조를 살펴볼 필요가 있다. 아이들이 생성하는 질문과 대답은 열린 토론이다. 토론의 생명력은 학생들이 간직한 다양성에서 비롯한다. 다양한 경험과 사전 지식은 결국 다양한 인지구조를 형성한다. 이렇게 다양한 인지구조를 가진 학생들이 펼치는 논지 속에서 학생들은 새로운 정보를 기존의 인지구조에 동화하거나, 기존의 인지구조를 조절하여 새로운 정보와 호응하도록 재형성한다. 이렇게 엄선되지 않고 질적 수준이 다른 질문과 대답들이 오가면서 아이들은 창의적 사고를 키울 수 있게 된다.

그러나 학습문제는 엄격한 과학적 탐구방법론을 요구한다. 학생이 탐구문제를 인식하고, 핵심 변인을 파악하며 인과적, 귀납적 추론을 펼쳐가기를 요구한다. 다양성은 이 대목에서 중요한 것이 아니다. 오히려 과학적 탐구방법론을 엄격히 지켜 학생들이 인과율과 귀납법에 맞춰 수렴적으로 사고하기를 바란다.

과학과 교육과정은 보통교육을 지향하기 때문에 구체적인 내용을 제시하는 국면에 도달하면 모든 학생이 도달하여야 할 보편적이고 공통적인 내용요소를 제시하게 된다. 결국 교사는 국가수준 교육과정 속 성취기준에 맞추어 공통적인 과학지식과 방법을 전수해야 한다. 이런 점에서 교사는 다양성과 엄밀성을 잘 조율하여야 한다.

[집단지성과 개별적 달성]
이슬과 안개가 생기는 과정을 알아보는 수업에 대하여 교육과정의 성취기준에 근거하여 학습목표와 학습문제를 쓴다면 다음 그림과 같다.

학습목표	학습문제
이슬과 안개가 생기는 과정을 설명하고, 그 차이점을 비교할 수 있다.	이슬과 안개가 어떻게 생기나요?

다음은 배울 내용에 대하여 학생들과 질문 만들기를 하면서 나온 질문들이다.

학습목표	학생 질문
이슬과 안개가 생기는 과정을 설명하고, 그 차이점을 비교할 수 있다.	−향 연기를 넣는 이유는 무엇일까? −얼음을 유리컵 위에 올려놓으면 왜 유리컵 안이 뿌옇게 될까?

학습목표는 학생 개인에 관심을 두지만 학생의 질문은 집단지성에 관심을 둔다. 학습문제(학습목표)는 그 수업시간 안에 모든 학생이 달성해야 할 목표를 제시한다는 점에서 학생 개인이 수업목표에 달성했는지 아닌지 평가하는 것이 매우 중요하다.

한 차시의 수업에서 제시되는 학습문제는 개별 학생들이 달성한 상태를 개별적으로 파악하려고 한다는 점에서 학습목표와 일치한다. 아이들 각자 이슬과 안개가 생기는 과정을 알고 그 차이점을 파악해야 본 수업에서 성공한 것이다. 반드시 해당 개념과 관련되는 지식을 습득해야 한다. 친구에게 의존한다든지 일부 지식만 학습하면 목표에 도달하지 못한 것으로 본다.

반면에 학생들이 만드는 질문은 애초에 개별적인 목표를 생각하지 않는다. 오히려 주위 친구들의 의견을 듣고 나의 의견을 표현하며 가장 적합한 과학적 설명을 찾아나가는 과정에서 친구와의 사회적 상호작용을 강조한다. 이처럼 수업공동체 안에서 펼쳐지는 상호작용을 강조하는 대안으로서 하브루타 수업을 바라보아야 한다.

하브루타 수업은 교사와 학생, 학생과 학생이 상호작용하면서 만드는 집단지성을 강조한다. 집단지성은 그 자체로 창의적 인지구조를 생성하고 전체 구성원이 이를 공유하게 된다.

짝 토론, 모둠 토론을 거치며 향 연기를 집기병에 넣는 이유를 물어보는 것은 정답을 찾고자 하는 것이 아니다. 아이들이 의논하면서 타당한 이유를 찾아보는 것이고 수업의 모든 구성원이 지식 형성의 과정에 함께 참여하는 것을 과정적인 목표로 삼고 있는 것이다.

요즘 과정 중심 평가가 강조되고 있다. 그동안 결과 중심 평가를 하였는데 그것이 문제가 있었기 때문이다. 결과 중심 평가는 최종적으로 개인 학생이 얼마나 성취하였는지 묻는 것이다. 하지만 그 방식으로는 수업공동체 안에서 펼쳐지는 집단지성과 학생의 참여 태도와 역량을 제대로 평가하지 못한다.

이제는 교사들이 아이들이 수행하는 과정에서 나타나는 변화 정도와 상호작용을 포트폴리오로 살펴보고, 새로운 문제 상황에서 역량을 발휘하여 어떻게 해결하는지 자기평가·동료평가·인터뷰 등 다양한 방법을 통하여 수행의 과정을 보아야 한다. 이처럼 과정 중심 평가를 도입해야 하는 이유는 바로 집단지성이 만들어 내는 창의성을 평가하여야 하기 때문이다.

[학생 질문과 학습문제의 융합]

결론적으로 말하면, 학습문제로 대표되는 학문적 지식체계와 학생 간 토론을 통하여 형성한 창의적 인지구조는 보완적 성격이 있다. 아이들이 형성한 질문들을 분석하거나 해석할 때, 학습문제가 보는 과학적 관점이 바탕이 된다. 따라서 실용적 입장에서 학생들이 두 사고체계를 유연하게 전환하고 융합할 수 있도록 도울 필요가 있다.

교사는 학생들이 주도적으로 질문과 대답을 생성하며 인지구조를 형성하는 기회를 주고 근본적인 문제인식을 갖도록 질문을 전환해 줄 필요가 있다. 또한 학생들의 질문을 바탕으로 학습문제를 제시하고 탐구절차를 진행하는 것이 바람직하다. 교사가 잊지 말아야 할 것은 학생들이 집단지성을 발휘하며 각자 인지구조를 끊임없이 재형성하고 있다고 긍정적 믿음을 가지는 것이다.

음악에 비유하면, 학습문제는 어느 곡의 기본 멜로디나 리듬이고, 학생들이 만드는 질문과 대답은 즉흥적인 변주를 만들어 가는 과정이라고 할 수 있다. 너무 파격적인 변주는 수업 시공간이라는 공론의 장에서 받아들여지지 않을 것이지만 적당한 변주는 학생과 교사를 살아 있게 만드는 창조적 작품 활동이 될 수 있다.

짝 하브루타와 모둠 하브루타

고학년에서는 분명하게 가설을 설정하고 수업을 진행하는 경우가 있지만, 저학년에서는 간단한 예상 정도의 활동으로 진행하는 경우가 많다. 이런 수업 초기 가설이나 예상 단계에서 '짝 하브루타'를 적용할 수 있다.

아이들이 예상하기 위해서는 현상이나 실험주제를 정확히 이해해야 하므로, 주어진 상황을 이해하는 데 필요한 질문을 충분히 할 수 있도록 한다. 질문하는 과정은 먼저, 짝과 주어진 현상에 대한 질문과 대답을 하게 한다. 둘째, 실험 예상을 하면서 집중해야 할 변인을 찾도록 한다. 교사는 답을 찾아 주는 것이 아니라 질문과 대답이 활발히 이루어질 수 있도록 도와주어야 한다.

이번 사례는 앞의 '교사와 학생의 동상이몽'에서 다룬 수업이다. 아이들이 짝 토론을 하면서 과학 탐구문제를 설정할 때 보편적으로 사용하는 독립변인과 종속변인을 설정할 수 있게 기회를 주었다. 아이들이 실제로 도출해야 할 연구 가정은 "물질의 온도가 변화하는 양상은 물질의 처음 온도와 양에 따라 달라진다."이다.

질문을 만들고 대답하는 활동에 익숙하지 않은 아이들을 위하여 교사가 예시를 들어 주는 것이 좋다. 교사는 아이들이 쉽게 질문을 꺼낼 수 있도록 "왜 온도계가 두 개야?", "물의 양이 다른 까닭이 뭐지?"와 같은 질문을 예로 든다. 다음은 학생들이 주고받은 대화의 내용이다.

학생 1: 물의 양이 다른 까닭이 무엇이지?

학생 2: 어차피 (물의 양이 같으면) 결과도 같으니까. 물의 양을 조절하면서 (실험) 결과를 바꾸기 위해서….

학생 2: (교과서 실험장치를 보며) 여기 초시계는 왜 있을까?

학생 1: 물이 식는 시간을 재기 위해서…. 이것은 물의 양이 적으니까….

학생 2: (학생 1의 말을 가로막으며) 아, 그렇구나.

학생 1: 왜 면장갑을 준비해야 할까?

학생 2: 뜨거운 물에 손을 데일 수 있으니까….

앞에서 논의한 것처럼 교사는 아이들에게 학습문제를 도출할 것을 요구하지 않았다. 오히려 교과서의 사진과 제시된 내용을 보면서 낮은 수준의 질문과 고차적 질문이 자연스럽게 나타나도록 하였다. 아이들은 처음에는 간단한 질문을 만들지만 질문과 대답이 오가는 과정에서 꼬리를 물고 인과적으로 사고하는 모습을 보여 주었다.

아이들 사이에 오갔던 질문과 대답은 결국 실험설계와 변인 통제로 자연스럽게 이어졌고 실험 오류가 거의 나타나지 않았다. 보통 과학 시간에 실험을 하게 되면 한두 모둠은 오류가 나타나기 마련인데, 짝 토론을 하는 과정에서 아이들이 실험의 의도와 목적을 충분히 이해하였기 때문이다.

실험결과를 보고 결론을 내는 단계에서는 '모둠 하브루타'를 적용할 수 있다. 짝 하브루타가 활발하면 모둠 하브루타는 저절로 진지해진다. 모둠 하브루타 단계는 주로 실험결과를 해석하는 토의 및 토론 중심으로 적용할 수 있다. 학생들은 일반적으로 숫자나 성질로 나타난 실험결과에 대하여 과학이론과 모델을 적용하여 해석했다.

모둠이 토의를 진행할 때 협동학습에서 유래한 전략의 하나인 '발언권 얻어 말하기', '역할 분담하기'를 적용하면 빠지는 사람 없이 모든 모둠 구성원이 다 활동하게 할 수 있다. '발언권 얻어 말하기'는 무작위로 발표하지 않고, 한 번에 한 사람씩 순서대로 이야기하는 것이고, '역할 분담하기'는 각자 서로 다른 사회적 역할을 두는 것이다. 여러 역할이 가능하지만 토의를 위해 '이끔이', '기록이', '나눔이', '발표자' 등의 역할을 부여할 수 있다.

쉬우르

쉬우르 단계에서 교사는 학생들이 논의하면서 생긴 의문점에 대답해
준다. 또한 학생들 나름대로 형성한 것들, 즉 모형이나 이론 등에 대하여
정리하고 부족한 부분에 대하여 질문을 하면서 학생들의 사고가 확장될
수 있도록 한다. 교사가 알고 있는 지식과 이론적 틀 안에서 설명하기보
다는 학생들의 생활 속에서 연결할 수 있는 현상을 도입하여 설명하는
것이 학습자의 인지가 더욱 성숙할 수 있는 기회를 줄 수 있다.

실험이 끝나고 쉬우르 시간에 학생들이 새롭게 발견한 사실을 발표했
다. 찬물의 온도가 처음 온도에 비해 2분 후에 더 내려가는 현상이 나타
난 것이다. 발표 내용에 의하면 찬물의 처음 온도는 10℃인데 2분 후에
온도가 7℃로 내려갔다.

여러 모둠에서 동일한 현상이 발견되었으므로 충분히 논의해 볼 가치
가 있는 일이었다. 그런데 나는 시간에 쫓겨 실험 오류로 상황을 정리하
고 다음 내용으로 넘어가 버렸다. 과학 교과를 전담하는 상황에서 다른
반과 수업 진도를 맞추어야 한다는 부담감이 크게 작용한 탓이었다.

다음은 쉬우르 중에 나온 대화이다.

교사: 찬물은 올라가고 따뜻한 물은 낮아졌지요?
학생 1: 네.
교사: 혹시 다르게 나온 모둠 있나요?
학생 2: 차가운 물 온도가 갑자기 높아졌다가 다시 낮아졌다가 높아졌어요.

학생 3: 차가운 물이 더 내려갔다가 올라갔어요.

학생 4: 차가운 물이 맨 처음에는 10℃였어요. 그런데 2분 후에 7℃가 되더니 8, 9, 9, 10℃가 되었어요. 계속 올라갔어요.

학생 5: 온도가 내려갔다가 올라갔어요.

교사: 처음 온도를 잴 때 조금 기다렸다가 재야 하는 것이 아닐까? 온도계를 꽂은 후 온도계 눈금이 내려가는 중간에 온도를 읽은 것이 아닐까?

학생 3, 4, 5: 그런데 온도계가 멈추어 있었어요.

교사: 멈추어 있었어요? 네, 알겠습니다. 두 번째 실험결과를 발표해 보겠습니다.

(다른 실험결과를 발표하는 것으로 넘어갔다.)

시간에 따른 온도의 변화

수업이 끝난 뒤에 나는 해당 수업을 되돌아보면서 많이 후회하였다. 수업시간이 빠듯하고 정리해야 할 내용이 남아 있다 하더라도 아이들에게 생각해 볼 시간을 주어야 했다. 교사는 어떤 상황에서든 아이들이 발견한 놀라운 사실에 대하여 관심을 가져야 한다. 교사의 진행과 아이들의 생각이 깊이 연결될 때 '교사와 학생의 동상이몽'과 같은 문제점을 극복할 수 있다.

과학 수업이 단순한 정답풀이가 되지 않고 진지한 탐구 활동이 되기 위해서는 교사와 학생 모두 '틀릴 수 있음'이라는 과학적 회의를 마음에 두고 있어야 한다. 교과서가 틀릴 수 있고, 정상과학의 패러다임이 틀릴 수 있다. 자신이 경험하고 아는 것이 감옥이 되어 사고를 가두어 버리는 문제를 해결하기 위해서는 교사가 먼저 자신이 가진 사고의 감옥을 깨뜨리는 시범을 보여 주어야 한다.

단순히 하브루타 수업 모형에 적용하는 것을 뛰어넘어 과학 수업을 과학답게 이끌려면 과학에 대한 교사의 애정이 필요하다. 아이들을 창의적 인재로 성장시키려면 질문이 있는 교실을 통하여 교사가 먼저 학생에게서 파생되는 질문을 소중하게 여기고 과학자처럼 탐구하는 태도를 보여 주어야 한다. 아이들을 정답 찾기로 몰아가거나 교사가 기획한 이미 짜 놓은 활동에 가두어 버린다면 아이들의 탐구능력은 상실될 수밖에 없다.

03
집단지성으로 탐구하는
하브루타 과학 수업

　교사와 아이들이 만드는 수업공동체가 같은 학습목표를 갖고, 과학자
가 하듯 미지의 세계를 개척하는 설렘을 과학 수업에서 싹틔울 수 있을
까? 아이들의 사고가 틀을 깨고 새롭게 자라는 기회를 줄 수 있을까? 이
런 질문을 가지고 하브루타 수업 모형을 바라보면서 몇 가지 해결 전략
을 찾을 수 있었다.

　첫째, 교사에게는 아이들의 질문을 본인의 수업주제로 엮어 내는 질문
전환의 역량이 필요하다. 아이들이 궁금해 하는 질문의 특성과 가치를
이해하고 수업 안에서 그 질문들을 충분히 활용하며 교사가 융통성 있게
수업을 변형하여야 한다. 역설적이게도 아이들이 주도하는 활동과 교사

가 주도하는 진행 모두 충실할 때 수업이 살아난다.

둘째, 아이들이 만들어 내는 발산적인 사고에 평가의 잣대를 들이대면 안 된다. 교사는 질문으로 대표되는 아이들의 사고를 비평하고 확장하도록 독려할 수 있지만, 정상과학의 패러다임에 맞지 않다고 잘라 버리는 잘못을 범하지 말아야 한다.

셋째, 가설을 설정하거나 예상을 하는 장면에서 하브루타의 짝 토론과 모둠 토론을 적용한다. 짝과 함께 혹은 모둠이 예상하면서 아이들은 수업의 맥락을 이해하게 된다.

넷째, 교사 자신이 먼저 나서서 회의적 사고의 모범을 보여 준다. 인과적이고 귀납적인 논리 전개를 거치며 이미 알고 있는 지식에 질문을 던지는 모습을 아이들에게 보여 주어야 한다. 교사는 학생이 만드는 질문을 존중하면서 때로는 정상과학 패러다임의 경계를 넘나들며 아이들과 소통하여야 한다.

아이들은 과학 수업시간에 발표하는 것이 어렵다고 한다. 수업주제와 관련하여 자신의 궁금증을 말해 본 경험이 없는데 어찌 그렇지 않겠는가? 누구라도 진지하게 말을 꺼내면 금방 부담을 느껴서 농담으로 화제를 전환해 버린다.

하브루타가 성공하기 위해서는 우리 문화 안에 있는 인지적 부담을 무서워하는 태도부터 없애야 한다. 적어도 새롭게 생각하는 방식을 과감하게 수용하는 마음가짐을 가져야 한다. 약간의 용기를 내어 실패할 위험을 무릅쓰고 자신의 생각을 발표하거나 도전적으로 실험해 보아야 한다.

정상과학만 따라 하는 과학 수업은 아이들에게 창의성을 키워 주기 어렵다. 과학 수업에서 실험 목적이 이미 교육과정에서 제시한 정답만을 찾아가는 과정이라면, 실험은 지필평가 선택형 문제를 푸는 것과 마찬가지다. 대립되는 의견들이 만들어 내는 팽팽한 긴장이 살아야 하고, 아이들이 의견을 조정하며 인과적 추론을 맛보는 수업이 필요하다. 혼돈이 아니라 다양성을 인정하는 수업환경이 되어야 학생들의 탐구가 살아난다.

하브루타를 통해 아이들은 말로써 자신의 생각을 정리하고 메타 인지를 작동하며 집단지성을 형성한다. 질문을 던지고 받는 연쇄반응 속에서 아이들은 과학 수업의 목적을 내면화한다. 실험도구와 텍스트, 사진 속에 품은 의도를 파악하게 되면 변인통제를 제대로 할 수 있다. 이렇게 정답이 유보된 수업이 되면 실험결과를 보며 꼬마 과학자의 이론과 설명 모델이 재창조되는 것을 발견할 수 있을 것이다.

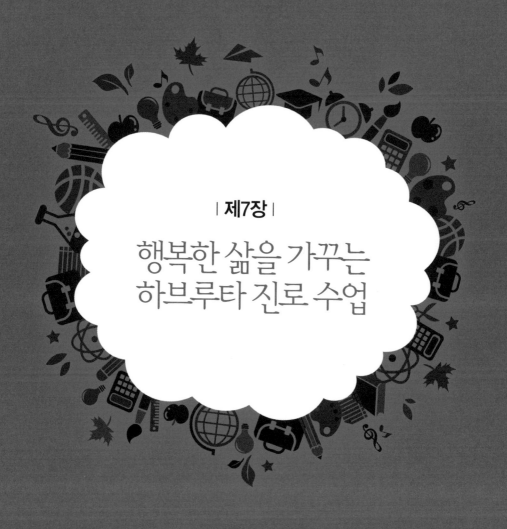

| 제7장 |

행복한 삶을 가꾸는
하브루타 진로 수업

01
진로 교육의 필수 조건, 하브루타

"네 꿈은 뭐니?"

어린 시절부터 어른들은 묻는다.

"꿈이 뭐냐고요?", "….."

'꿈'이란 말은 아름답고 환상적인 낱말이다.

꿈은 이루어지기 어렵기 때문에 아름다운 것은 아닐까? 그렇다면 이제 이런 질문으로 바꿔 보면 어떨까?

"네 꿈을 이루기 위해 너는 어떻게 하고 있니?"

꿈이나 직업을 묻기 전에 아이들에게 먼저 소중한 가치관을 심어 주어야 하지 않을까? 좋은 직업의 가치 기준을 아이들의 행복에 두어야 하지 않을까? 그렇다면 아이들이 행복할 수 있는 진로 교육을 위해 초등학교 시절에 어른들이 할 수 있는 것은 무엇일까? 바로 아이 스스로 '자신의 삶에 질문 던지기'를 하게 하는 것이다.

'나는 장래에 어떤 일을 하고 싶은가?'
'나는 어떤 직업을 가질 때 행복할까?'

나의 인생은 어느 누구의 것도 아닌 내 것이기에 나의 꿈을 실현하기 위하여 묻고 답을 찾아야 한다. 용기 있게 자신의 꿈에 도전하려면 어떻게 해야 할까?

진로 교육의 방향

[우리 아이들을 건강한 시민으로 키워야 한다.]
"꿈은 필요한가?"
"우리는 행복해지기 위해 사는 것인가?"
"타인을 이해한다는 것은 무엇인가?"

위 질문의 공통점은 무엇일까?
답은 바로 프랑스 대입 시험인 '바칼로레아 문제-인간(Human)' 중의 일부이다. 해마다 시험이 시작되면 파리 시민들은 시험 문제가 언론에 공개되길 기다린다. 올해의 주제를 놓고 자신의 생각을 열띠게 토의하는 모습은 파리를 상징하는 특별한 모습 중의 하나이다. 문제 출제부터 평가까지 막대한 비용이 들고, 바칼로레아 폐지론이 일어남에도 불구하고 왜 프랑스 사람들은 이를 포기하지 않는 것일까?

바칼로레아는 모든 논리가 흑백으로 나누어져 있지 않음을 알려 준다. 바칼로레아를 통해 프랑스 사람들은 자신을 들여다보게 된다. 자유 서술형인 답안에는 '내가 왜 그렇게 생각하는지 근거를 대는 것'이 중요하다. 논리적인 답안을 작성하기 위해서 철학적 지식뿐만 아니라 예술과 문학 전반에 대한 지적 소양이 필요하다. 프랑스 사람들은 바칼로레아로 자신의 생각을 자유롭게 말한다. 자신의 생각을 말하고 타인의 생각을 경청한다. 말하면서 생각하고 생각하면서 이해한다. 타인과 함께하는 자세를 배운다.

이제는 우리 교육도 수동적인 학습 방법에서 벗어나고자 한다. 스스로 답을 찾는 배움의 여정을 즐기는 학습으로의 전환을 꾀하고 있다. 그러나 현실의 사회는 아직도 자유롭게 자신의 생각을 말하고 상대방의 의견을 경청하면서 의견을 조율하는 풍토가 조성되지는 못했다. 아이들이 스스로 질문하고 답을 찾도록 기다려 주는 교실 문화. 다른 사람의 말을 끝까지 듣는 여유로움. 합리적인 근거를 대며 말할 수 있는 깊이 있는 인문학적 소양. 각자의 개성을 그 사람다움으로 인정해 주는 세계시민의식, 이 모두는 말하기교육에서 시작한다.

우리 사회가 제대로 된 소통으로 발전하기 위해서는, 어린 시절부터 우리 아이들에게 스스로 생각하고 답을 찾는 시간을 주어야 한다. 다른 사람과 함께 생각을 나누는 과정을 조화롭게 가질 수 있도록 교육해야 한다.

[소통할 줄 아는 창의성을 가진 미래의 인재로 키워야 한다.]

구글은 독특한 채용 방식을 갖고 있다. 응시자의 문제해결능력, 결단력, 인내심, 호기심, 의사소통능력 등을 고려하여 직원을 채용한다고 한다. 출신학교나 암기하는 지식, 정보나 스펙보다 새로운 문제 상황에서 스스로 생각을 모으고 가설을 세워 문제를 해결하는 자질이 있는가에 집중한다.

다음은 과거 구글의 입사시험 문제 중 하나이다.

'8살 조카에게 단 세 줄의 문장으로 데이터베이스(DATABASE)가 무엇인지 설명하시오.'

평가관점은 다음과 같다.

'정서적 교감을 했는가? 듣는 이의 눈높이에 맞추어 설명했는가? 원래 의미를 정확하게 전달했는가? 창의성 및 독창성이 있는가?'

복잡한 개념을 쉬운 말로 설명하면서, 누구와도 소통할 수 있는 능력이 있는가를 알아보려는 것이다. '설명'이란 말하기에는 관계, 깊이 있는 지식과 전문성, 창의성이 필요하다. 관계가 좋아야 8살 아이에게 어려운 내용을 전할 수 있다. 깊이 있게 알고 창의적으로 생각해야 정확하게 뜻을 전달할 수 있다.

우리나라의 취업 문화도 바뀌고 있다. '끼를 갖고 있는', '즐길 줄 아는', '자신 있고 창의적인', '감성적인', '공감할 줄 아는', '다양함을 넘나드는' 등은 새로운 시대의 인재상을 꾸미는 말들이다.

하브루타와 진로 교육

하브루타는 자율성과 판단력, 즉 메타 인지를 길러 준다. 메타 인지란 '생각 속의 생각, 생각을 넘어선 생각'이다. 다시 말하면, 자기가 무엇을 알고 모르는가를 아는 것이 메타 인지이다. 정기적으로 메타 인지를 기르면 아이의 자율성과 판단력이 길러진다. 자신이 모르는 것을 알면 그것을 보완하기 위하여 계획을 세우고 그 계획의 실행 과정을 평가하면서 자율성이 길러진다.

메타 인지를 '비판적 거리 두기'라고 설명하기도 하는데, 마치 내 몸 밖에서 나를 보는 것처럼 합리적인 생각을 할 수 있다. 아이들에게 자기가 무슨 생각을 하는지 돌아보는 훈련으로 해야 할 일과 하지 말아야 할 일을 구분하게 된다. 즉 판단력을 키울 수 있다.

또한 메타 인지는 대화하는 관계 속에서 키울 수 있다. 나와 친구, 나와 선생님, 나와 부모의 관계가 좋으면 아이들은 하고 싶은 말을 한다. 대화하면서 계속 자신의 생각을 고친다. 상대방은 말을 듣다가 질문을 하게 된다. 말하는 사람은 질문에 답하면서 자신의 말에 대해 생각을 정리하게 되고, 더 깊이 있게 생각하게 된다. 즉 말하는 과정에서 메타 인지가 작동하는 것이다.

"왜 그렇게 생각하지?"

"그렇게 행동하는 이유는?"

질문에 대한 답을 찾으면서 지금 내가 하는 일의 의미도 찾을 수 있다. 그것은 다른 사람의 눈에는 대단하지 않은 일일지도 모른다. 그렇지만 내가 원해서 하는 일이라면? 나에게 도움이 된다면? 도덕적으로 문제가 없는 일이라면? 이 질문의 끝에서 행복이 무엇인지 생각하는 기회를 갖게 된다.

자신의 진로에 대해 말하는 시간을 주어야 한다. 자신이 생각했던 일들에 대해 객관적인 입장에서 생각하는 시간을 주어야 한다. 그런 의미에서 하브루타는 진로 교육의 필요조건이다.

스스로 갖는 물음표 뒤엔 분명 소통하는 골목길로 접어드는 행복을 만나게 될 것으로 믿는다.

-안애경,『소리 없는 질서』중에서

02
'인생 여행'을 준비하는
진로 교육

여행을 가기 위해 우리는 무엇을 할까? 먼저 계획을 세운다. 목적지를 정하고, 교통편을 예약하고, 숙소를 정하고, 짐을 싼다. 그리고 떠난다. 그러나 그 전에 나도 모르게 준비한 것들은 없었을까? '건강 상태는 어떻지? 언어는 통할까? 언제 떠나지? 여행 경비는? 같이 갈 사람은?' 건강이 좋다면 일정에 대한 부담이 적을 것이다. 건강도 좋고 낯선 곳과 사람에 대한 두려움을 이겨 낼 자신감이 있다면 혼자 떠나는 배낭여행도 두렵지 않을 것이다.

우리 인생이 일반적인 여행과 다른 점이 있다면 우리는 태어남과 동시에 이미 출발했다는 것이다. 내가 결정할 수 없었던 어린 시절의 수많은 선택에 대한 미련은 접어 두고 인생이라는 아주 긴 여행을 위해 조금씩 차근차근 준비해야 할 것들이 있다.

자아가 형성되는 초등학교 때부터 진로 로드맵을 그려 봐야 한다. 여행을 준비하면서 혼자 중얼거리며 질문하고 대답했던 것들을 진로 결정 과정에서도 스스로 해 보아야 한다.

진로 교육의 출발점은 자기이해이다. 먼저 자신을 탐색해 보자. 자기 자신의 강점과 장점을 찾아내는 과정이 곧 자기이해의 시작점이다. 나를 알고 상대방을 알게 되면 자신감이 생긴다.

나와 상대방을 알려면 관심을 가져야 한다. 관심을 갖고 관찰하면 궁금한 점이 생긴다. 궁금한 점은 질문으로 해결할 수 있다. 마음을 열고 자신에 대해 말하도록 하려면 어떻게 해야 할까?

학기 초에 자기소개를 하면서 자기를 찾아보는 시간을 가져 보자. 이번 기회에 자신을 자랑하는 대회를 열어 보자. 자신을 소개하면서 상대방도 질문으로 탐색해 보자.

'나' 자랑대회

"너를 자랑해 보렴!"
교사의 이 말 한마디에 교실에 웃음꽃이 핀다.
"아이, 선생님, 어떻게 나를 자랑해요?"
"전 자랑거리가 없는데요?"

"겸손하시긴!(웃음) 왜 자랑거리가 없어? 아주 작은 것도 괜찮아. 생각이 안 나면 가족을 자랑해도 돼."

브레인라이팅을 활용하여 자신을 알리는 많은 정보를 짧은 시간 안에 써 본다. 짝과 함께 번갈아 가며 자기를 자랑하고 궁금한 점을 서로 묻게 한다. 자신의 자랑거리를 들려주는 기회를 갖게 하면 친구와의 대화를 통해 사소하다고 생각했던 것들이 갖는 의미를 스스로 깨닫게 된다.

"나는 줄넘기를 잘해."
"나는 야구를 좋아하는데…."
"그래? 나도 야구 좋아해. 너, 좋아하는 구단 있어?"
"나는 ○○구단을 응원해."
"나는 △△구단을 응원해."

중간에 이야기가 샛길로 빠질 수도 있지만, 대화를 하면서 갑자기 친구와 나 사이의 공통점을 찾게 되기도 한다. 이는 친구와의 관계가 좋아지는 계기가 된다.
대화에 익숙해지면서 아이들은 스스로 대화의 방향을 확인하고 제자리로 돌아올 수 있다.

"참, 너는 왜 야구를 좋아해?"
"나? 글쎄. 너는 왜 좋아하는데?"

대답이 궁하거나 친구의 답이 더 궁금하면 되묻기도 한다.

"야구를 좋아하니까 혹시 야구선수가 되고 싶은 것은 아냐?"

"맞아. 그래서 나는 토요일마다 야구 연습을 하곤 해."

"어디서 하는데?"

"우리 집 근처에 공터가 있는데, 공이 날아가도 위험하지 않은 곳이야."

친구와 대화를 하면서 자기가 미처 몰랐던 방법이나 정보를 얻기도 한다. 자신의 강점을 자랑하고 나면 말한 것을 계속 실천해야 하는 의무감을 갖게 된다. 긍정적인 강화를 통해 아이는 성숙하게 된다.

풍선 안에 자랑거리를 쓴다. 교사는 활동 전에 마인드맵으로 자랑할 거리에 대해 아이들과 함께 생각하는 시간을 갖는다.

고학년 아이인 경우, 들은 내용을 기억하거나 평소에 관찰한 것을 친구 이름 아래에 분류하여 붙이게 하면 경청하는 습관을 기를 수 있다. 이렇게 하고 나서 자신이 말한 내용이 없을 때 더 보충하여 붙일 수도 있다.

체계적인 '나' 탐색

　다중지능검사로 아이들에게 자신의 강점을 찾아보는 기회를 주어 보자. 다중지능에 대한 논란은 제쳐 두고라도 이 이론이 아이들에게 자신에 대한 호기심을 불러일으키고 자신감을 갖게 하는 것은 사실이다. 하워드 가드너 박사는 다중지능의 영역을 '언어, 인간친화, 자연친화, 논리수학, 신체운동, 자기성찰, 음악, 공간' 지능 8가지로 정했다. 최근에는 여기에 새롭게 '실존지능'을 추가하기도 한다.

　다중지능을 측정하면, 각자의 대표적인 지능을 알게 된다. 이때 최고 대표 지능이 바뀔 수 있음을 알려 주어야 한다. 왜냐하면 아직 어리기에 자신이 좋아하는 영역의 점수가 높게 나올 수 있기 때문이다.

　결과가 나오면 같은 대표 강점 지능을 가진 사람들끼리 모인다. 자연스럽게 나온 결과에 대해 대화가 이루어진다.

"너도 자기성찰지능이야?"

"응. 그런데 자기성찰지능이 뭐야?"

자신이 모르는 정보나 지식을 묻는다.

"우리는 '언어지능'이네?"

"너는 왜 언어지능이 높게 나온 것 같아?"

"내가 책 읽기를 좋아하거든. 그래서 그런 것 같아."

"나는 말을 좀 재미있게 해. 그래서 별명이 개그맨이야."

"나는 말을 조리 있게 하는 편이야."

"나는 글쓰기를 좋아해."

"나는 외국어 공부를 하고 있어."

"이 다음에 어떤 일을 하고 싶어?"

아나운서, 동시통역사, 번역가, 개그맨, 사회자, 시인, 소설가, 극작가, 기자….

자기의 강점 지능에 맞는 직업에 대한 탐색이 이루어진다.

"혹시 좋아하는 사람 있어?"

"응, 나는 ○○○을 좋아해."

"그 사람은 말도 잘하지만 다른 사람을 배려해서 좋다고 소문났대."

"나도 ○○○처럼 그런 일을 하고 싶어."

이렇게 서로의 자랑거리나 관심사를 묻고 답하면서 공통점을 갖고 있다는 것을 알게 된다. 공통점 찾기는 관계 맺기의 기본이다. 그래서 아이들은 나와 비슷한 친구들이 있다는 생각에 좀 더 편안할 수 있다.

여행의 길잡이, 롤모델

여행을 계획할 때 먼저 다녀온 사람의 조언은 매우 중요한 정보가 된다. 내가 가려는 곳을 다녀온 사람, 내가 가려는 길로 이미 들어선 사람. 그들을 '롤모델'이라고 한다. 내가 가려는 길에 대한 정보를 가진 롤모델을 정하면 불안감을 덜 수 있다. 조금은 안전하게 방향을 찾을 수도 있게 된다. 도중에 힘든 일이 생기면 그들로부터 조언을 구하고 용기를 낼 수 있다.

짝과 함께 '나의 롤모델과 진로'에 대한 대화를 해 보자. 롤모델에 대한 질문을 확장할 수 있다. 롤모델을 찾는 하브루타는 다음과 같은 과정으로 진행할 수 있다.

[롤모델을 찾는 하브루타]

-먼저 내가 하고 싶은 일이 무엇인지 생각한다.

-나의 롤모델을 정한다.

-나의 롤모델에 대한 질문을 만든다. 왜냐하면 내가 닮고 싶은 사람이라도 모르는 부분이 있을 수 있기 때문이다. 몇 가지 항목을 정해 스스로 질문을 해 본다.

-짝과 함께 서로의 롤모델에 대해 질문한다.

-짝의 롤모델을 먼저 발표한다. 나의 롤모델을 발표할 수도 있다. 그러나 짝이 말한 내용을 대신 발표하는 것은 여러 가지 의미가 있다. 먼저 경청하게 된다. 둘째, 짝은 발표자가 자신의 생각을 존중해 준다는 느낌을 갖게 된다. 셋째, 짝의 발표를 들으면서 객관적으로 다시 판단하게 된다. 넷째, 보충하여 말할 수 있다. 마지막으로 수줍거나 발표하는 습관이 잘 안 된 친구를 자연스럽게 발표의 장으로 이끌어 내는 기회가 된다.

-짝의 발표를 듣고 내가 알고 있는 정보를 보충한다. 발표자의 이야기를 듣고 보충하거나 잘못 말한 부분을 고친다. 이때 발표가 익숙하지 않은 아이라면 교사의 말에 따라 자연스럽게 말할 기회를 갖게 된다. 자신의 이야기이기 때문에 자신감을 갖고 발표할 수 있다.

[나의 진로와 롤모델에 대한 질문 예시]

-나는 장차 어떤 일을 하고 싶은가?

-그 일을 하고 싶은 이유는?

-그 일의 내용은 무엇인가?

-그 일을 하기 위해 지금부터 준비해야 할 것은 어떤 것들이 있을까?

-롤모델의 뜻은?

-나의 롤모델은 누구인가?

-나는 왜 이 분을 롤모델로 정했나?

-이 분 외에 이 일을 잘하는 사람은 누가 있을까?

자성예언을 해 보는 것도 좋다. 자성예언은 "생생하게 꿈꾸면 이루어진다."라는 말처럼 목표를 잊지 않게 하는 기법이다. '말한다. 글로 쓴다. 롤모델의 사진을 붙이고 본다. 실제로 그 장소에 가 본다. 동영상 등의 이미지를 본다.' 등으로 나의 미래를 스스로 예언해 보는 것이다.

롤모델 탐구와 자성예언

저학년 아이들은 롤모델에 대한 개념 자체가 매우 어려울 수 있으므로 흥미와 희망직업에 대한 질문으로 자연스럽게 접근할 수 있다. 이 일을 했을 때, 나에게 좋은 점(+)과 어려운 점(-)을 따져 보자. 그와 관련하여 질문을 던져 보자. 그러면 방향을 좀 더 정확하게 정할 수 있게 된다. 지금 자기가 해야 할 일을 알게 된다.

예시 1 장래 희망 직업 : 영화배우

(+) 나는 연기를 잘한다. 사람들을 즐겁게 해 준다.

(-) 자신감이 부족한 것 같다. 사람들을 감동시키지는 못하는 것 같다.

(지금 할 일) 사람들의 감정을 알 수 있도록 책을 많이 읽어야 한다.

예시 2 장차 하고 싶은 일 : 로봇 발명가

(+) 나는 조립하는 것을 잘한다. 창의적인 아이디어를 잘 내는 편이다. 이 일은 쉬고 싶을 때 쉴 수 있다. 훌륭한 발명을 하면 돈을 많이 벌 수 있다. 안전한 일이다.

(-) 이 일은 복잡한 연구를 많이 해야 한다.

(지금 할 일) 로봇에 대한 공부를 많이 해야 한다.

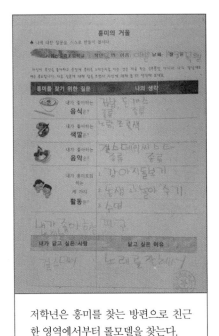

저학년은 흥미를 찾는 방편으로 친근한 영역에서부터 롤모델을 찾는다.

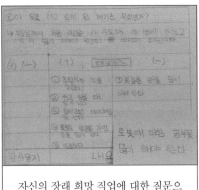

자신의 장래 희망 직업에 대한 질문으로 롤모델을 찾아본다.

03
행복 찾아 누리는
진로 교육

진로 교육은 행복하기 위한 교육이 되어야 한다. 자신의 진로를 결정할 때 가장 중요한 조건은 무엇일까? 아마도 자신의 행복이 아닐까? 행복하게 잘 살기 위해 일을 하는 것이다. 그렇다면 나는 어떨 때 행복한가? 행복하기 위해서는 어떻게 해야 할까? 행복해지기 위해 필요한 조건은 무엇일까? 중요한 것을 세 가지만 고르라면, '유능감, 자율성, 관계성'으로 압축할 수 있다.

행복하기 위해서는 먼저 그 일을 잘할 수 있는 유능감을 길러야 한다. 좋아하는 일을 잘하는 능력이야말로 인생을 행복하게 살 수 있게 한다. 그리고 스스로 하는 자율성도 길러야 한다. 공부든, 일이든, 봉사활동이든 내가 원해서 스스로 해야 행복하다. 마지막으로 관계가 좋아야 행복하다. 인간은 혼자 살 수 없으므로 좋은 관계를 맺는 것은 행복한 생활에 크게 기여한다.

문용린 박사는 행복하기 위해서는, 긍정적인 마음을 갖는 것에서 출발하여 인간관계에 대한 기술과 교류가 필요하다고 하였다. 느리지만 자신이 하는 일에 대한 희망을 갖고, 자주 웃으면서, 엉뚱하더라도 시도해 보는 실천력도 중요하다고 하였다.

『노란 양동이』로 행복 찾기

저학년 아이들과 『노란 양동이』(모리야마 미야코 지음, 양선하 옮김, 현암사)로 행복에 대해 생각해 보는 수업을 하였다. 다음은 『노란 양동이』의 줄거리이다.

어느 날 여우가 외나무다리를 건너다가 노란 양동이를 발견합니다. 친구들과는 달리 양동이가 없던 여우는 토끼와 곰의 말을 듣고 월요일부터 일주일 동안 주인이 나타나길 기다립니다. 만약 일요일까지 주인이 나타나지 않으면 여우가 노란 양동이를 갖기로 하고.
일주일 동안 여우는 양동이와 할 수 있는 일을 맘껏 해 봅니다.
매일 양동이 보러 가기, 양동이 들어서 보기, 양동이 옆에서 선잠 자기, 양동이로 물 긷는 시늉하기, 양동이 안에 고여 있는 물 버리기, 양동이에 이름 쓰는 시늉하기, 양동이에 사과를 담아 친구들에게 나눠 주는 상상하기, 고기 잡는 시늉하기….

다음 주 월요일, 노란 양동이는 아쉽게도 사라지고 없었습니다.

아이들은 스토리텔링을 무척 좋아한다. 그렇기에 아이들에게 몰입감을 주기 위해서 처음 양동이를 발견하는 월요일 부분은 교사가 감정을 넣어 잔잔하게 들려준다. 그리고 화요일부터 토요일까지의 부분은 쪽지로 만들어 모둠원에게 한 장씩 나눠 주고 서로 돌아가며 읽는다. 아이들은 이 활동을 통해 경청하면서 참여하게 된다.

그 다음에 아이들은 여우가 노란 양동이를 위해 한 일과 상상한 일을 쓴다. 먼저 자신이 생각한 것을 쓰고 짝과 함께 부족한 부분을 보충한다. 다시 모둠원들과 이야기를 나누며 미처 쓰지 못한 부분을 더하여 쓴다. 이어서 반 전체가 발표를 하는데 자신이 쓴 것에 ○표를 하고 친구들이 발표하지 않은 것을 발표한다. 이 과정은 아기여우가 일주일 동안 노란양동이와 어떤 일들을 했는지 기억해 보는 과정이다. 비록 일주일밖에 안 되지만 아기여우가 노란 양동이와 많은 일을 했다는 것을 아이들 스스로 알게 된다.

다시 교사는 남은 부분인 일요일부터 월요일 아침 부분을 들려준다.

"양동이는 어떻게 되었을까요?"

아이들은 과연 양동이가 그대로 있을까에 큰 관심을 갖는다.

"노란 양동이는 그 자리에 없었습니다."라는 교사의 말에 모두 탄식을 하며 안타까워한다.

이제 질문을 만들어 본다. 이 이야기에서 궁금한 점을 포스트잇에 한 가지만 써 본다. 쓴 것을 가지고 나오면 비슷한 내용끼리 '명목분류'하여 칠판에 붙인다. 답이 명확한 질문부터 아이들에게 묻는다. 좋은 질문을 찾는다고 '멀티보팅'을 하는 경우도 있지만, 이 경우는 논쟁을 위한 것이 아니므로 아이들의 질문을 유목화하여 많이 나온 질문이 무엇인지 알기만 해도 좋다. 아이들이 만든 질문은 다음과 같다.

"양동이는 왜 사라졌을까?"

"양동이는 잘 있다가 왜 월요일에 없어졌을까?"

"비를 맞고 있는 양동이를 보고 아기여우는 왜 울고 싶었을까?"

"아기여우가 양동이가 사라진 꿈을 꾼 이유는 무엇일까?"

"노란 양동이는 한밤중에 어떻게 사라졌을까?"

"아기여우는 양동이가 사라졌는데도 왜 오랫동안 같이 있었던 것 같다고 생각했을까?"

"아기여우는 노란 양동이가 사라졌는데 왜 웃었을까?"

"아기여우는 마지막에 왜 괜찮다고 말했을까?"

저학년이 만든 질문이기 때문에 '왜'라는 낱말을 넣어 질문을 만든 것이 많다. 질문의 근원이 '왜 그랬을까?' 하는 원인을 찾는 경우가 많으므로 출발점으로서는 괜찮지만 깊은 생각을 이끌어 내기엔 부족하다.

사이토 다카시는 『질문의 힘』에서 좋은 질문과 나쁜 질문을 다음과 같이 구별하였다.

좋은 질문은 '구체적이고 본질적인 질문, 상대방의 머릿속을 정리해 주는 질문, 현재와 과거를 연결해 주는 질문, 자신의 경험과 상대방을 연결시키는 질문'이고, 나쁜 질문은 '쓸데없이 추상적인 질문, 쓸데없이 사소한 질문, 자신이 질문을 받았다면 도저히 답할 수 없는 질문, 주제나 인터뷰 핵심에서 벗어난 질문'이라고 했다.

아이들이 만든 질문에서 '양동이가 어디로 갔는지, 누가 가져갔는지, 어떻게 사라졌는지'는 이야기를 나눠 봐도 별 의미가 없다. 그렇지만 아이들의 상상력을 자극하여 뒷이야기를 꾸며 쓴다면 이 질문들도 의미 있는 질문이 된다.

질문을 만들고 나면 먼저 짝과 함께 서로 질문 나누기를 한다. 질문을 적은 포스트잇을 가지고 나와 비슷한 내용끼리 분류한다. 교사가 읽어 주면서 아이들의 다양한 생각을 이끌어 낸다. 이때 "노란 양동이는 어디로 갔을까?", "노란 양동이는 누가 가져갔을까?" 등과 같이 추측할 수밖에 없는 질문은 짝과 함께 나눈 이야기로 끝낸다.

다음은 아이들이 만든 질문을 가지고 교사와 아이들이 주고받은 내용이다.

교사 : 먼저 아기여우가 양동이에게 해 준 일들을 도미노 말하기로 돌아가며 말해 볼까요? 생각이 안 나는 사람은 "통과"라고 말해 주세요.
아이들 : 양동이 보고 인사하기, 양동이에 고인 물 보고 '메롱'하기, 양동이 들어서 자세히 보기, 매일 양동이 보러 가기, 양동이 옆에서 선잠 자기, 양동이를 들고 노래 부르기, 양동이로 물 긷는 시늉하기, 양동이 안에 고여 있는

물 버리기, 양동이 겉에 이름 쓰는 시늉하기, 양동이에 사과를 담아 친구들에게 나눠 주는 상상하기, 고기 잡는 시늉하기, 한밤중에 양동이 보러 가기, 비 맞고 있는 양동이 보고 슬퍼하기 등.

교사 : 아기여우는 노란 양동이가 사라졌는데 왜 웃었을까요?

아이 : 아마도 주인이 찾아갔을 것 같아서 그랬을 것 같아요.

아이 : 아기 여우는 양동이를 사랑해서 누가 가져가든지 행복하게 지낼 거라고 생각했을 것 같아요.

교사 : 아기여우는 양동이가 사라졌는데도 왜 오랫동안 같이 있었던 것 같다고 생각했을까요?

아이 : 아기여우가 양동이랑 같이 한 일이 많아서 그랬을 것 같아요.

아이 : 아기여우가 노란양동이한테 세 가지 마음이 있었어요. 갖고 싶은 마음, 잘해 주고 싶은 마음, 비 맞을 때는 속상했던 마음. 그렇게 마음을 많이 줘서 그런 것 같아요.

교사 : 그런데 아기여우는 꼭 갖고 싶었던 양동이가 사라졌는데도 왜 괜찮다고 말했을까요?

아이 : 양동이가 주인을 만났다고 생각해서 그랬을 것 같아요.

아이 : 양동이는 없어졌어도 양동이에 대한 생각은 없어지지 않아서 그런 것 같아요.

교사 : 양동이에 대한 생각은 어디에 남아 있을까요?

아이 : 아마 마음속에 남아 있을 것 같아요.

아이 : 기억 속에 있을 거예요.

교사 : 어떤 일이 기억 속에 남아 가끔 생각나는 것을 무엇이라고 하나요?

아이 : 추억이라고 합니다.

교사 : 아기여우에게 노란양동이에 대한 추억은 왜 소중할까요?

아이 : 일주일 동안 노란양동이와 함께 많은 추억을 만들어 줬으니까 그때를 생각하면 행복할 것 같아요.

교사 : 어떤 일이 좋은 추억이 될까요?

아이들 : 소중한 일이요. 열심히 한 일이요. 기쁜 일이요. 즐거웠던 일들이요.

교사 : 지금 말한 일들을 생각할 때 어떤 마음이 드나요?

아이 : 행복한 마음이 들어요.

교사 : 추억을 생각하면 왜 행복할까요?

아이 : 나중에 덜 후회해서 행복하게 생각할 것 같아요.

아이 : 열심히 했는데도 잘 안 될 수도 있지만, 열심히 했기 때문에 후회가 적을 것 같아요.

아이 : 내가 기뻤던 일이라면 그게 바로 행복인 것 같아요.

아이들은 어떤 배움을 얻었을까?

-자기가 좋아하는 일은 열심히 하게 됩니다.

-아끼던 것이 없어져도 소중한 기억은 남아 있습니다.

-아름다운 추억은 어려울 때 힘이 됩니다.

-행복한 경험을 많이 가져야겠습니다.

-좋은 추억을 만들려면 노력하는 사람이 되어야 합니다.

짧고 쉬운 이야기이지만, 우리가 일을 할 때 어떤 자세를 가져야 하는지 생각하게 한다. 어떤 일이 중요할까? 바로 내가 정성을 다한 일, 내가 최선을 다한 일이 나에게 소중하다는 것을 느끼게 된다. 만약 그 일의 결과가 내가 원하는 것만큼 나오지 않더라도 그 경험은 매우 뜻 깊은 일로 기억에 남을 것이다. 그것이 바로 행복한 일이다.

『행복한 청소부』로 행복한 일 찾기

고학년 아이들과 『행복한 청소부』(모니카 페트 지음, 안토니 보라얀스키 지음, 김경연 옮김, 풀빛)로 행복에 대해 생각해 보는 수업을 하였다. 다음은 『행복한 청소부』의 줄거리이다.

독일에 작가와 음악가 거리의 표지판을 닦는 청소부가 있었다. 다른 사람들로부터 칭찬을 들을 만큼 열심히 일하는 이 청소부는 자신이 하는 일을 좋아했고, 자랑스러워했다. 그러던 어느 날, 한 여자아이의 말을 듣고 표지판에 적힌 인물들에 대해 아는 것이 없다는 것을 깨닫게 되었다. 청소부는 그날부터 표지판의 음악가와 작가에 대한 공부를 시작했다. 음악회에 참석하고 레코드를 사서 반복해서 듣다가 드디어 작가들에 대한 공부에도 빠져들었다. 청소부는 점점 그 분야의 전문가가 되어 갔다. 이런 소문이 나면서 청소부는 매우 유명해졌다. 대학에서도 아저씨에게 강연을 요청하게 되었다. 그러나 청소부는 자신의 즐거움을 위해 강연은 하지만 청소부로 남아 표지판 닦는 일을 계속하겠다고 했다.

먼저 친구들과 번갈아 가며 책을 읽는다. 각자 책을 갖고 읽는 것도 좋겠지만, 한 권의 책을 짝과 함께 읽음으로써 더욱 경청을 하게 된다. 4명이 한 권의 책을 돌려 읽어도 좋다. 읽는 사람은 듣는 사람을 위해 발음과 목소리 크기에 신경을 쓰는 배려를 하게 된다.

글의 내용을 파악하기 위해 질문을 만들어 본다.

"청소부 아저씨가 하는 일은 어떤 일인가?"

"청소부 아저씨가 맡은 구역에는 어떤 표지판이 있는 곳인가?"

"사람들이 청소부 아저씨를 최고라고 말하는 이유는 무엇인가?"

"청소부 아저씨는 왜 갑자기 공부를 하기 시작했을까?"

"아저씨는 음악가에 대해 어떤 방법으로 공부를 했을까?"

"청소부 아저씨의 월급으로 오페라를 보고 음반을 살 여유가 있을까?"

"아저씨가 책 속에서 발견한 비밀은 무엇이었을까?"

"사람들이 청소부 아저씨가 시와 음악을 아는 것을 이상하게 생각한 이유는 무엇일까?"

"청소부 아저씨는 청소만 하면 되지 않을까?"

"돈을 많이 벌어야 하고 싶은 일을 할 수 있을까?"

"내가 하고 싶은 일을 할 때 얼마만큼의 돈이 필요할까?"

"직업에 대한 고정관념에는 어떤 것들이 있을까?"

"좋은 학교를 나오지 않아도 전문가가 될 수 있을까?"

"유명해지면 행복할까?"

"멋진 직업은 어떤 직업일까?"

짝과 함께 나누고 싶은 질문을 골라 생각을 나눠 본다. 질문은 모르는 단어나 인용된 인물들에 대한 정보와 지식에서 시작하여 점차 영역을 넓혀 간다. 책에서 시작된 질문은 일과 직업으로 확장된다. 더 나아가 직업과 행복의 관계로 깊어진다.

누구나 "행복해야 한다."라고 말한다. "행복하기 위해 살아야 한다."고도 말한다. 그렇다면 행복이란 무엇일까? 행복이 무엇인지 알기 위해서, 교사는 아이들에게 질문을 해 본다. 행복의 정의는 아이들의 생각만큼 다양하다.

그래서 '행복'이란 무엇인지 개념 정리부터 시작했다. 나의 뇌구조도 안에 '내가 행복할 때'를 쓴다. 뇌구조도를 다 채우면 아래쪽에 내가 쓴 내용을 바탕으로 '행복이란 무엇이다.'라고 정의를 내리게 한다. 다음으로 친구들과 짝을 바꿔 가며 하브루타를 한다.

"○○님은 어느 때 행복한가요?"

"저는 맛있는 음식을 먹을 때 행복합니다."

"○○님은 왜 맛있는 음식을 먹을 때 행복합니까?"

"제가 좋아하는 음식을 먹으면 속상했던 마음이 풀어지고 기운이 납니다."

"△△님은 언제 행복하세요?"

"저는 가족과 함께 있을 때 행복합니다."

"가족과 함께 있으면 왜 행복합니까?"

"우리 가족은 제가 잘못해도 이해하고 용서해 줍니다. 그래서 저는 가족과 함께 있으면 편안합니다."

"○○님은 행복이 무엇이라고 생각하십니까?"

"저는 행복이란 '맛있는 음식을 좋아하는 사람들과 함께 먹는 것'이라고 생각합니다."

"△△님은 행복이 무엇이라고 생각합니까?"

"저는 행복이란 '가족과 함께하는 것'이라고 생각합니다."

행복에 대한 이야기를 나누면서 개념이 조금 구체화된다.

포토스탠딩으로 강제결합법을 활용하면 행복에 대한 개념을 좀 더 구체적으로 확인할 수 있고, 사람들이 행복을 다양하게 느낀다는 것을 알게 된다.

행복이란 톱니바퀴들이 잘 맞물려 조화롭게 돌아가는 것이다. 왜냐하면 톱니가 막힘없이 돌아가려면 어느 하나도 빠짐없이 골고루 움직여야 하기 때문이다.

⬇

평등한 세상이 바로 행복한 세상이다.

⬇

행복은 소중한 사람과 '함께함'이다.

아이들이 정의한 행복의 개념을 살펴보자.

시간과 같다. 왜냐하면 행복할 때 시간이 빨리 지나가기 때문입니다.	➡	**행복은 '몰입'이다.**
행복이란 예쁜 풍경을 보는 것이라 생각한다. 예쁜 풍경을 보면 마음의 안정을 찾을 수 있기 때문이다.	➡	**행복은 마음의 안정이다.**
하루해가 지고 더 멋진 내일을 기다리는 설렘을 행복이라고 생각한다.	➡	**행복은 기대와 설렘이다.**

같이 협력하여 빨리 하고, 더 열심히 해서 기쁘게 하는 것을 행복이라고 생각한다.	➡	행복은 협력이다.
여러 사람이 모여 같은 기쁨을 나누고 서로서로 단합이 되어서 같은 마음으로 응원하는 것이다. 그리고 어울리는 것이다.	➡	행복은 한마음으로 함께하는 것이다.
잠과 같다. 잠자면 꿈을 꾼다. 꿈에서는 무엇이든지 할 수 있다. 자기가 하고 싶은 것을 하면 기분이 좋고 무엇이든지 할 수 있다는 희망을 가지니까 좋다.	➡	행복은 원하는 일을 스스로 잘하는 것이다.
잠겨 있는 자물쇠가 열쇠로 풀리는 것과 같다. 왜냐하면 자물쇠를 열쇠로 여는 것처럼 어떤 일을 이루어내어 성취감을 느끼면 행복하기 때문이다.	➡	행복은 성공의 기쁨이다.

친구들과 서로 주고받은 대화를 생각하면서 행복에 대한 질문을 만들어 보자.

"내가 가장 행복할 때는 언제인가?"

"기분이 좋다고 행복하다고 할 수 있을까?"

"공부를 1등하면 행복할까?"

"돈이 많으면 행복할까?"

"맛있는 것을 먹거나 좋은 옷을 입는 것도 행복한 일일까?"

"친구가 많을수록 행복할까?"

"행복의 조건은 무엇일까?"

"나에게 '이것만 있으면 행복할 것 같다.'고 생각되는 것은 무엇일까?"

"내가 하고 싶은 일만 하는 것이 행복일까?"

"행복하게 살려면 지금 어떤 준비를 해야 할까?"

"행복하다는 것의 판단은 누가 하는 것일까?"

아이들은 행복은 매우 주관적이라는 것을 깨닫게 된다. 이제는 행복이란 남과 비교할 수 없는 자기만의 감정이라는 것을 스스로 알게 된다. 각자에게는 자신의 삶이 있고, 각자의 삶의 색깔은 모두 다르다는 것을 깨닫는다.

이제 모둠이 함께 행복의 일상적인 예를 찾아본다. 4~5명의 모둠원에게 무작위로 낱말조각을 인원수만큼 준다. 모둠원들이 머리를 맞대고 주어진 낱말이 들어가는 이야기를 만들어 본다.

늦은 밤 골목길을 걷다가 시계를 보니 시간이 11시였다. 옆에서 가여운 고양이가 울고 있어서 먹고 있던 빵을 주었다. 마음 한편이 따스해졌다.

4명의 모둠원이 무작위로 뽑은 '골목길', '시계', '고양이', '빵'이라는 낱말을 가지고 강제연결법으로 '행복'이 드러나는 글을 지었다. 행복은 '나눔'과 '생명 존중'임을 깨닫게 된다.

어느 날 한 도둑이 중요한 내용이 담긴 종이를 훔쳐 지붕에 올라갔다. 그 모습을 목격한 경찰이 곧장 지붕으로 올라가 도둑을 잡았다. 경찰은 부상을 입었지만 자신이 맡은 일을 제대로 했다는 생각에 행복을 느꼈다.

'종이', '경찰', '지붕'이라는 낱말을 가지고 지은 글이다.
행복은 '내가 하는 일에 최선을 다하는 것'임을 깨닫게 된다.

어젯밤 친구와 함께 달을 관찰하려고 산에 갔다. 우리는 카메라, 등산 신발, 여벌옷, 간식, 텐트 등을 챙겨 산에 올라가 달을 보았다. 정말 행복한 밤이었다.

'달', '카메라', '신발', '친구'이라는 낱말을 가지고 지은 글이다.
행복은 '우정'이고 '자연과 함께하는 것'임을 깨닫게 된다.

어쩌면 행복하고자 하는 마음이 진로의 목표가 아닐까? 그런데 『행복한 청소부』 이야기에서 아이들은 두 가지 고정관념이 충돌하는 것을 느끼게 된다. 청소부라는 직업에 대한 그릇된 고정관념과, 행복은 성적순이거나 대학의 이름에 따라 결정될 수도 있다는 막연하지만 매우 위험한 개념이 바로 그것이다. 그렇다면 과연 멋진 직업이란 무엇일까에 대해서 생각해 보자.

멋진 직업의 조건 찾기 하브루타

멋진 직업에 대한 아이들 각자의 생각을 들어 보는 것으로 진로 탐색 수업을 했다. 아이들이 동경하는 멋진 직업은 무엇일까? 아이들은 멋진 직업을 생각할 때 자신의 적성과 능력을 우선으로 하지 않을 수도 있다. 그러나 아이들이 장차 하고 싶은 일이 직업으로 발전하려면 그 일에 대해 잘 알 필요가 있다. '진로탐색'의 출발점으로 직업의 조건을 찾아보자.

교과를 통합한 재구성으로 교사는 요즘 아이들의 직업 인식을 알고 진로 교육의 방향을 잡고 싶었다. 교육과정 상의 교과목표는 다음과 같다.

-실과 : 일과 직업의 의미와 중요성을 알고, 여러 가지 정보 매체를 활용하여 다양한 직업의 종류와 특성을 파악하여 일과 직업에 대한 긍정적인 태도를 가질 수 있다.

-국어 : 설득하거나 주장하는 말의 타당성을 판단하며 듣는다.

-창체/진로탐색활동 : 일과 직업의 가치, 직업세계의 특성을 이해하여 건강한 직업의식을 함양하고, 자신의 진로와 관련된 교육 및 직업정보를 탐색하고 체험한다.

진로 하브루타의 일반적인 학습 모형은 다음 표와 같다.

도입 하브루타	두뇌 깨우기	-간단한 게임 등으로 두뇌 활성화시키기

내용 하브루타	내용 파악하기	-희망하는 직업이 무엇인가? -주변에 그 직업을 가진 사람이 있는가? -그 직업은 사람들에게 어떤 도움을 주는가?

상상 하브루타	생각 키우기	-직업을 갖고 생활하면 어떤 느낌일까? -내가 그 직업에서 일하면 어떤 일들이 벌어질까? -그 직업을 가지려면 어떤 공부를 해야 할까? -그 직업을 가지려면 어떤 기술을 익혀야 할까?

자기탐색 하브루타	실천하기	-그 직업을 가지려면 어떤 마음을 갖고 생활해야 할까? -그 직업을 갖기 위해 지금 내가 해야 할 일들은 어떤 것이 있을까? -그 일들을 어떻게 실천할까?

메타 하브루타	종합/ 정리하기	-발표한 내용에 대해 이야기 나누기

이를 참조하여 나만의 수업흐름을 만들어 보았다.

[도입 하브루타]

먼저 아이들이 알고 있는 직업의 종류가 얼마나 되는지 게임으로 풀어

보았다. 모둠원들이 돌아가면서 직업의 종류를 하나씩 말한다. 자신이 말

하는 것을 손가락으로 꼽는데, 바로 생각이 나지 않으면 '통과'를 외치면 된다. 모둠원이 말한 직업의 종류를 더해 보고, 가장 많이 말한 모둠을 칭찬해 준다. 나도 모르는 직업이 있음을 알면서 관심이 커진다. 학습에 대한 흥미도 높아진다.

[내용 하브루타]

다음에는 멋진 직업의 조건을 생각해 보고 발표한다. 교사는 아이들이 말한 조건을 칠판에 적어 참고할 수 있게 한다. 아이들은 학습지에 자신이 생각하는 직업의 조건을 우선순위대로 쓰고 그렇게 생각한 이유를 써 본다. 이는 아이들이 질문을 많이 하도록 장려하는 것에 머물지 않고 질문의 우선순위를 가릴 수 있게 하는 중요한 방법이다. 왜냐하면 스스로 분석을 통해 좀 더 의미 있는 질문에 집중하는 방법을 배울 수 있기 때문이다.

그리고 멋진 직업의 조건을 각자 세 가지 골라 보았다. 많이 나오는 조건은, '돈', '내가 좋아하는 일', '내가 잘하는 일', '인기가 있는 일', '다른 사람에게 도움을 주는 일', '봉사하는 일', '행복한 일' 등이다. 자리 바꾸기로 다른 사람들이 생각하는 조건에 대해 하브루타를 해 본다. 서너 명의 친구들과 이야기를 나누다 보면 자신의 생각했던 우선순위가 바뀌는 경우가 있다. 바뀐 경우에는 그 이유도 다시 써 본다.

[심화 하브루타]

다음 단계는 이렇게 친구들과 나눈 이야기를 바탕으로 가장 중요한 조건을 하나만 골라 본다. 포스트잇에 적은 종이를 칠판에 '명목분류'로 나눠 붙여 보면 가장 많이 나온 조건과 그렇지 않은 조건으로 나눌 수 있다.

이번에는 다른 사람의 입장에 서서 생각하는 시간을 갖는다. 분단별로 한 줄은 가장 많이 나온 조건을, 짝 줄은 나머지 조건 중에서 자신이 선택한 조건에 근거를 대면서 친구와 논쟁 하브루타를 해 본다. 다시 입장을 바꿔 논쟁을 한다.

교사와 함께 전체 토론으로 정리를 한다. 교사는 아이들이 이미 토론으로 얻은 생각을 맘껏 풀어 놓을 수 있는 장을 마련해 준다.

[메타 하브루타]

마지막으로 배움을 얻기 위해 '일을 행복하게 만드는 조건'으로 정리한다.

-인간다운 삶을 영위할 수 있는 수준의 돈을 벌 수 있는 일

-윤리적으로, 도덕적으로 바람직한 일

-자신이 하고 싶은 일

-자신의 잠재능력을 개발시켜 주는 일

-이웃과의 나눔이 가능한 일

하브루타로 생각하기		

오늘의 주제	6 학년 반 이름 ○○○
	행복한 진로 탐색

1차 생각	우선 순위 1	월급, 연봉(돈)	이유	개인적으로 돈이 어느 정도는 있어야 다른 사람을 돕는 일 등을 할 수 있다고 생각합니다.
	우선 순위 2	자신이 좋아하는 일		
	우선 순위 3	사회에 도움이 되는 일		

바꾸는 경우	⬇

2차 생각	우선 순위 1		바꾼 이유	자신이 일상생활을 하는 데 기본적으로 필요한 것이 돈이라고 생각하기 때문입니다.
	우선 순위 2			
	우선 순위 3			

배움으로 생각 넓히기 (직업의 조건)	1. 인간다운 삶을 영위할 수 있는 수준의 돈을 벌 수 있는 일 2. 윤리적으로, 도덕적으로 바람직한 일 3. 자신이 하고 싶은 일 4. 자신의 잠재능력을 계발시키는 일 5. 이웃 간의 나눔이 가능한 일		

이 수업에 대한 나의 생각	수업을 들으면서 많은 생각을 할 수 있어서 좋았다. 또 내 의견을 내가 스스로 정리하고 그걸 설명할 수 있어서 다행이다.	평가	잘함
			보통
			노력

04
공부의 의미를 찾는
진로 교육

공부를 잘해야 꿈을 이룰 수 있다고 말한다. 많은 어른이 공부를 잘하면 좋은 대학에 들어갈 수 있고, 좋은 대학을 나오면 좋은 직장에 취직이 될 가능성이 높다고 생각하는 것 같다. 어른들이 말하는 좋은 직업이란 대부분 높은 수입을 얻거나 사회적 지위를 보장하는 것들이다. 비정규직이 많은 요즘에는 안정적인 직업을 좋은 직업이라고 생각하기도 한다.

그래서 아이들에게 물어보았다.

"공부 하면 떠오르는 질문을 한 가지만 써 볼까?"

많은 아이가 다음과 같은 질문을 썼다.

"공부는 왜 할까?"

"공부를 하면 무엇이 좋을까?

그러고는 더 이상 만들 질문이 없다고 했다.

아이들에게 공부하며 떠오르는 이미지나 생각을 말해 보라고 하면 다음과 같은 대답을 한다.

"공부는 하기 싫은 거예요. 공부는 따분해요. 공부가 지겨워요. 우리 부모님은 자꾸 공부만 하라고 해요. 공부는 도대체 왜 해야 하나요?"

이 생각을 질문으로 바꿔 보자. 이것은 평서문을 질문으로 만드는 간단한 방법이다.

"공부는 왜 하기 싫은 것일까?"

"공부가 따분한 이유는 무엇일까?"

"왜 나는 공부가 지겨울까?"

"왜 우리 부모님은 나만 보면 공부하라는 소리를 자꾸 하실까?"

"공부가 하기 힘든 것은 나만 그런 것일까?"

"공부의 뜻은 원래 무엇인가?"

"공부를 안 하면 어떻게 되나?"

"공부가 장래 직업을 결정하나?"

이렇게 만든 질문을 가지고 자리를 바꿔 가며 새로운 짝과 함께 하브루타를 한다. 다음은 공부의 의미를 찾기 위해 교사가 아이와 시범으로 하브루타하는 장면이다.

아이 : 공부는 왜 하기 싫은 걸까요?

교사 : 나는 공부가 좋은데요? 공부가 취미예요.

아이 : 아니, 공부가 취미라니요? 공부하는 게 좋으세요?

교사 : 나는 새로운 지식을 알 때 기쁨을 느껴요. ○○는 그런 적이 없나요?

아이 : 나는 어떤 공부는 재미있기도 하지만 취미까지는 아닌데요?

교사 : 그럼 어떤 공부가 재미있나요?

아이 : 나는 수학 문제가 풀렸을 때 기분이 좋습니다.

교사 : 정말요? 나는 수학이 제일 어려운데? 수학 중에서 특히 어떤 분야를 좋아하나요?

아이 : 나는 도형 문제를 좋아합니다.

교사 : 사실 나는 계산 문제는 자신 있게 푸는데 도형 문제처럼 이모저모 따지는 문제는 좀 어려워해요. 그럼, 혹시 내가 문제를 잘 풀지 못할 때 도와줄 수 있나요?

자연스럽게 대화가 이어진다. 이렇게 짝과 하브루타한 후에 짝이 만든 질문 중에서 가장 인상적인 질문에 표시해 준다. 표시한 질문과 주고받은 말들을 소개하는 것도 생각을 정리하는 방법 중의 하나이다. 특히 발표에 소극적인 아이에게는 짝이 한 말을 전해 달라고 하면 부담 없이 말하곤 한다.

아이들은 하브루타를 하는 과정에서 보다 근원적인 질문에 도달한다. "공부란 무엇일까?"

아이들은 짝과의 대화에서 다음과 같이 공부에 대한 개념을 정리했다.

"공부란, 힘들고 지겨울 수 있다. 그러나 가끔은 기쁨을 주기도 한다. 부모님이 공부를 강조하시는 것은 공부가 중요하기 때문일 것이다."

더 나아가 좀 더 깊이 생각해야 하는 질문도 떠올린다.

"내 인생에서 공부가 차지하는 비중이 그렇게 클까?"

"공부를 안 하고 성공할 수 있는 방법은 없을까?"

"공부를 즐겁게 하는 방법은 없을까?"

"다른 사람들은 어떤 방법으로 공부를 할까?"

"인간은 언제까지 공부를 해야 할까?"

다음은 한 아이의 학습 내용을 정리한 것이다.

-엄마가 시켜서 하지만 나에게 도움이 되기 때문이다.

-공부를 하면 나중에 취직이나 대학을 가기 쉽고, 커서 더 이익을 볼 수 있기 때문이다.

-나의 장래 희망을 이루기 위해서이다.

-좋은 대학에 가기 위해서이다.

-장학금을 타서 엄마아빠한테 선물하기 위해서이다.

-공부는 나의 실력을 올리려고 하는 것이다.

공부에 대한 질문 만들기　　　　　　**공부를 하는 이유에 대한 결론**

하브루타로 질문과 생각을 주고받으면서 아이들은 다른 사람들의 생각을 알게 되고 경청하는 습관을 갖게 된다. 말하지 않으면 상대방의 생각을 알 수 없다. 또한 말하지 않으면 내 생각을 정리하는 것도 어렵다.

05
삶을 완성해 가는 습관 교육

좋은 습관은 평생의 자산이다

좋은 습관을 가진 사람들은 대부분 성실하다. 성실한 사람은 자신의 능력을 최대한 발휘하고자 노력하는 사람이다. 최선을 다하면 성공할 확률이 높아진다. 작은 성공이 반복되면 당연히 자존감도 높아진다.

초등학교 저학년은 '하기 싫은 것도 해내는 규칙의 내면화'가 시작되는 때이다. 초등학교 저학년일수록 규칙을 지키는 것을 즐기고 오히려 편안하게 생각하는 경향이 있다. 이 시기에 아이들로 하여금 좋은 습관을 기르도록 유도한다면 아이들에게 평생의 소중한 자산을 심어 줄 수 있다.

스티븐 코비는 성공하는 사람들에게는 공통적인 습관이 있다고 했다. '주도적으로 하기, 계획하고 실행하기, 소중한 것 먼저 하기, 상호이익 추구하기, 경청한 다음에 이해시키기, 시너지 효과 이용하기, 몸과 마음 단련시키기'이다. 이 습관들을 우리 아이들에게도 습득시켜 주자. 일방적인 훈계나 훈련이 아닌, 아이들 스스로 "왜?"라는 질문과 답을 찾는 체험 활동을 통해 스스로 그 필요성을 확인하고 실천하게 해 주자.

일의 우선순위 알기

우리가 쓸 수 있는 시간은 유한하기 때문에 어릴 때부터 시간의 소중함을 알도록 지도해야 한다. 하루라는 작은 시간부터 시작해서 학년이 올라갈수록 한 주, 한 달로 범위를 넓히면서 시간 사용을 잘하도록 실제로 체감하는 교육을 해야 한다. 시간을 소중하게 사용하기 위해서는 일의 우선순위를 판단하고 중요하다고 생각되는 일부터 먼저 해야 한다.

다음 그림과 같은 시간 관리 매트릭스를 만들어 각 면에 자신이 하는 일을 붙여 본다.

짝과 함께 '중요하고 긴급한 일, 중요하지만 긴급하지는 않은 일, 중요하지는 않지만 긴급한 일, 중요하지도 않고 긴급하지도 않은 일'을 소개하고 궁금한 점을 묻는다. 질문을 받은 사람은 근거를 대어 그 일에 대해 설명한다. 이 활동을 하면서 아이들은 자기가 중요하게 생각하는 일과 짝이 생각하는 것이 다름을 알게 된다. 이로써 사람마다 가치관이 다름을 알게 되고, 중요한 일의 기준이 무엇인지 알게 된다. 그리고 더 중요한 가치에 대해 생각하게 된다.

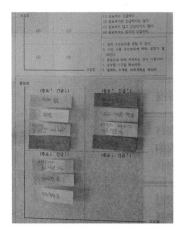 

자신의 하루 일과를 살피고 일의 우선순위에 대해 하브루타하기

학습이 끝나고 나서 지금까지 공부한 내용을 책으로 엮어 보았다.

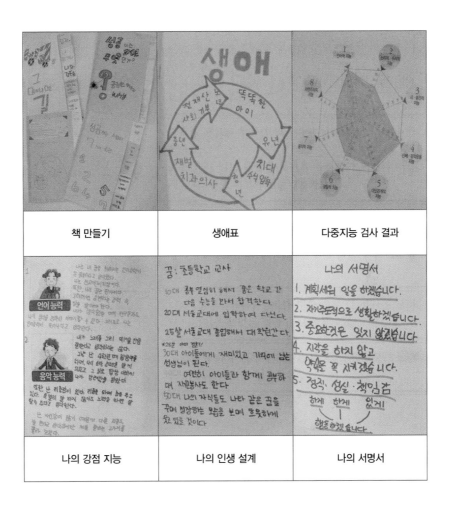

책 만들기	생애표	다중지능 검사 결과
나의 강점 지능	나의 인생 설계	나의 서명서

06
행복한 삶의 여정,
하브루타

진로 탐색은 행복한 삶을 찾는 여정이다. 좋아하는 일을 하면 행복해진다. 좋아하는 일을 오래 지속하기 위한 조건 중의 하나는 바로 관계 맺기이다. 관계를 좋게 하는 것은 대화이다. 대화를 통해 나와 남을 이해하게 된다. 나와 남을 이해하면 일상생활이 편안해진다. 행복은 그렇게 소소한 것에서도 찾을 수 있다.

하브루타는 사회적 동물로서의 인간에게 자신의 말을 통해 스스로 선택하고 결정하는 경험을 하게 한다. 하브루타는 누가 시켜서 억지로 하는 것이 아니다. 스스로 질문을 하고 답을 찾는 것이다. 정재승 교수의 "자기선택권이나 상황에 대한 통제권이 행복을 느끼는 데 매우 중요하다는 뇌 연구 결과가 늘고 있다."는 말에서도 알 수 있듯이, 짝과의 대화에 몰입하다 보면 대화의 주도권을 자기가 갖게 된다. 대화 상황의 주도권을 짝과 내가 나눠 가지고 있기에 자기결정권을 키울 수 있다. 대화의 즐거움에 빠지면 몰입의 기쁨을 얻기도 한다.

하브루타는 짧은 시간에 지식을 얻거나 시야를 넓게 해 준다. 대화를 통해 생각을 확고하게 하거나 오류를 수정하게 해 준다. 대화를 통해서 생각을 나누고 다듬어 가는 과정을 통해 합리적인 판단을 하도록 도와준다. 내가 지금 하고 있는 공부와 일이 과연 나의 진로가 될 수 있을까에 대해 확신을 갖기 위해서는 끊임없이 의문을 갖고 질문을 해야 한다. 그리고 그 답을 찾아야 한다. 혼자 골몰하여 답을 찾아도 좋지만, 함께하는 누군가가 있어 각자의 시각에서 답을 찾아보는 것도 나름대로의 의미가 있다.

진로 교육은 개인의 행복한 삶을 탐색하는 데서 한 걸음 나아가야 한다. 왜냐하면 인간은 사회적 동물이기 때문이다. 세상을 조금씩 알아 가는 초등학교 시절에 자신의 꿈에 대해 조심스럽게 말하고 짝의 이야기를 경청하는 시간을 가지는 것은 매우 중요하다. 상대방의 이야기를 소중하게 여기는 습관은 그들이 어른이 되었을 때, 언제 어디서 누구와 함께하든 토론이 이루어져 올바른 시민사회가 만들어지는 기초가 된다.

우리의 진로 교육도 개인의 행복감 증진에서 한 걸음 더 나아가 정의로운 시민사회의 구성원을 만들고, 그로 인해 모두가 함께 행복한 사회 구성원을 키우는 것을 염두에 두어야 한다. 그런 의미에서 하브루타는 아이들에게 문제해결력과 사회적 관심, 상호존중, 격려, 협력과 같은 매우 긍정적인 기술을 습득하도록 도와준다.

진로수업은 가는 길이 힘들더라도 자신이 선택했기에 기쁘게 이겨 낼 수 있는 여행을 위한 것이어야 한다. 그 길에서 다른 사람과 함께하는 즐거움과 편안함을 느끼고, 그리하여 목적지에 도착했을 때 기쁨과 함께 안도감을 느낄 수 있도록 안내하는 교육이어야 한다. 또한 스스로 자신의 길을 찾는 여정을 탐구하고, 결과를 예측하기에 앞서 그 길에서 한 일을 아름다운 기억으로 간직할 줄 아는 여유도 행복이라는 것을 알게 해야 한다.

|부록|

질문 카드

도덕

예시 문장	우리는 법과 규칙의 중요성을 알고 있습니다. 하지만 모든 법과 규칙이 항상 잘 지켜지는 것은 아닙니다. 여러분도 무심코 또는 일부러 법과 규칙을 어길 수 있습니다. 그 이유는 무엇이며 어떻게 해결할 수 있을까요? 법과 규칙을 지키기 위해 바르게 판단해 봅시다.

사실확인	단어의 뜻	법이란 무엇인가요? 규칙이란 무엇인가요?
	육하원칙 (누가, 언제, 어디서, 무엇을, 어떻게, 왜)	법과 규칙은 어떻게 지켜지고 있다고 했나요?
	육하원칙 외	
사고확장	문장이나 낱말의 표현에 대해	'무심코 또는 일부러'라는 말에 담긴 의미는 무엇일까요?
	느낌	법과 규칙의 중요성을 알고도 지키지 않을 때 어떤 느낌을 갖게 되나요?
	비교	법과 규칙은 어떤 점에서 같고 어떤 점이 다를까요?
	의견	일부러 법과 규칙을 안 지키는 사람이 있다고 한다면 왜 그렇게 행동할까요?

	장단점	법과 규칙을 지키는 것의 장점은 무엇이 있을까요?
	가정하여	만약에 거의 모든 사람이 지키지 않는 법이나 규칙이 있다면 어떻게 해야 할까요?
	문제해결의 방법	법과 규칙을 잘 지키기 위해 바르게 판단해야 한다면 어떤 기준으로 판단해야 할까요?
	추리, 예상, 경험	무심코 규칙을 지키지 않으면 어떤 일이 벌어질까요?
	원인	모두를 위한 법과 규칙인데도 사람들은 왜 지키지 않을까요?
	가치에 대해	우리 사회에서 법과 규칙은 어떤 가치가 있을까요?
적용	상대방에게 적용	만약에 복도에 쓰레기가 떨어져 있다면 당신은 어떻게 판단하고 행동할 것인가요?
	나의 생활에 적용	무심코 혹은 일부러 법과 규칙을 어긴 경험이 있나요? 왜 그랬나요?
	우리의 삶에 적용	법과 규칙을 잘 지키기 위해 우리가 가져야 할 자세는 무엇일까요?

도덕

예시문장	경기도 지역에 있는 한 초등학교 고학년인 나리는 친구들이 스마트폰 대화방에서 대화를 신청할까 봐 잠잘 때에도 손에서 스마트폰을 놓지 못한다. 그룹 대화방이 열 개가 넘는 나리는 "사소한 대화를 나눌 뿐인데 나만 빠지면 따돌림을 당하는 것 같고 불안해서 어쩔 수 없다."라고 말하였다.

사실확인	단어의 뜻	스마트폰 대화방이 무엇인가요?
	육하원칙에 따라 (누가, 언제, 어디서, 무엇을, 어떻게, 왜)	왜 나리는 스마트폰을 손에서 놓지 못하나요?
	육하원칙 외 질문	나리가 참가한 그룹 대화방은 몇 개인가요?
사고확장	문장이나 낱말의 표현에 대해	'사소한 대화'라는 말에 담긴 의미는 무엇일까요?
	느낌	나리와 같은 불안한 마음에 공감하나요?
	비교	스마트폰 그룹 대화방에서 대화를 나누는 사람과 하지 않는 사람은 어떤 점에서 다를까요?
	의견	나리가 그룹 대화방을 하지 말아야 한다고 생각하나요? 적절한 대화방은 어느 정도라고 할 수 있을까요?

	장단점	스마트폰을 통한 대화의 장단점은 무엇일까요?
	가정하여	만약에 나리가 모든 대화방에서 나온다면 불안감을 해소할 수 있을까요?
	문제해결의 방법	나리가 따돌림당할지 모른다는 불안에서 벗어날 수 있는 방법은 무엇이 있을까요?
	추리하여	대화방에 참여하지 않는다면 과연 따돌림으로 이어질까요?
	원인	그룹 대화방에서 따돌림의 시작이 된다면 그 원인은 무엇일까요?
	가치에 대해	그룹에 속하기 위해 불편함을 감수하는 것이 가치가 있을까요?
	문장을 통해 유추	대화방에 참여하지 못해서 따돌림당한 사례가 있다고 짐작할 수 있을까요?
적용	상대방에게 적용	당신이 나리와 같다면 어떻게 느낄 것 같은가요?
	나의 생활에 적용	내가 통제하지 못하는 일이 생긴다면 어떻게 끊을 수 있을까요? 누구에게 도움을 청할 수 있을까요?
	우리의 삶에 적용	스마트폰을 바르게 사용하기 위해 내가 절제해야 하는 일은 무엇이 있을까요?

예시문장	어느 날 재호네 아래층에 같은 반 다희가 이사를 오게 되었다. 다희는 자존심이 아주 강한 아이이다. 다희를 좋아하는 세심한 성격의 재호는 다희의 자존심이 상할까 봐 자신이 주인집 아들임을 말하지 못하고 며칠째 고민하고 있다.

사실확인	단어의 뜻 묻기	자존심이란 무엇인가요?
	육하원칙에 따라 묻기 (누가, 언제, 어디서, 무엇을, 어떻게, 왜)	재호네 집 아래층에 새로 이사 온 같은 반 친구는 누구입니까?
	내용을 사실대로 파악하기 위해 묻기	왜 재호는 며칠째 고민하고 있나요?
사고확장	문장이나 낱말의 표현에 대해 묻기	'아주 강한'이라는 표현에 담긴 의미는 무엇일까요?
	느낌 묻기	주인집 아들이라는 사실을 말하지 못하는 재호의 행동에 대해 어떻게 생각하나요?
	비교하여 묻기	주인집 아들일 때와 아닐 때의 입장은 어떻게 다를까요?
	의견 묻기	당신이 재호와 같은 상황이라면 어떻게 하고 싶나요?

	장단점 묻기	자존심이 강할 때의 장단점은 무엇일까요?
	가정하여 묻기	재호와 다희에게 앞으로 어떤 일이 일어날까요?
	문제해결 방법 묻기	재호가 고민을 잘 해결할 수 있는 방법은 무엇일까요?
	추리하여 묻기	재호와 다희는 그 전엔 어떤 사이였을까요?
	원인 묻기	재호와 다희와의 어색함은 왜 생겼나요?
	가치에 대해 묻기	상대방의 자존심을 지켜 주는 것과 사실을 말하는 것에 대해 어떻게 생각하나요?
	문장을 통해 유추할 수 있는 것 묻기	주인집 아들임을 말하지 못하는 재호는 어떤 생각을 가진 사람이라고 생각되나요?
적용	상대방에게 적용하여 묻기	당신도 재호처럼 상대방의 자존심을 건드릴까 봐 고민해 본 경험이 있나요?
	나의 생활에 적용하여 묻기	상대가 자존심을 상하게 한 경우가 있었나요? 그때 어떻게 행동하였나요?
	우리의 삶에 적용하여 묻기	재호와 다희의 사이가 더 좋아지도록 하려면 어떻게 해야 할까요? 하얀 거짓말에 대해 어떻게 생각하나요?

국어

예시문장		풀꽃 나태주 자세히 보아야 예쁘다. 오래 보아야 사랑스럽다. 너도 그렇다.

사실확인	단어의 뜻 묻기	풀꽃은 무엇을 말하나요?
	육하원칙에 따라 묻기 (누가, 언제, 어디서, 무엇을, 어떻게, 왜)	'너'를 무엇에 비유했나요?
	내용을 사실대로 파악하기 위해 묻기	얼마나 오래 보아야 할까요?
사고확장	문장이나 낱말의 표현에 대해 묻기	'너도 그렇다.'라는 말은 무슨 뜻인가요?
	느낌 묻기	누군가 나에게 이런 시를 들려준다면 어떤 기분이 들까요?

	비교하여 묻기	풀꽃과 꽃은 어떻게 다를까요?
	의견 묻기	풀꽃과 '너'의 공통점은 무엇입니까?
	장단점 묻기	자세히 보는 것의 장점은 무엇일까요?
	가정하여 묻기	이런 사람들이 많다면 우리 주변은 어떻게 변할까요?
	문제해결 방법 묻기	풀꽃 같은 사람을 알아보려면 어떻게 해야 할까요?
	추리하여 묻기	작가는 왜 '자세히, 오래'라는 말을 강조하였을까요?
	원인 묻기	풀꽃은 왜 자세히 보아야 예쁜가요?
	가치에 대해 묻기	시를 읽고 떠오른 사람이 있다면 그 사람은 어떤 삶을 살고 있나요?
	문장을 통해 유추할 수 있는 것 묻기	자세히 보아야 예쁜 것에는 또 어떤 것이 있을까요?
적용	상대방에게 적용하여 묻기	이 시를 누구에게 보여 주고 싶나요?
	나의 생활에 적용하여 묻기	내가 살고 있는 세상에서 풀꽃 같은 사람은 누구인가요?
	우리의 삶에 적용하여 묻기	이 시를 읽고 꿈꾸게 되는 세상은 어떤 모습인가요?

사회

상황제시	19세기에 조선은 나라 안팎으로 많은 어려움을 겪었다. 밖으로는 서구 열강과 일본이 끊임없이 문호를 개방하라고 요구하였고, 안으로는 관리들의 부정부패로 인하여 백성들이 많은 고통을 겪고 있었다. 이에 흥선대원군은 나라의 문을 굳게 걸어 잠그고 서구열강으로부터 독립하고자 하였다.

	단어의 뜻	'19세기 조선이 겪은 어려움'이란 무엇인가요?
사실확인	육하원칙 (무엇을)	백성들은 조선 외에 밖으로 어디까지 나라들이 있다고 알고 있었나요?
	육하원칙 (누가)	조선을 지키고자 나라의 문을 굳게 닫는 정책을 추진한 사람은 누구인가요?
사고확장	표현	왜 나라 안팎으로 어려움을 겪었다고 했을까요? 어떤 일이 있었나요?
	느낌	백성의 입장에서 느끼는 어려움은 구체적으로 무엇이었을까요?
	비교	흥선대원군과 명성황후가 추진한 정책의 차이점은 무엇인가요?
	의견	19세기의 어려움 중 가장 어려운 문제를 해결하기 위한 방안에는 어떤 것이 있을까요?

	가정	만약 19세기의 조선이 강력했다면 어려움을 겪었을까요? 만약 조선에 어려움이 없었다면 지금은 어떤 나라가 되었을까요? 만약 내가 흥선대원군이라면 이러한 어려움을 이겨내기 위하여 어떤 정책을 펼쳤을까요?
	문제해결	문호를 개방하라는 서양 열강의 요구에 대하여 어떻게 대응할 수 있나요?
	추리	흥선대원군과 명성황후가 서로 대립한 까닭은 무엇일까요? 핵심권력자와 함께 하는 사람들은 어떤 정책이 이로운가요?
	가치	나라의 문을 닫는 것이 올바른 정책이었을까요?
적용	나의 생활에 적용	모둠끼리 과제를 하는 경우에 다른 모둠이 협력하자고 요구하면 어떻게 하겠습니까? 자기 모둠의 탐구내용을 공개하겠습니까?
	현재 사회에 반영	19세기의 조선이 처한 어려움과 21세기의 대한민국이 처한 어려움의 공통점과 차이점은 무엇일까요?

사회

상황제시		광복 후 민족지도자들은 새로운 나라를 세우려고 노력하였다. 정치적 입장에 따라 다양한 방식으로 민주주의가 법치의 근본인 공화정 국가를 만들기 위하여 노력하였다. 제2차 세계대전 승전국들이 결정한 신탁통치안에 반대하기도 하고, 좌익과 우익이 가진 이념을 초월하여 민주 정부를 만들고자 하였다. 미군정 기간을 마치고 마침내 1948년에 대한민국 정부를 수립하게 되었다.

사실확인	단어의 뜻	'광복', '신탁통치'란 무엇인가요?
	육하원칙 (어떻게)	1948년에 수립한 대한민국 정부는 단독 정부라고 하는 까닭은 무엇입니까?
	육하원칙 (누가)	대한민국의 초대 대통령은 누구입니까?
사고확장	표현	광복이라는 표현이 담고 있는 의미는 무엇인가요?
	느낌	'새로운 나라'라는 말에서 어떤 분위기를 느낄 수 있나요?
	비교	민족지도자들이 좌익과 우익으로 나누어져 어떤 활동을 하였나요?
	의견	새 나라에 대하여 사람들은 서로 다른 꿈을 꾸었을 텐데, 어떻게 조율할 수 있었을까요?

	가정	노력한 것만 강조한 까닭은 실제로 한 성과는 없었기 때문인가요? 내가 그 당시의 백성이라면 민족지도자들을 지지했을까요? 광복군이 일본 제국에 대항한 전쟁에 참여했다면 어떻게 되었을까요?
	문제해결	내가 민족지도자라면 새로운 나라를 세우기 위해 어떤 노력을 했을까요?
	추리	민족 지도자 중 여성은 몇 %인가요? 신세계에 대하여 지도자들은 대부분 어떤 기준을 가지고 있었을까요?
	가치	내가 만들고 싶은 새로운 나라는 어떤 나라인가요?
적용	나의 생활에 적용	우리 가정이 어떤 모습을 가졌으면 좋겠습니까? 이를 위해 무엇을 노력해야 할까요?
	현재 사회에 반영	오늘날 우리나라에서 정치적 입장이 다른 경우 어떻게 민주주의 원칙을 꽃 피울 수 있을까요?

사회

상황 제시	왕건은 쇠락한 신라를 보호하고 후백제를 견제하며 후삼국을 통일하였다. 고려는 문벌귀족을 중심으로 정치가 발전하였다. 무신집권기를 거치며 몽골의 침략을 받았고 오랫동안 원나라에 정치적, 군사적 간섭을 받았다. 그러나 고려는 고려청자와 팔만대장경과 같은 독창적인 문화를 꽃피웠다.

	단어의 뜻	'문벌귀족'이란 무엇인가요?
사실 확인	육하원칙 (어떻게)	왕건은 어떻게 삼국통일을 할 수 있었나요?
	육하원칙 (누가)	무신집권기에 권력을 잡았던 사람들은 누구인가요?
사고 확장	표현	고려가 독창적인 불교문화를 가졌다고 말하는 까닭은 무엇인가요?
	느낌	고려의 어떤 문화재에서 고려의 과학기술과 문화의 우수성을 볼 수 있나요?
	비교	고려 청자와 조선 백자의 공통점과 차이점은 무엇인가요?
	의견	고려는 어떠한 나라인가요, 귀족과 백성의 삶은 어떠하였나요?

	가정	만약 경순왕이 스스로 항복하지 않았다면 어떻게 되었을까요? 만약 고려가 국교를 불교로 통일하지 않았다면 어떤 문화가 발전했을까요?
	문제해결	금속을 재료로 활자를 만들려면 어떤 방법을 써야 했을까요? 팔만 개가 넘는 대장경 목판을 유지하기 위해서 어떻게 방습, 방충 시설을 만들었을까요?
	추리	경순왕이 스스로 항복하게 된 까닭은 무엇일까요?
	가치	팔만대장경판이 21세기에도 소중한 것은 무엇 때문일까요?
적용	나의 생활에 적용	나의 '성'은 아빠나 엄마를 따릅니다. 그 까닭을 고려로 나라이름을 만든 것과 비교해 볼까요?
	현재 사회에 반영	오늘날 우리가 세계에 내놓을 수 있는 독창적인 문화는 어떻게 만들 수 있을까요?

수학

예시문제	원기둥과 전개도를 알아봅시다. 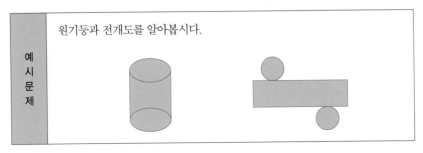

사실확인	정의 묻기	원기둥이란 무엇일까요?
	비슷한 모양 찾기	생활 속에서 볼 수 있는 원기둥 모양에는 어떤 것이 있나요?
	구성요소	원기둥의 옆면은 무엇일까요? 높이는 무엇일까요? 밑면은 무엇일까요?
사고확장	비교하여 묻기	원기둥의 겉넓이와 부피의 차이점은 무엇인가요?
	방법 묻기	원기둥의 전개도는 어떻게 그릴까요?
	필요성 묻기	원기둥의 전개도는 언제 필요할까요?
	의견 묻기	원기둥을 공부하는 이유는 무엇일까요?

	장단점 묻기		겉넓이를 구할 때 원기둥의 전개도를 그렸을 때와 그리지 않았을 때 장점과 단점은 무엇일까요?
	가정하여 묻기		두루마리 휴지도 원기둥이라고 할 수 있을까요?
	문제해결 방법 묻기		원기둥의 겉넓이를 어떻게 구할 수 있을까요?
	추리하여 묻기		원기둥의 부피를 구할 수 있을까요?
적용	상대방에게 적용하여 묻기		당신이라면 원기둥이 생활 속에서 어떻게 쓰이는지 찾아보고 싶은 생각이 있나요?
	나의 생활에 적용하여 묻기		내 주변에 있는 원기둥 모양의 사물들을 주의 깊게 살펴본 적이 있나요?
	우리의 삶에 적용하여 묻기		원기둥에 대해 배운 것이 과연 우리의 일상생활에 어떤 영향을 미칠 수 있을까요?

수학

예시문제	분수 : 진분수, 대분수, 가분수, 분수의 덧셈, 뺄셈, 분수의 통분

사실확인	정의 묻기	분수란 무엇일까요?
	정의 묻기	진분수란 무엇일까요? 대분수란 무엇일까요? 가분수란 무엇일까요?
	구성요소	분모는 무엇일까요? 분자는 무엇일까요?
사고확장	비교하여 묻기	가분수와 진분수의 차이점은 무엇인가요?
	기원 묻기	분수는 누가 만들었을까요?
	필요성 묻기	분수가 왜 필요할까요?
	의견 묻기	분수에서 통분이 왜 나올까요?
	가정하여 묻기	분수가 없다면 어떻게 될까요?
	문제해결 방법 묻기	분수의 덧셈은 어떻게 할까요?

342

	추리하여 묻기	분모끼리는 왜 더하지 않을까요?
적 용	상대방에게 적용하여 묻기	분수를 배우기 전에 비슷한 개념으로 생활 속에서 설명하거나 계산했던 적이 있나요?
	나의 생활에 적용하여 묻기	분수를 배우고 난 뒤 생활에서 어떻게 활용할 것인가요?
	우리의 삶에 적용하여 묻기	분수가 일상생활에서 쓰이는 예를 찾아보세요. 그렇게 우리도 적용할 수 있을까요?

343

수학

<table>
<tr>
<td>예
시
문
제</td>
<td>어느 날, 시연이는 오전에 $2\frac{1}{2}$ 컵, 오후에 $2\frac{2}{3}$ 컵 마셨습니다. 지율이는 물을 오전에 $\frac{4}{5}$ 컵, 오후에 $3\frac{1}{2}$ 컵 마셨습니다. 두 사람이 사용한 컵의 크기가 같다면 이날 하루 동안 누가 물을 얼마나 더 많이 마셨는지 알아보려고 합니다.</td>
</tr>
</table>

<table>
<tr>
<td rowspan="6">문
제
파
악</td>
<td>조건 묻기</td>
<td>시연이가 오전에 마신 물의 양은 얼마 만큼인가요?</td>
</tr>
<tr>
<td>조건 묻기</td>
<td>시연이가 오후에 마신 물의 양은 얼마 만큼인가요?</td>
</tr>
<tr>
<td>조건 묻기</td>
<td>지율이가 오전에 마신 물의 양은 얼마 만큼인가요?</td>
</tr>
<tr>
<td>조건 묻기</td>
<td>지율이가 오후에 마신 물의 양은 얼마 만큼인가요?</td>
</tr>
<tr>
<td>조건 합쳐 묻기</td>
<td>시연이가 하루 동안 마신 물의 양은 얼마 만큼인가요?</td>
</tr>
<tr>
<td>조건 합쳐 묻기</td>
<td>지율이가 하루 동안 마신 물의 양은 얼마 만큼인가요?</td>
</tr>
<tr>
<td rowspan="3">문
제
이
해</td>
<td>비교하여 묻기</td>
<td>하루 동안 누가 더 물을 많이 마셨는지 알아보려면 어떻게 해야 하나요?</td>
</tr>
<tr>
<td>식 만들기</td>
<td>식으로 나타내려면 어떻게 할 수 있을까요?</td>
</tr>
<tr>
<td>필요성 묻기</td>
<td>식으로 나타냈을 때 좋은 점이 있나요?</td>
</tr>
</table>

문제 해결	문제해결 방법 묻기	문제를 해결하여 봅시다
	여러 가지 방법 묻기	다른 방법으로도 해결할 수 있나요?
	우리의 삶에 적용하여 묻기	일상생활에서 이런 문제를 만들어 사용할 수 있나요?

과학

단원	산과 염기
개요	붉은 양배추로 지시약을 만들어 보기로 한다. 학생들은 붉은 양배추 지시약을 이용하여 산성용액(식초, 염산, 사이다)과 염기성용액(비눗물, 수산화나트륨, 석회수)으로 나누어 보는 활동을 한다. 사용하는 시약으로는 산성과 염기성 용액이 있으며, 사용하는 실험도구로는 양배추·비커·가열기구·스포이트·시험관 등이 있다.
활동사진	

식초를 뿌린 붉은 양배추

붉은 양배추 끓이기

양배추 지시약을 여러 용액에 넣기

반응 결과

사 실 확 인	단어의 뜻	지시약이란 무엇인가요?
	실험과정	용액에 양배추 지시약을 얼마나 떨어뜨리나요?
	실험결과	여러 용액 중에서 양배추 지시약이 붉게 변하는 용액은 무엇인가요? 여러 용액 중에서 양배추 지시약이 푸르거나 노랗게 변 하는 용액은 무엇인가요?
사 고 확 장	결과의 해석	푸르게 변하는 용액과 붉게 변하는 용액의 차이는 무엇 일까요?
	비교	흰 양배추를 삶은 물은 지시약으로 쓸 수 있나요? 배추랑 상추를 삶은 물을 지시약으로 쓸 수 있나요?
	추리	왜 식초와 염산은 붉게 변하고, 수산화나트륨과 석회수 에서는 노랗게 변하나요?
	가치	용액의 산성과 염기성을 아는 것은 왜 좋은가요?
적 용	개인의 경험과 연결	새우랑 게는 끓이면 빨갛게 변하는데 양배추 지시약처 럼 변하는 건가요?
	실생활과 연결	양배추 지시약에 샴푸를 넣으면 어떻게 변할까요? 양배추 지시약에 침을 많이 넣으면 어떻게 변할까요?

과학

단원	날씨와 우리 생활
개요	바다와 육지는 데워지거나 식는 데 걸리는 시간이 다르다. 이것이 원인이 되어 낮에는 육지가 저기압대가 되고 바다는 고기압대가 된다. 따라서 해풍이 불게 된다. 반대로 밤에는 육지가 고기압대가 되고 바다는 저기압대가 된다. 따라서 육풍이 불게 된다. 이러한 현상을 모래와 물을 열전구로 가열하여 바람의 이동 방향을 직접 보면서 이해하게 한다. 사용하는 자료에는 열전구, 물, 모래, 사각 접시, 향, 투명 상자 등이 있다.
활동 사진	 열전구로 모래와 물 가열하기 향 연기를 넣어 공기의 움직임 보기 낮에 해풍이 부는 모습 밤에 육풍이 부는 모습

사 실 확 인	단어의 뜻	저기압과 고기압은 무엇입니까?
	실험과정	모래와 물은 얼마나 데워야 하나요? 향 연기는 얼마나 오래 넣어야 하나요?
	실험결과	향 연기는 어떤 모습으로 움직일까요?
사 고 확 장	결과의 해석	향 연기가 순환하는 까닭은 무엇일까요?
	비교	모래와 물 위에서 형성되는 공기는 각각 저기압인가요, 고기압인가요?
	추리	데워진 공기가 위로 올라가는 까닭은 무엇일까요? 식은 공기가 아래로 내려오는 까닭은 무엇일까요?
	가치	해안가에서 파도가 들이치기 때문에 바람이 육지 쪽으 로 분다고 생각하면 맞는 것인가요?
적 용	개인의 경험과 연결	해수욕장에서 낮에 놀다가 모자가 도로로 날아가 버린 까닭도 바람의 방향 때문인가요?
	실생활과 연결	태풍이 불 때도 육지와 바다의 온도 차이 때문인가요?

과학

단원	물체의 속력
개요	풍선자동차를 만들어 움직여 보고, 물체의 위치와 운동을 나타내는 방법을 생각한다. 뉴턴의 표현 방법을 사용하여 직교 좌표, 점, 화살표 벡터 등을 사용하여 물체의 위치와 운동을 효과적으로 사용하는 방법을 배운다. 풍선 자동차의 속력을 측정하여 발표하는 활동을 한다. 사용하는 자료에는 풍선 자동차, 좌표계, 줄자, 모눈종이 등이 있다.

활동
사
진

풍선자동차 만들기   위치와 운동 표현하기   풍선자동차 속력 측정

모둠별 발표   평가 활동

사실확인	단어의 뜻	속력이란 무엇입니까?
	활동과정	풍선자동차가 곡선으로 움직일 때 거리를 어떻게 재어야 하나요? 이동한 거리를 재는 단위는 m나 cm 중에서 무엇을 선택하는 것이 좋은가요?

350

	활동결과	모둠에서 가장 속력이 빠른 풍선자동차는 누구의 것입니까?
사고확장	결과의 해석	물체의 속력을 표현할 때 필요한 정보는 무엇입니까?
	비교	물체의 위치와 운동을 나타낼 때, 어떤 차이가 있습니까?
	추리	분속 60m/min과 초속 2cm/s 중 더 빠른 것은 무엇일까요?
	가치	물체의 위치와 운동을 기준점, 방향, 시간으로 표현하면 어떤 좋은 점이 있을까요?
적용	개인의 경험과 연결	80km/h로 달리는 아빠의 자동차는 내가 만든 풍선자동차보다 얼마나 빠를까요?
	실생활과 연결	초속, 분속, 시속 단위를 이용하여 속력을 표현하기에 좋은 움직이는 물체에는 무엇이 있을까요? 하늘을 나는 새는 위아래로 움직이는데 어떻게 운동을 표현해야 할까요?

일과 진로

주제	나의 롤모델을 소개하여 보자.
	(예시) 배상민 교수 나의 롤모델은 배상민 교수입니다. 미국의 파슨스스쿨이라는 디자인학교에서 최연소 교수가 되셨고, 지금은 카이스트 대학에서 학생들에게 산업디자인을 가르칩니다. 창의적이면서도 사람들에게 도움이 되는 디자인으로 많은 상을 받았는데, 특히 세계 4대 디자인상을 모두 받으셨습니다. 제가 배상민 교수를 닮고 싶은 이유는, 창의적인 생각을 좋아하는 것도 있지만 그분의 '나눔'과 '씨앗' 프로젝트를 알고 나서부터입니다. 특히 아프리카의 마사이족을 계속 돕고 계시다고 합니다. 나도 그분처럼 내가 좋아하는 일을 하면서 다른 사람들에게도 희망을 주는 사람이 되고 싶습니다.

사실확인	단어의 뜻 묻기	롤모델의 뜻은 무엇인가요?
	육하원칙에 따라 묻기 (누가, 언제, 어디서, 무엇을, 어떻게, 왜)	배상민 교수는 왜 디자인을 하나요?
	내용을 사실대로 파악하기 위해 묻기	이분이 하신 일이나 업적은 무엇이 있나요?
사고확장	느낌 묻기	이분이 하신 일을 알고 나서 어떤 느낌이 들었나요?
	비교하여 묻기	배상민 교수와 당신은 어떤 점이 닮았나요?
	의견 묻기	배상민 교수가 아프리카의 마사이족을 돕는다는 것을 알았을 때 당신은 어떤 생각이 들었나요?

	장단점 묻기	배상민 교수가 한 일에서 좋은 점과 어렵거나 힘든 점은 무엇인가요?
	가정하여 묻기	만약 당신이 배상민 교수처럼 한다면 어떤 결과를 만들 수 있을까요?
	문제해결 방법 묻기	이분과 같은 일을 할 때 생길 수 있는 문제점은 무엇일까요?
	추리하여 묻기	이분에게서 본받고 싶은 점을 꾸준히 실천하면 어떤 사람으로 자랄까요?
	원인 묻기	배상민 교수가 존경받는 이유는 무엇인가요?
	가치에 대해 묻기	배상민 교수가 소중하게 여기는 가치는 무엇인가요?
적용	상대방에게 적용하여 묻기	당신이 이분처럼 되려면 어떤 준비가 필요한가요?
	나의 생활에 적용하여 묻기	롤모델을 본받아 지금 내가 할 수 있는 일은 무엇인가요?
	우리의 삶에 적용하여 묻기	내가 롤모델처럼 했을 때 이 세상은 어떻게 변할까요?

일과 진로

주제	내가 하고 싶은 일을 말해 보자.
	사람은 누구나 일을 하거나 직업을 가지고 생활하며, 일과 직업을 통하여 행복하고자 합니다. 다양한 직업의 세계를 이해하고, 나의 소질과 적성에 맞는 진로를 탐색하고 설계하는 능력을 길러 자신의 미래를 설계해 봅시다.

사실확인	단어의 뜻 묻기	일의 뜻은 무엇인가요? 소질과 적성의 뜻은 무엇인가요?
	육하원칙에 따라 묻기 (누가, 언제, 어디서, 무엇을, 어떻게, 왜)	당신이 하고 싶은 일은 무엇인가요? 이 일을 하고 있는 사람으로는 누가 있나요?
	내용을 사실대로 파악하기 위해 묻기	이 일의 내용은 무엇인가요?
사고확장	느낌 묻기	이 일을 하는 분을 보면 어떤 느낌이 드나요?
	비교하여 묻기	일과 직업은 어떻게 다른가요?
	의견 묻기	당신이 이 일을 하지 못한다면 어떤 일을 하고 싶은가요?
	장단점 묻기	이 일의 장점과 단점은 무엇인가요?
	가정하여 묻기	이 일로 피해를 입는 사람이나 나라가 있을까요?

	문제해결 방법 묻기	이 일을 할 때 생길 수 있는 문제점은 무엇일까요?
	추리하여 묻기	이 일을 함으로써 다른 사람들에게 어떤 영향을 줄 수 있을까요?
	원인 묻기	이 일을 하고 싶은 이유나 동기는 무엇인가요?
	가치에 대해 묻기	이 일은 우리 사회에 어떤 영향을 미칠까요?
적용	상대방에게 적용하여 묻기	만약 당신이 내가 하고 싶은 이 일을 한다면 당신은 어떤 방법으로 할 건가요?
	나의 생활에 적용하여 묻기	이 일을 하려면 지금부터 준비해야 할 것은 어떤 것들이 있을까요?
	우리의 삶에 적용하여 묻기	이 일을 하면 어떤 보상이 따를까요?(연봉, 혜택, 보람 등)

진로 독서

주 제	책 제목 : 어떡하지?(앤서니 브라운 저, 홍연미 옮김, 웅진주니어)
	(내용 요약) 조는 친구 톰의 초대를 받아 처음으로 생일 파티에 가려고 한다. 그런데 초대장을 잃어버리는 바람에 엄마와 함께 이웃집들을 하나하나 들여다보면서 친구의 집을 찾아간다. 생일 파티에 처음 가게 된 조는 계속 걱정을 하고, 이상하게 걱정하는 생각이 든다.(예: "집 안에 사람들이 많으면 어떡해요?" 했는데 집 안에 코끼리가 있다.) 조는 무사히 톰의 집을 찾았지만 이번에는 엄마가 걱정을 하게 된다. 그러나 걱정과 달리 조는 즐겁게 생일 파티에 참여한다.

사 실 확 인	단어의 뜻 묻기	"어떡하지?"는 어떤 때 쓰는 말일까요?
	육하원칙에 따라 묻기(누가, 언제, 어디서, 무엇을, 어떻게, 왜)	조가 생일 파티 집에 엄마와 함께 가는 이유는 무엇일까요?
	내용을 사실대로 파악하기 위해 묻기	조는 왜 부정적으로만 생각하나요?
사 고 확 장	문장이나 그림의 표현에 대해 묻기	무서운 놀이를 하는 그림 속에 있는 뱀은 무엇을 나타내는 것일까요?
	느낌 묻기	톰의 집은 진짜 먼 것일까요? 아니면 멀게 느껴지는 이유가 있다면 무엇일까요?
	비교하여 묻기	저 아이는 왜 우리보다 질문이 많을까요?
	의견 묻기	조의 엄마는 "괜찮다."고 그러다가 집에 돌아갈 때는 왜 "어떡하지?"라고 말했을까요?

	장단점 묻기	걱정을 하는 것의 장점과 단점은 무엇일까요?
	가정하여 묻기	만약 조처럼 걱정을 한다면 어떻게 될까요?
	문제해결 방법 묻기	친구의 집을 모를 때 어떻게 찾아갈까요?
	추리하여 묻기	집 안에 코끼리가 있는 것은 무슨 이유일까요? 이 책에 다른 제목을 붙인다면 무엇이 좋을까요?
	원인 묻기	조가 지나치게 걱정을 많이 하는 까닭은 무엇인가요?
	가치에 대해 묻기	걱정과 두려움이 많은 조에게 어떤 말을 해 주고 싶은가요?
	문장을 통해 유추할 수 있는 것 묻기	조가 걱정하는 일들이 나타나는 것은 왜 그럴까요?
적용	상대방에게 적용하여 묻기	당신은 어떤 경우에 걱정을 하게 되나요?
	나의 생활에 적용하여 묻기	처음으로 어떤 일을 시작할 때 걱정이 생긴다면 어떻게 이겨 낼 수 있을까요?
	우리의 삶에 적용하여 묻기 (주제)	작가는 우리에게 무엇을 말하고 싶은 걸까요?

진로 독서

주제	책 제목 : 행복한 청소부(모니카 페트 저, 김경연 옮김, 풀빛)
	(내용 요약) 독일에 작가와 음악가 거리의 표지판을 닦는 청소부가 있었다. 다른 사람들로부터 칭찬을 들을 만큼 열심히 일하는 이 청소부는 자신이 하는 일을 좋아했고, 자랑스러워했다. 그러던 어느 날, 한 여자아이의 말을 듣고 표지판에 적힌 인물들에 대해 아는 것이 없다는 것을 깨닫게 되었다. 청소부는 그날부터 표지판에 등장하는 음악가와 작가에 대한 공부를 시작했다. 음악회에 참석하고 레코드를 사서 반복해서 듣다가 점점 그 분야의 전문가가 되어 갔다. 이런 소문이 나면서 청소부는 매우 유명해졌다. 대학에서도 아저씨에게 강연을 요청하였다. 그러나 청소부는 자신의 즐거움을 위해 청소부로 남아 표지판 닦는 일을 계속하겠다고 했다.

	단어의 뜻 묻기	'전문가'의 뜻은 무엇인가요?
사실확인	육하원칙에 따라 묻기 (누가, 언제, 어디서, 무엇을, 어떻게, 왜)	책에서 청소부 아저씨는 어떤 방법으로 공부를 했나요?
	내용을 사실대로 파악하기 위해 묻기	청소부 아저씨가 하는 일은 어떤 일인가요?
사고확장	문장이나 그림의 표현에 대해 묻기	책에서는 청소부 아저씨들이 자전거를 타고 출발하는 모습을 어떻게 표현했을까요?
	느낌 묻기	청소부 아저씨가 대학에서 강연을 하지 않고 청소를 계속하겠다고 했을 때 어떤 느낌이 들었나요?
	비교하여 묻기	청소부 아저씨가 하는 일과 내가 어른이 되어 하고 싶은 일 중에 어느 일이 더 중요하다고 생각하나요?

	의견 묻기	청소부 아저씨가 청소와 강연 중에서 고민을 하고 있다면 어떤 의견을 주고 싶은가요?
	장단점 묻기	청소와 강연의 장점과 단점은 각각 무엇일까요?
	가정하여 묻기	만약 내가 청소부 아저씨와 같은 상황에 있다면 어떤 일을 하고 싶은가요?
	문제해결 방법 묻기	청소부 아저씨처럼 무슨 일을 할 것인가 고민이 되었을 때 어떤 방법으로 해결하면 좋을까요?
	추리하여 묻기	만약 청소부 아저씨가 교수가 되었다면 행복했을까요?
	원인 묻기	청소부 아저씨는 왜 음악가와 작가에 대한 공부를 시작했나요?
	가치에 대해 묻기	청소와 강연 중에서 어떤 일이 더 중요하다고 생각하나요?
	문장을 통해 유추할 수 있는 것 묻기	청소부 아저씨가 유명해졌을 때 아저씨는 어떤 생각을 했을까요?
적용	상대방에게 적용하여 묻기	당신은 직업에 귀천이 있다고 생각하나요? 그 이유는 무엇인가요?
	나의 생활에 적용하여 묻기	행복하기 위해서 어떤 일을 하고 싶은가요?
	우리의 삶에 적용하여 묻기 (주제)	행복한 일의 조건에는 어떤 것들이 있을까요?

독서

예시문장	아주 작은 오두막집에 가난한 농부가 살고 있었습니다. 농부는 겨우 작은 밭 하나를 가지고 있을 뿐이었습니다. 1년 내내 열심히 농사를 지었지만 아내와 두 아이에게 하루에 한 끼 먹이는 것도 힘들었습니다.

사실확인	단어의 뜻 묻기	오두막집이란 어떤 집인가요?
	육하원칙에 따라 묻기(누가, 언제, 어디서, 무엇을, 어떻게, 왜)	농부가 가진 재산은 무엇이었습니까?
	내용을 사실대로 파악하기 위해 묻기	농부는 얼마나 열심히 농사를 지었나요?
사고확장	문장이나 낱말의 표현에 대해 묻기	'겨우' 라는 표현에 담긴 의미는 무엇일까요?
	느낌 묻기	가난한 농부의 사정에 대해 어떤 생각이 드나요?
	비교하여 묻기	가난한 농부와 부자 농부의 생활은 어떻게 다를까요?
	의견 묻기	당신이 이처럼 가난한 상황이라면 어떻게 살아 나갈까요?
	장단점 묻기	가난한 것의 장점은 무엇일까요?
	가정하여 묻기	가난한 농부가 황금을 발견하여 부자가 된다면 열심히 농사를 지을까요?

	문제해결 방법 묻기	농부가 끼니를 잘 해결할 수 있는 방법은 무엇일까요?
	추리하여 묻기	아내와 두 아이는 가난을 벗어나기 위해 어떤 일을 할 수 있을까요?
	원인 묻기	농부는 왜 밭 하나만 가지고 있었을까요?
	가치에 대해 묻기	꼭 부자가 되어야만 할까요?
	문장을 통해 유추 할 수 있는 것 묻기	농부는 원래부터 가난했을까요?
적 용	상대방에게 적용하여 묻기	당신이 농부라면 행복을 느낄 수 있을까요?
	나의 생활에 적용하여 묻기	내가 농부처럼 가난하다면 매일 불행하다고 생각할까요?
	우리의 삶에 적용하여 묻기	우리가 부자가 된다면 다른 사람들을 위해 어떤 일을 할 수 있을까요?

삶을 성숙하게 하는 하브루타!

하브루타 수업은 '수업'에 대한 교사의 생각을 바꾼다. '어떻게 가르치면 지식을 잘 습득하게 할까?'에 대한 답이 바뀐다. 수업을 준비하면서 교사 스스로 사이먼 사이넥의 골든 서클로 생각하며 질문을 하게 된다. '왜 가르쳐야 하는지?', '아이들의 삶과 어떤 관계가 있는지?', '무엇을 가지고 하브루타를 해야 하는지?' 간단한 세 가지 질문이지만 이로 인하여 수업의 방향이 바뀐다.

지금까지 교사들이 평균적으로 가졌던 질문인 '학습목표는 무엇인가?', '어떤 활동이 그 목표에 적합한가?', '어떻게 결과를 도출할까?', '어떻게 평가할까?'와 비교해 본다면, 골든 서클로 접근하는 질문 세 가지는 수업 준비 단계부터 다르다. 앎, 배움의 본질에 더 가깝다. 수업의 내용은 같을 수 있지만 접근이 다르다. 일반적인 수업에서는 교사가 주어진 학습목표에 맞추어 질문을 준비하지만, 하브루타 수업에서 교사의 질문은 아이들의 생각이 열리는 마중물의 역할을 한다.

하브루타 수업에서 아이들은 럭비공처럼 어디로 튈지 모르는 대화를 한다. 교사가 이를 받아들일 준비를 한다는 것은 단순히 아이들이 말하는 의견을 허용하는 수준을 뛰어넘는다. 아이들에 대한 진지한 귀 기울임이 필요하다. 교사의 존중 어린 관찰이 필요하다. 교사는 아이들이 수업에서 진지하게 탐구하길 희망한다. 그리고 교사도 같이 탐구하는 입장에서 함께 공부한다.

수업 준비를 위해 교사가 공부하면서 기쁨을 느낀다. 지적 희열을 느낀다. 공자는 "알기만 하는 사람은 좋아하는 사람보다 깨달음에 이르지 못하고, 좋아하는 사람은 즐기는 사람만큼 깨달음에 이르지 못한다."고 말했다. 그런 의미에서 교사는 가르치는 활동을 사랑해야 한다. 교사가 대면하는 아이들이 배움에 지극한 관심과 애정을 갖도록 도와주어야 한다. 미학적인 교사도 되어야 하고 논리로 무장한 교사도 되어야 한다.

교사는 수업과 삶이 분리될 수 없다는 것을 깨닫게 된다. 깊은 고민과 연구로 수업을 준비하면서 교사도 성장한다. 수업 속에는 인문학도 있고, 과학도 있고, 삶에 필요한 통찰이 녹아 있기 때문이다. 일방적인 가르침보다 사고의 흐름을 아이들이 주도하고 아이들이 즐겁게 몰입하여 스스로 깨달음을 얻도록 이끌어주는 것이 교사가 할 일이다. 수업에 대한 고민들이 교사 개인의 여러 가지 모습과 색깔과 합쳐져 작은 씨앗과 거름이 된다. 그 씨앗들이 지금 당장 눈에 띄는 잘 익은 열매의 모습으로 나타나지 않을지도 모른다. 하지만 마음속에서 수업을 개선하고자 하는 질문들이 풍파를 겪으며 내 삶을 성장시킨다. 끊임없이 질문하며 준비하는 '가르치는 일'은 교사라는 직업을 넘어 지혜 넘치는 삶으로 인도하는 소중한 선물이다.

|참고문헌|

김판수·최성우(2011). 자기주도학습 코칭 ABC(상) : 동기 인지 1편. 즐거운학교.

모니카 패트. 김경연 역(2000). 행복한 청소부. 풀빛.

모리야마 미야코. 양선하 역(2000). 노란 양동이. 현암사.

모토야마 리사. 하성호 역(2014). 교실의 가장자리. 재미주의.

문선이(2007). 마두의 말씨앗. 사계절.

문용린(2011). 행복한 성장의 조건. 리더스북.

박왕근(2014). 수학이 안 되는 머리는 없다. ㈜양문.

백영철(2017). 의자왕의 최후. http://iron100.tistory.com/1247

서근원(2013). 수업 어떻게 볼까: 아이의 눈을 찾아서. 교육과학사.

서울대학교 행복연구센터(2016). 행복대학 워크숍 자료집. 서울대학교 행복연구센터.

스티브 코비. 김경섭 역(2003). 성공하는 사람들의 7가지 습관. 김영사.

안애경(2015). 소리 없는 질서. 마음산책.

알퐁스 도데(2013). 스갱 아저씨의 염소. 파랑새어린이.

장성애(2016). 영재들의 비밀습관 하브루타. 매일경제신문사.

장하석(2014). 장하석의 과학, 철학을 만나다. 지식채널.

전성수(2012). 부모라면 유대인처럼 하브루타로 교육하라. 예담프렌드.

_____(2014). 최고의 공부법: 유대인 하브루타의 비밀. 경향BP.

정유진(2013). 지니샘의 행복교실 만들기. 에듀니티.

파커 J. 파머. 이종인·이은정 역(2013). 가르칠 수 있는 용기. 한문화.

하브루타수업연구회(2015). 질문이 있는 교실: 초등편. 경향BP.

하워드 가드너. 문용린·유경재 역(2007). 다중지능. 웅진지식하우스.

한국성인교육학회(2004). 교육평가용어사전. 학지사.

Vygotsky, S., L.(1978). *Mind in society: The development of higher psychological processes.*

 Harvard University Press.

WSOYpro. 김유미·도영 역(2012). 핀란드 초등 수학교과서 LASKUTAITO 3-1. 솔빛길출판사.

_____. 이영석·도영 역(2012). 핀란드 초등 수학교과서 LASKUTAITO 6-2. 솔빛길출판사.

EBS(2015). 왜 우리는 대학에 가는가(5부).

 http://www.ebs.co.kr/tv/show?prodId=348&lectId=10188197

나무위키(2017). 자공. https://namu.wiki/w/%EC%9E%90%EA%B3%B5